CAMBRIDGE READINGS

IN

SPANISH LITERATURE

T0382035

CARLOS QUINTO
Titian

CAMBRIDGE READINGS

IN

SPANISH LITERATURE

EDITED BY

J. FITZMAURICE-KELLY

CAMBRIDGE UNIVERSITY PRESS
Cambridge, New York, Melbourne, Madrid, Cape Town,
Singapore, São Paulo, Delhi, Tokyo, Mexico City

Cambridge University Press
The Edinburgh Building, Cambridge CB2 8RU, UK

Published in the United States of America by Cambridge University Press, New York

www.cambridge.org
Information on this title: www.cambridge.org/9781107649392

© Cambridge University Press 1920

First published 1920
First paperback edition 2011

A catalogue record for this publication is available from the British Library

ISBN 978-1-107-64939-2 Paperback

PREFACE

ONE of the main obstacles which confront the compiler of a Spanish chrestomathy is concerned with the matter of accents. The difficulties are greater in Spanish than in the case of French, owing to the constant changes of system authorized by the Royal Spanish Academy. In a book of this kind, it is necessary to follow the best printed editions available: these printed editions differ in detail, one follows one system of older tradition, another edition follows another system. At any rate, I have accepted this as an established fact; there is, so far as I can see, no reason for applying rigidly the modern Academic system of accentuation to the names of writers who often flourished centuries before that system was invented. If this were an exhaustive statement of the facts, it might perhaps be possible to find a practicable *via media.* But it is not an exhaustive presentation of the circumstances. It has been borne in mind that this book is intended chiefly for English students equipped with some knowledge of the current system. The special needs of such students have been taken into account. For them Cervantes may be regarded as the beginning of modern Spanish literature. Editions of Cervantes exist in facsimile. These editions have been followed as closely as possible; but I have not thought it necessary to puzzle readers by reproducing mechanically old systems of spelling, graphic accentuation and so forth in the case of most writers who have flourished after Cervantes's time. As modern Spanish literature begins with him, I have modernized the text of later writers and may hope that the change has been carried out without undue brusqueness. The text has been modernized except when philological reasons rendered modernization out of question; the names of writers have throughout been modernized in the main headings; titles have been regarded as, in some sort, quotations, and are reproduced as given by the authors in the prefatory notes preceding each extract. In the prefatory notes the writers' names have not usually been modernized previous to the insertion of

Calderón, whose active career, spread over the greater part of the eighteenth century, seemed to be a good point of departure for the introduction of the modern system. The selection of extracts is, of course, a manifestation of individual taste, but even taste is based to some extent on principle. The principles that have guided me in my choice are that each extract should be mainly characteristic of the author, and that no extract should be excluded on the ground that the average reader may chance to be already acquainted with it. Not so much novelty, as excellence of manner or of substance, justifies the insertion of each fragment. Some omissions in the present compilation may be set down to difficulties imposed by copyright law.

It may be found that prose rather than poetry is represented in this volume. Of Spanish lyrical verse there is already ample illustration in a number of books. Epical verse is unrepresented in these selections, and this absence of a whole *genre* is the less to be deplored since the new ametrical theories concerning Spanish epical verse are undiscussed, though they approximate epical verse more closely to prose. In lyric verse Spanish is perhaps less rich than is English: in prose Spanish attained a full development more speedily than English. It may be doubted if we have in the English of the fourteenth century anything that can match in lightness of touch and gaiety of spirit the *Coronica de Pero Niño*, an extract from which heads the present series of selections. This is not the earliest specimen extant of Spanish prose—far from it; but the *Coronica de Pero Niño* is, in my judgment, the first Spanish book likely to interest the foreign reader, and in substance its matter is as novel as its style is readable at the present day.

Between Spanish and English literature there are certain obvious parallelisms. These extend from the earliest period when allegory—perhaps borrowed in each instance from France—reigns supreme in both countries to the epoch of Italian Renaissance which is, roughly, synchronous in both Spain and England. The efforts of Boscan and Garcilasso de la Vega may be compared with those of Wyatt and Surrey. Soon after this time Spanish verse and prose attained their highwater mark of excellence and independent treatment in the original poems of Luis de Leon, and in the natural periods of Cervantes's best prose. We cannot quite feel certain concerning the originality of the *Celestina*; still less can we feel certain as to the origin of *Amadis de Gaula*. In any case both works are anonymous, and it is not till shortly before the appearance of *Don Quixote* that we can assert positively that a Spanish book by a Spanish author has gone the round of the world. *Don Quixote* at first affects the drama in France and England; but it is not suitable to the stage conventions of either country, and it is not till more than a century later that, guided by Fielding and Sterne, the example of *Don Quixote* begins to react on the substance of English prose. It may be possible to trace this influence through some of the later extracts given here: if so, one of the compiler's aims has been achieved.

As there are chronological coincidences of literary productions between Spain and England, so there are corresponding coincidences of comparative sterility. The eighteenth century is a desolate period in each country; national spirit had sunk to a low point in Spain as in England, and French taste governed the leaders of literary fashion in both lands. Production at this time is thin and uninspired, and the reaction of romanticism was almost a necessity, if literature were to survive at all. It is not for us to estimate the attainments of Blake, Coleridge, Shelley, Byron and Scott, or to compare the literary gifts of each of these men with those of their conceivable Spanish compeers. Be it enough to note that, while England is perhaps somewhat more advanced in point of time, there has been no real solution of continuity in Spain where the romantic spirit has never died out since the heyday of her literary renown. Sufficient proof of this will, possibly, be found in the present volume.

J. F.-K.

SWARDESTON, *August*, 1920.

LIST OF PICTURES

the figures in his religious paintings. Though not one of Spain's greatest painters, he holds a place of his own in the history of Spanish art and this place was in part recognized officially when Zurbarán was appointed Court-painter to Philip IV in 1630.

From a photograph by W. A. Mansell and Co.

DIEGO DE SILVA Y VELÁZQUEZ (1599–1660) was born at Seville. Though half-Portuguese by descent, he is justifiably accounted the chief of Spanish painters. His teachers—the elder Herrera, Pacheco, and (apparently) a pupil of El Greco—were Spanish; between Seville and Madrid he spent most of his active life, and in Madrid he died. About 1623 he was called to Madrid by his fellow-townsman Olivares and at once became the fashion. Five years later Rubens visited Madrid, and the effect of his influence is perhaps discernible in *Los Borrachos* which is assigned to this date. In 1629 Velázquez appears to have journeyed to Italy (for the first time) with the celebrated Spinola, the Genoese soldier; a second Italian visit is attributed to the year 1648. In 1651 Velázquez was appointed *Aposentador Mayor* and in 1659 he was made a Knight of Santiago: his career was near its close, for he died in 1660. Most of his paintings are portraits of Philip IV, of celebrities, of court-buffoons and the like. But his range of subject is immense, and the *Surrender of Breda* (generally called *Las Lanzas* in Spain) has been styled not inaptly the finest purely historical picture in existence.

From a photograph by D. Anderson, Rome.

GUTIERRE DIEZ DE GAMES

1379—1450

Diez de Games was the squire of Pero Niño, who was Count of Buelna and was also the vainest of men. Hence Gutierre's task, the chronicling of his master's great deeds, was no easy one. He discharged it, however, with astonishing skill, and in the *Coronica de don Pero Niño, conde de Buelna*, we see the hero first in battle, first in peace and first in love-affairs. The chronicler has the wit to perceive that Pero Niño undiluted would be intolerable, and he diversifies his work by placing the scene as often as he can abroad, by interlarding his narrative with apt literary quotations or shrewd reflexions, and he interests the reader by his references to the French ballads, roundelays and love-plaints which he heard in the castle of Renaud de Troie. The French translation of the *Coronica*, *Le Victorial*, is in some respects more satisfactory than the Spanish printed version which omits several pages from the original MS., notably some which include a diverting account of the marvels of England and of the trees by the shores which bore small birds instead of fruit.

CORONICA DE DON PERO NIÑO

Como Ivan Príncipe de Gales estaba alzado, é non quiso obedescer al Conde de Arbí, que los Ingleses ficieron Rey.

Segund que suso vos he contado que los Ingleses depusieron al Rey Ricarte de Inglaterra, Ivan Príncipe de Gales era su pariente bien cercano, é non quiso obedescer por Rey al Conde de Arbí como los otros del Reyno; ante, con el grand pesar que ovo de su mal, facia grand guerra al Rey, é á Londres, donde él era comarcano. Gales es una tierra apartada al cabo del Reyno ver al norte: es muy fuerte tierra é montañosa: es bien poblada, é de buenas fortalezas. Están á las entradas unos puertos que llaman las marcas: non hay otra entrada si non aquella. El Príncipe vió que tenia luenga guerra con el Rey, é derrocó todas las fortalezas de su tierra, é non dexó si non cinco castillos, que están en lo mas fuerte de la tierra unos cerca de otros, é fizo ir toda la gente de su tierra morar al derredor de aquellos castillos. Dicen que es una tierra muy sana é frutífera, é fermosa gente. E tenia alli consigo muchos Caballeros de los del Rey Ricarte, é otras muchas gentes, é pelean todos á caballo: traia cada uno su vocina; é tan usado lo han, que quando les face menester, tan bien se entienden unos á otros en el tocar, como por voz de ome, ó palabra. E quando el Rey venia á su tierra dejabale entrar las marcas, é poniase en otros lugares donde non le podia empescer, é defendiale otros pasos; é quando se derramaban por su tierra aquella era su ganancia; que el Príncipe é los suyos eran tan guerreros, que de noche prendian é mataban muchas de las gentes del Rey: é despues, quando el Rey se volvia para se ir, el Príncipe ibales todavia á las espaldas faciendoles grand daño. Si el Rey se arredraba á Londres, salia él, é pasaba las marcas al llano, é robaba la tierra: é volviase, é pasaba las marcas. E yá el Rey avia ido tres ó quatro veces al país de Gales: el Rey envióle sus Embajadores diciendo, que mantenia grand locura, é que non le podria durar, é que se dexase de aquella opinion, é que le faria muchas mercedes: é respondióle, que ficiese como mejor pudiese, que de tres nobles que se labrasen en Londres, que suyo era el uno. Enviabale ayuda el Rey de Francia de Ballesteros, é armas, é vino, que le non hay en Inglaterra. E si el Capitan de las naves de Castilla viniera á Inglaterra en conserva de Pero Niño, segund aquella costa estaba menguada de gente aquella sazon, ellos ganáran lugares, é ficieran muchos rescates, é otras muchas buenas cosas, é vinieran de allá honrados, é asaz caudalosos. E por el Capitan Pero Niño non aver mas gentes de su nacion, le es, é debe ser, mas loado, é mejor contado quantas buenas cosas él fizo: ca él non avia mas de tres galeras, é dos balleneres que le acompañaban; é si él levára veinte galeras, como otros levaron antes, é despues, es de creer que ficiera maravillosas cosas.

Como entraron las galeras en el Artamisa, que es el rio de Londres, al puerto que llaman Antona.

Alli ovieron consejo el Capitan é Mosen Charles con sus Mareantes de lo que debian facer de alli adelante; é los Pilotos é los Cómitres dixeron: *Señores, asaz tiempo avedes estado en esta costa, é muchas buenas cosas avedes fecho: levades de esta tierra mucha honra, é aún provecho. Somos yá entrante el invierno: esta mar es muy tormentosa, quanto mas para galeras, é es yá tiempo de las requerir, que les faltan muchas de las cosas que han perdido en las tormentas. Otrosi esta partida es muy fria, é pasalo mal la gente mal arropada. Nuestro consejo es que dexedes á Inglaterra, é vades á invernar á algund puerto de Francia.* E todos acordaron que era buen consejo, é que lo ficiesen asi; pero dixo el Capitan que ante queria ir ver á Londres: é mandó facer la via de allá. E llegaron las galeras á un puerto que llaman Antona cerca de Londres, é fallaron allí una carraca de Génova, que avian tomado los Ingleses en la canal de Flandes; é las galeras tomaron la carraca; é non tenia ninguna cosa dentro, é quisieronla traer, é non tenia velas. Mandó el Capitan que le pusiesen fuego; é á la hora llegó alli la barca de la carraca, é venian Ginoveses en ella, é pidieron merced al Capitan que ge la dexase, que bien sabia él que los Ginoveses eran amigos é servidores del Rey de Castilla, é que aquella carraca ge la tomáran los Ingleses teniendo salvo conducto del Rey de Inglaterra; é que avian andado á pleyto con ellos ante el Rey, é que yá ge la avia mandado dar, é que por ellos estaba. E sabida la verdad dexosela.

Londres parescia en un llano una grand cibdad: debia aver de la mar larga á ella dos leguas. Vienele de la parte del norte un grand rio que anda cercando la tierra donde ella está, que llaman el Artamisa. Es ahí luego de la otra parte una isla que llaman Isla Duy, que es la tierra della cabe la mar muy espesa de montes, é muy llana. El Capitan mandó salir en tierra Omes escudados é Ballesteros por saber qué tierra era: é luego en ese instante vieron tantos Frecheros, que les ficieron muy aina venir á la mar. E salió gente de las galeras, é escaramuzaron con ellos un rato; é tanta gente vino dellos, que se ovieron á recoger á las galeras. Aquella isla es rica: dicen que son en ella quince mil omes, é que todos los más son Frecheros. E costeando la tierra parescia mucha gente.

TRISTAN DE LEONIS

THE chivalresque novel of *Tristan de Leonis* was redacted in Castilian between about 1258 and 1343; the story appears to have been current in Spain throughout the fifteenth and sixteenth centuries, though perhaps none of the early allusions to it refers to the text now quoted. The legend belongs to the Arthurian Cycle. Its original source is probably the Breton Lays of Marie de France who told in octosyllabic verse the adventures of love and enchantment of the heroes of King Arthur's Court. Other and longer poems, now lost, must presumably have formed the link between the Lays and the Cycle. The Legend of Tristan, complete in England in 1150, shows points of resemblance with classical mythology. Just as Theseus slays the Minotaur, so Tristan fights the *Morbout*, the Irish monster which exacted a tribute of young men and maidens from Cornwall. King Mark has horse's ears as had Midas an ass's. Tristan's arrow never misses its aim, nor did that of Cephalus. And the last haunting episode in *Tristan de Leonis* where Iseult falls dead on her knight's corpse has analogies with the death of Œnone. The essence of the legend is the passion of love, a headlong and fatal passion which masters honour and duty. The story may possibly have filtered into Spain through Catalonia, yet it is to be noted that the Castilian version differs from any extant French text, while it is in many respects akin to extant Italian versions (that contained in the old *Cuento de Tristan*, numbered 6428 in the Vatican Library and the *Tristano Riccardiano*). The intricate problems of sources and manuscript relations are shrewdly discussed by Mr G. T. Northup in a paper contributed by him to *Modern Philology* (1913, vol. xxviii.). *Tristan de Leonis* was first printed in 1501, seven years before the oldest known edition of *Amadís de Gaula*, a work which appears to have been influenced by it considerably. The 1501 edition has been sumptuously reproduced by the Sociedad de Bibliófilos madrileños (1912) under the editorship of D. Adolfo Bonilla y San Martín from whose reprint the following extract is taken.

TRISTAN DE LEONIS

E quando el rey Mares vio muertos a don Tristan τ a la reyna, en poco estuuo que no murio, por el gran dolor que ouo de su muerte, y començo a dezir: "¡Ay mezquino, τ que gran perdida he yo oy auido, que he perdido aquellas cosas que mas en el mundo amaua, τ nunca fue rey que tan gran perdida ouiese en vn dia como yo he auido, τ mucho mas valdria que yo fuese muerto que no ellos!" Luego se començo a fazer gran llanto a marauilla por todo el castillo, τ tan grande fue, que ninguno lo podria creer; τ luego vinieron todos los grandes hombres, τ los caualleros de Cornualla τ de todo el reyno, τ todos començaron a hazer muy gran duelo a marauilla τ a dezir entre si mesmos: "¡Ay, rey Mares, fueras tu muerto ante que no don Tristan, el mejor cauallero del mundo, que mantenia a toda Cornualla en paz τ en sosiego, τ nos saco de subjecion, τ nos hizo libres, τ agora seremos todos muertos τ destruydos ante que mucho tiempo venga, τ agora nos conuerna de dar el tributo como soliamos, queramos o no, de lo qual nos escusaua el bueno de don Tristan por sus cauallerias; mas muy mal ge lo hemos galardonado; τ el se combatio con Morlot de Yrlanda por librar a Cornualla, que verdaderamente el merescia mejor la corona quel rey Mares, que el la auia defendido de muchos peligros, τ eramos por el temidos τ honrrados! ¡Ay, mezquinos, que gran perdida rescibimos nos τ toda Cornualla por la muerte de don Tristan, τ agora seremos todos muertos τ desonrrados, τ despues que nuestros enemigos sepan que don Tristan es muerto, luego vernan sobre nos τ nos destruyran a todos!" τ tanto como con los ojos los llorauan, con las bocas maldezian al rey Mares τ Aldaret, de manera que dos tan plañidos ni tan denostados, no se hallan en memoria de hombres, porque solo las señoras y damas se fallaron para sentir esta manzilla, mas que las fijas de Priamo lloraron por Hector, ni menos Ecuba se mostro tan dolorida quando el cruel fuego de Grecia abrasaua sus palacios; todos los de Cornualla eran muy tristes por la muerte de don Tristan, saluo Aldaret, que se alegraua en su voluntad, por lo qual todos le querian gran mal, τ dezian:"avn verna cauallero que vengara la muerte de don Tristan, quel rey Artur τ todos los caualleros de la Tabla Redonda querian muy gran bien a don Tristan, mas que a otro cauallero de la Tabla, por sus buenas cauallerias. Por que nos creemos que algunos de aquellos vernan a vengar su muerte"; τ asi se fizo despues. E quando en toda Cornualla se supo que don Tristan τ la reyna Yseo eran muertos, fueron muy tristes, τ marauillauanse mucho, τ dezian: "¡todo el mundo fablara de su amor tan sublimado!" E quando todos los caualleros fueron allegados, τ muchos perlados, τ clerigos, τ frayles, alli donde estaua don Tristan τ la reyna muertos, el rey fizo poner sus cuerpos, que estauan abraçados, amos en vnas andes muy ricamente, con paños de oro, τ fizolos leuar muy honrradamente, rezando toda la clerecia, con muchas cruzes τ hachas encendidas, a Tintoyl. E quando entraron por la ciudad, los llantos fueron muy grandes a marauilla de grandes τ de pequeños, τ pusieronlos en vna cama que las dueñas auian fecho en la yglesia, τ dixeronles muchas vigilias τ obsequias. E el rey Mares mando fazer vna muy rica sepultura, τ hizolos alli meter a amos: "pues ellos tanto en la vida se quisieron, sean enterrados en vno"; τ hizo la sepultura cobrir de vnas muy verdes ondas, en medio de las quales fizo poner vna pequeña barca sin remos, cuyo mastel quebrado tenia, τ la vela acostada, y en ella vn titulo que dezia:

En esta barca de amor
y mar de vana esperança,
es vn barquero dolor,
que, en el aprieto mayor,
al mas peligro se lança;
y el arbol, que es la ventura,
con vela poco segura,
en este pielago tal,
acostandose, procura
el cabo de mayor mal.

JUAN DE VALDÉS

d. 1541

JUAN DE VALDÉS, one of the Erasmian group of cultured Spaniards of the sixteenth century, began his literary career in 1528 by publishing anonymously a *Diálogo de Mercurio y Carón*, in which he satirizes the clerical abuses and Henry VIII's attempts to divorce Catalina de Aragón. It is one of the purest prose pieces of the century, full of shrewd and sensible arguments, some of which we find repeated by Cervantes in Don Quixote's advice to Sancho Panza when the latter is about to take up his post as governor. Having incurred suspicion owing to his views, Valdés went to Rome in 1531 and became *camarero* to Clement VII. At the death of the Pope, he entered the service of Cardinal Gonzaga at Naples, where he inculcated ascetic doctrines to a select group of distinguished men and women. The *Diálogo de la lengua*, whose ascription to Valdés is now debated, perhaps without cause, was first published anonymously in 1737. Valdés's theories on philology, a science totally ignored in 1536 which was the probable date of the composition, are evolved by his own instinct and common-sense. His observations are always shrewd and sensible, whilst he invests with definite and distinct character each of the four men who take part in the dialogue. Valdés's style is excellent in simplicity and attractiveness and reveals a very living personality under a quaint sense of humour.

DIÁLOGO DE LA LENGUA

Valdes. Quanto a la gramatica, con deziros tres reglas generales que yo guardo pensaré aver cumplido con vosotros, las quales a mi ver son de alguna importancia para saber hablar y escrivir bien y propiamente la lengua castellana.

Pacheco. Comigo tanto, y aun sin dezir ninguna, cumpliriades.

Marcio. ¿Porque?

Pacheco. Porque nunca fui amigo d'estas gramatiquerias.

Marcio. Y aun por esto es regla cierta que tanto aprueva uno quanto alcança a entender; vos no sois amigo de gramatiquerias porque no sabeis nada d'ellas, y si supiessedes algo, desseariades saber mucho, y assi por ventura seriades amigo d'ellas.

Pacheco. Puede ser que seria assi, no lo contradigo. Dezid vos vuestras tres reglas; quiça, sabidas, aprovaré la gramatica.

Valdes. La primera regla es que mireis muy atentamente si el vocablo que quereis hablar o escrivir es aravigo o latino, porque, conocido esto, luego atinareis como lo aveis de pronunciar o escrivir.

Marcio. Sta bien, pero esso mas pertenece para la ortografia y pronunciacion que para la gramatica.

Valdes. Assi es la verdad; yo os digo lo que se me ofrece, ponedlo vosotros en el lugar que quisieredes.

Marcio. Bien dezis, pero seria menester que nos diessedes alguna regla la qual nos enseñasse hazer diferencia entre'ssos vocablos.

Valdes. Quanto que yo no os sabria dar mas que una noticia confusa, la qual os servirá mas para atinar que para acertar.

Marcio. Con essa nos contentaremos, dezidnosla.

Valdes. Quanto a lo primero, presuponed que por la mayor parte todos los vocablos, que vieredes que no tienen alguna conformidad con los latinos o griegos, son aravigos, en los quales casi ordinariamente vereis *h*, *x* o *z*, porque estas tres letras son muy anexas a ellos. Y de aqui procede que los vocablos, que tienen *f* en el latin, convertidos en el castellano, la *f* se torna en *h*, y assi de *faba* dezimos *hava*; y aun por la mesma causa en muchas partes de Castilla convierten la *s* latina en *x*, y por *sastre* dizen *xastre*; lo mesmo hazen comunmente convertiendo la *c* latina en *z*, y assi por *faciunt* dizen *hazen*; las quales todas son pronunciaciones que tienen del aravigo, pero son tan recebidas en el castellano que, si no es en el *sastre* y otros como el, en los demas se tiene por mejor la pronunciacion y escritura araviga que la latina. Esto os he dicho porque, si vieredes un vocablo con una d'estas tres letras, no penseis luego que es aravigo, hasta aver esaminado si tiene esta mudança de letras o no. Quanto a lo demas, sabed que casi siempre son aravigos los vocablos que empieçan en *al*, como *almohada*, *alhombra*, *almohaça*, *alhareme*; y los que comiençan en *az*, como *azaguan*, *azar*, *azagaya*; y los que comiençan en *col*, como *colcha*, *colgajo*, *cohecho*; y los que comiençan en *ça*, como *çaherir*, *çaquiçami*, *çafio*; y los que comiençan en *ha*, como *haxa*, *haragan*, *haron*; y los que comiençan en *cha*, *chi*, *cho*, *chu*, como *chapin*, *chinela*, *choça*, *chueca*; y los que comiençan en *en*, como *enhelgado*, *enhaziado*, *endechas*; y los que comiençan en *gua*, como *Guadalherza*, *Guadalquevir*, *Guadarrama*, y estos por la mayor parte son nombres de rios o de lugares; y los que comiençan en *xa*, *xe*, como *xaquima*, *xerga*. De los vocablos latinos enteros no es menester daros regla, pues sin ella vosotros los conocereis, como tambien atinareis en los corrompidos, poniendo en ello un poco de diligencia y trabajo. Pero advertid que, assi como en los vocablos aravigos no sta bien al castellano aquel pronunciar con la garganta que los moros hazen, assi tampoco en los vocablos latinos no conviene pronunciar algunas cosas tan curiosamente como las pronunciais los latinos. Esto digo por la supersticion con que algunos de vosotros hablando castellano pronunciais la *x*.

Marcio. Digo que teneis mucha razon y que tengo este aviso por muy bueno, considerando que tampoco nosotros pronunciamos en el latin los vocablos, que tenemos de la lengua griega y de la hebrea, con aquella eficacia y vehemencia que los pronuncian los griegos y hebreos.

Valdes. La segunda regla consiste en saber poner en cada vocablo su propio articulo, quiero dezir: juntar con el nombre masculino y neutro sus propios articulos y dezir: "El abad de donde canta, de alli yanta," y "Al ruin quando lo mientan, luego viene," y juntar con el nombre femenino los articulos femeninos, diziendo assi; "La muger y la gallina por andar se pierde aina," y "El polvo de la oveja alcohol es para el lobo," de manera que ni al nombre masculino pongais articulo femenino ni junteis con el feminino articulo masculino.

Marcio. ¿En que conoceremos nosotros entre los vocablos qual es de un genero y qual de otro?

Valdes. Essa regla no os la sabré yo dar, porque nunca heme parado a pensarla; bien es verdad que he notado esto que por la mayor parte los vocablos latinos guardan en el castellano el mesmo genero que en el latin; y digo: por la mayor parte, porque ay muchos que no lo guardan assi, como son los nombres de arboles, que en latin son, como sabeis, casi todos femeninos, y en castellano son casi todos masculinos, y los de la fruta son los mas femeninos; pero por lo mas ordinario vereis que los nombres en castellano guardan el genero que en el latin d'esta manera que los nombres acabados en *a* serán femeninos y assi por el consiguiente.

Marcio. Pues ¿porque no poneis *la* por articulo a todos los nombres femeninos?

Valdes. Si, la ponemos a todos, sacando aquellos que comiençan en *a* assi como *arca, ama, ala*, con los quales juntamos *el*, diziendo *el arca, el ama, el ala*. Esto hazemos por evitar el mal sonido que hazen dos aes juntas, y de verdad parece mejor dezir "El mal del milano, el ala quebrada y el papo sano," que no "la ala."

Marcio. ¿No seria mejor, por no caer en el inconveniente que pareçe sea poner articulo masculino al nombre feminino, perder la *a* del articulo y dezir *l'arca, l'ama, l'ala*?

Valdes. No me pareceria mal, si se usasse, pero, como no se usa, yo por mi no lo osaria dezir ni escrivir.

Marcio. Pero ¿no os pareceria mal adonde lo viessedes escrito?

Valdes. No, de ninguna manera. Esto es quanto a los vocablos que o son latinos o tienen alguna parte del latin; quanto a los otros, no os sabria dar regla ninguna. El mesmo cuidado, que aveis de tener en poner bien el articulo del nominativo, conviene que tengais en poner el del genitivo y acusativo, estando sobre aviso de hablar siempre d'esta manera: "Del monte salle quien el monte quema," y "Del lobo un pelo y esse de la frente," y "Lo que da el nieto al agüelo," y "Allegadora de la ceniza y derramadora de la harina."

Coriolano. Pareceme que os aprovechais bien de vuestros refranes, o como los llamais.

Valdes. Aprovechome d'ellos tanto, como dezis, porque, aviendo's de mostrar por un otro exemplo lo que quiero dezir, me parece sea mas provechoso mostraroslo por estos refranes, porque oyendolos los aprendais, y porque mas autoridad tiene un exemplo d'estos antiguos que un otro que yo podria componer.

Coriolano. Bien sta, pero yo no entiendo los mas d'ellos.

Valdes. Abasta que entendais el proposito para que los digo; la sentencia, otro dia la entendereis.

Coriolano. Aceto la promessa; y dezidme si teneis por cosa de mucha importancia la observancia d'estos articulos.

Valdes. Yo os diré de que tanta que en Castilla tenemos por averiguado que un estrangero, especialmente si no sabe latin, por maravilla sabe usar propiamente d'ellos, tanto que ay muchos vizcainos en Castilla que, despues de aver estado en ella quarenta o cinquenta años y sabiendo del resto muy bien la lengua, muchas vezes pecan en el uso de los articulos. Por tanto os aconsejo que mireis muy bien en ello.

Marcio. Assi lo haremos como lo dezis, por obedeceros.

Valdes. Hazedlo por lo que os cumple, que a mi poco me importa. Mas me cumple acabar esta jornada de oy, y por esto passo a la tercera regla. Esta es que en la pronunciacion de los vocablos mireis bien en que silaba poneis el acento, porque muchas vezes el acento haze variar la sinificacion del vocablo. Como parece en este refran que dize. "Dure lo que durare como cuchara de pan," adonde, si poneis el acento en las ultimas silabas del "dure" y "durare," no direis nada, porque hareis al uno preterito y al otro futuro, pero, si en el "dure" poneis el acento en la *u* y en el "durare" en la *a*, la sentencia estará buena; y si, diziendo "Quien haze un cesto, hará ciento," en el "haze" poneis el acento en la ultima, haziendo imperativo, gastareis la sentencia, y por el contrario si, diziendo "Quien sufrió calló y vido lo que quiso," en el "callo" poneis el acento en la *a*, haziendolo presente, no direis nada. Esto mesmo acontece en otros muchos verbos, como en "burlo" y "lloro," diziendo "Quien con su mayor burló, primero riyó y despues lloró." Y por esta causa, quando yo escrivo alguna cosa con cuidado, en todos los vocablos, que tienen el acento en la ultima, lo señalo con una rayuela. Bien sé que ternan algunos esta por demasiada y superflua curiosidad, pero yo no me curo, porque la tengo por buena y necessaria.

Marcio. Luego ¿esta es la causa que os mueve a señalar los acentos como hazeis?

Valdes. Esta mesma.

Marcio. Pues yo os certifico que esta de los acentos es una de las principales cosas con que yo venia armado contra vos, y pareceme lo que sobr'esto dezis tan bien que no puedo dexar de aprovarlo, aunque hasta aqui me parecia cosa bien demasiada.

Valdes. Huelgome de averos satisfecho antes que me lo preguntassedes.

Marcio. ¿Y querriades que todos usassen este señalar de acentos en el escrivir?

Valdes. Si, querria, a lo menos los que scriven libros de importancia, y los que scriven cartas familiares a personas que no son naturales de Castilla, porque a poca costa les enseñarian como an de leer lo que les escriven.

Marcio. ¿Teneis alguna regla cierta para esto de los acentos?

Valdes. Ninguna tengo que salga siempre verdadera; es bien verdad que por la mayor parte los verbos, que tienen el acento en la ultima, son terceras personas, o de preterito, como *amó*, o de futuro, como *enseñará*.

Marcio. ¿Aveis notado alguna otra regla que pertenezca al acento?

Valdes. Ninguna. Porque ya sabeis que las lenguas vulgares de ninguna manera se pueden reduzir a reglas de tal suerte que por ellas se puedan aprender; y siendo la castellana mezclada de tantas otras, podeis pensar si puede ninguno ser bastante a reduzirla a reglas. Y porque me aveis preguntado de la gramatica y pertenece tambien a ella saber juntar el pronombre con el nombre, quiero sepais que la lengua castellana siempre quiere el pronombre delante del nombre sino es quando el nombre sta en vocativo, que stonces el pronombre sigue al nombre, de manera que, hablando bien, aveis de dezir *mi señor* y *mi señora, mi padre* y *mi madre*, quando estan en nominativo, pero, si estos nombres estan en vocativo, aveis de dezir *señor mio* y *señora mia, padre mio* y *madre mia*. Mas quiero sepais que si, estando estos nombres en vocativo, poneis el pronombre antes que el nombre, hazeis que la cortesia sea mucho menor, y de aqui es que ay muy gran diferencia de scrivir a una dama *señora mia* o *mi señora*. Porque, luego que de industria os apartais del propio stilo de la lengua en que hablais o escrivis, mostrais tener por inferior a la persona con quien hablais o a quien escrivis.

Marcio. ¿Teneis que essa regla sea siempre verdadera?

Valdes. Yo por tal la osaria vender; bien puede ser que tenga alguna ecepcion, de que yo no me acuerde.

Pacheco. Mirad como hablais, porque ecepcion, pues yo no lo entiendo, no es vocablo puro castellano.

Valdes. Teneis razon, pero, pues me hazeis hablar en esta materia, en que no he visto como otros castellanos an hablado, es menester que sufrais me aproveche de los vocablos que mas a proposito me parecerán; obligandome yo a declararos los que no entendieredes; y assi digo que tener ecepcion una regla, es tener algunas cosas que salen de aquella orden que la regla pone.

Pacheco. Ya lo entiendo, y soy contento de sufriros el uso d'estos vocablos, pero con la condicion que dezis.

Valdes. Tambien pertenece a la gramatica el saber juntar el pronombre con el verbo, en lo qual veo un cierto uso, no sé de donde sea nacido, y es que muchos dizen *ponelde* y *embialdo* por dezir *ponedle* y *embiadlo*, porque el *poned* y *embiad* es el verbo, y el *lo* es el pronombre; no sé que sea la causa por que lo mezclan d'esta manera, yo, aunque todo se puede dezir, sin condenar ni reprehender nada, todavia tengo por mejor que el verbo vaya por si y el pronombre por si, y por esto digo: "Al moço malo ponedle la mesa y embiadlo al mandado." La mesma razon ay en dezir "ayudartea" por "ayudaráte" yo siempre digo "Ayudate y ayudaráte dios"; lo mesmo es "sacartea" o "sacaráte," como diziendo "Cria cuervo y sacaráte el ojo."

Pacheco. ¿Que me dareis? y diré que con lo que aveis dicho estoy ya un poco aficionado a la gramatica y me va ya pareciendo bien.

Valdes. ¿Que? Lo que dizen las viejas en mi tierra: "Un correverás y otro que te hallarás," por que veais en quanto tengo que os parezcan mal o bien.

Pacheco. Vos me aveis respondido como yo merecia. Proseguid adelante.

Valdes. No tengo mas que proseguir, ni vosotros os podreis quexar que no os he dicho hartas gramatiquerias.

FERNANDO CORTÉS

1485—1547

A MAN of action, Fernando Cortés writes his official reports with an energetic simplicity and a concentrated clearness which form a direct contrast to the verbosities of many professional historians of the sixteenth century, who, in dealing with the exploits of the great *conquistadores*, rarely rise to the level of their high argument. Even Cortés, as will be seen from the letter quoted below, is not above asking for favours; in this he is not alone. It is an unfailing characteristic of all Spanish leaders who went forth to discover new countries: they either stipulated beforehand for a certain material share in the profits of conquest or bargained for offices afterwards. A eulogistic estimate of Cortés will be found in López de Gómara's *Historia* as well as in Solís's *Conquista de Méjico*, written long after the events described.

CARTA

Copia simple de un memorial de Fernan Cortes a S. M. participandole sus operaciones y el deseo del acierto en ellas, etc.

SACRA MAGESTAD,

Dos cosas me movieron a ponerme a tanto trabajo y peligro como fué venir de aquellos nuevos reynos de Vuestra Magestad a estos, la una, cumplir el deseo que a tanto tiempo tengo de besar sus reales pies y manos y gozar de tan escelente principle y Señor y la otra satisfacer a Vra Mag^d de las siniestras relaciones que de mi algunos abian hecho y ambas a sido Dios servido de me dejar conseguir por que le doy infinitas gracias que para que mas conociese las pasadas mercedes me hizo esta donde todas an rrescebido verdadera luz y otras dos me han hecho que ose suplicar a Vra Mag^d me haga merced la una aberme Vra Mag^d dicho que de mi se tiene por servido y satisfecho de mi fidelidad, y por falso lo que contra esta se ha informado y la otra mandarme Vra Mag^d que le de memoria de lo que quiero suplicar y puesto que con aber Vra Mag^d aceptado mis servicios y escluido mis emulos ya quedo asaz pagado de lo pasado y obligado a servir lo que me queda de vida considerando que pido a Vra Mag^d y que es animosidad y esfuerzo a quien mucho se debe querer dever mas, hare lo que Vra Mag^d me mandó que es dar este memorial de lo que yo suplico a Vra Mag^d me haga mrd, y ansi suplico sea mirado por los respetos ya dicho, y no por lo que a mi se debe.

Mandome Vra Mag^d que mi memoria o peticion fuese enderezada a dos fines el uno habiendose Vra Mag^d de servir de mi en aquellas partes el otro en estos reynos y por que a cualquiera destos dos effectos lo que dixera a de ser pedir y este a de ser segund Vra Mag^d o segund yo y si segund yo ya he confesado que tengo mas obligacion de servir que razon de demandar, y si segun Vra Mag^d que podre pedir que a esto satisfaga ansi que ningun otro medio a estos dos extremos he hallado sino remitirlo a Vra Mag^d que lo sabra todo mejor medir y pesar y esto sera para el quanto y porque el donde y como no de a Vra Mag^d pena ni pesadumbre, pues yo no lo deseo pareceme muy poderoso Señor que en ninguna parte esto mas facilmente Vra Mag^d podra hacer que en aquellas que yo en su Real nombre he conquistado y puesto debajo de su imperial cetro porque sera vestirme de la pieza que hile y texi y por que si a Vra Mag^d le pareciere que cabe hacerme merced de los pueblos que yo al presente tengo los pongo aqui por memoria.

Tezeuco.	Cierta parte de Michuacan.
Chalco.	Guaxaca.
Otunpa.	Coadnaguaca.
Huexucingo.	Guaxtepeque.
Cuetasta.	Matalzingo onde crio mis ganados.
Tututepeque.	Cuinacan donde tengo labranzas de trigo.
Teguantepeque.	Acapichta.

| Sucunusco. | Tuztlan y Tepeguan y la Renconada que se llama Yzcalpan donde hago dos ingenios de azucar. |
| Tlapan. | Chinanta que señalé a una hija por dote suyo y con esto la case con el hijo mayorazgo del adelantado Francisco de Garay. |

BERNAL DÍAZ DEL CASTILLO

1492—1581

BERNAL DIAZ DEL CASTILLO served in his youth under Cortés and had therefore a direct acquaintance with the incidents which he narrates in his *Historia verdadera de la Conquista de Nueva España,* written about 1580. He intentionally added to the title of his *Historia* the word *verdadera* as a protest against the exaggerated praise of Cortés by Lopez de Gómara of whose book, *La Historia General de las Indias,* he says: "todo es mentiras." Bernal Diaz has not the qualities of the philosophic historian, but he writes with ease and fluency, and his work (which has been translated into French by José Maria de Heredia) completely arrested the vogue of Lopez de Gómara's *Historia General* which had run into twenty editions and been translated into various languages.

Como seguimos nro viaje y lo q̄ En el nos avino. Como salimos del pueblo çercado q̄ ansi le llamavamos desde alli Adelante entramos en vn bueno y llano camino y todo çabanas y sin arboles y hazia vn sol tan Caluroso y rrezio que otro mayor rresistero no Abiamos tenido En todo el camino E yendo por aquellos canpos rrasos avia tantos de benados y Corrian tan poco que luego los alcanzabamos a cavallo por poco q̄ Corriamos con los Caballos tras Ellos y se mataron sobre veynte y preguntando a los guias que llebavamos Como corrian tan poco aquellos benados y si no se espantavan de los cavallos ni de otra cosa ninguna dixeron q̄ En aquellos pueblos que ya E dho q̄ se dezian los mazatecas que los tienen por sus dioses porque les a paresçido En su figura y que les a mandado su ydolo q̄ no les maten ni espanten y que ansi lo an Echo y q̄ a Esta cavsa no huyen y En aquella caza a vn pariente de Cortes que se dezia palaçios rrubios se le murio vn caballo porq̄ se le derritio la manteca en el cuerpo de aber corrido mucho dexemos la caça y digamos q̄ luego llegamos a las poblazones por mi ya nonbradas y Era manzilla vello todo destruydo y quemado e yendo por nras jornadas Como cortes sienpre Enbiava adelante corredores del canpo a cavallo y sueltos peones alcanzaron dos yndios naturales

de otro pueblo questava adelante por donde abiamos de yr que
venian de caza y cargados vn gran leon y mucha yguanas q̄ son
hechura de çierpes chichas q̄ En estas partes ansi las llaman
yguanas que son muy buenas de comer y les preguntaron q̄ si
Estava çerca su pueblo y dixeron q̄ si y q̄ Ellos guiarian hasta el
pueblo y Estava en vna goleta çercada de agua dulçe que no
podian pasar por la parte q̄ yvamos sino En canoas y rrodeamos
poco mas de media legua y tenian paso q̄ dava El agua hasta la
çinta y hallamosle poblado con mas de la mitad de los vezinos
porq̄ los demas abianse dado buena priesa Entre vnos carrizales
q̄ tenian çerca de sus çementeras donde durmieron muchos de
nros soldados q̄ se quedaron En los mayzales y tuvieron bien de
çenar y se basteçieron para otros dias y llevamos guias hasta otro
pueblo questubimos En llegar a el dos dias y hallamos En el vn
gran lago de agua dulçe y tan lleno de pescados grandes que paresçian como sabalos muy desabridos que tienen muchas espinas y
con vnas mantas viejas y con rredes rrotas q̄ se hallavan En aquel
pueblo porq̄ ya Estava DEspoblado y se pescaron todos los peçes
que abia En el agua que eran mas de mill y alli buscamos guias las
quales se tomaron En vnas labrāças y desq̄ cortes les huvo hablado
con doña marina q̄ nos Encaminasen a los pueblos a donde avia
honbres con barbas y cavallos se alegraron de q̄ no les haziamos
mal ninguno y dixeron q̄ Ellos nos mostrarian El camino de buena
voluntad q̄ de antes creyan q̄ los q̄riamos matar y fueron çinco
dellos con nosotros por vn camino bien ancho y mientras mas
adelante ybamos se yva Ensangostando a cavsa de vn gran rrio
y estera q̄ alli çerca estava q̄ paresçe ser En el se Enbarcavan y
desEnbarcavan En canoas É yvan por aquel pueblo A donde
Aviamos de yr q̄ se dize tayasal El qual esta En vna ysleta çercado
del agua e si no es en canoas no pueden ētrar En el por trra y
blanqueaban las casas y adoratorios de mas de dos leguas q̄ se
paresçian y Era cabeçera de otros pueblos chicos q̄ alli çerca estan,
bolbamos a nrra rrelaçion q̄ como vimos q̄l camino ancho q̄ antes
trayamos se abia buelto En vereda muy angosta bien entendimos
que por el estero se mandauan e ansi nos lo dixeron las guias que
traiamos acordamos de dormir çerca de vnos altos montes y aquella
noche fueron quatro capitanias de soldados por las veredas q̄
salian al estero a tomar guias y quiso dios q̄ se tomaron dos canoas
con diez yndios y dos mugeres y trayan las canoas cargadas Con

mayz y sal y luego las llevaron a cortes y les halago y les hablo
muy amorosamente con la lengua doña marina y dixeron q̄ Eran
naturales del pueblo questaba en la ysleta y Q̄staria de alli a lo
que señalavan obra de quatro leguas y luego cortes mando q̄ se
q̄dase con nosotros la mayor canoa y quatro yndios y las dos mugeres
y la otra canoa Enbio al pueblo con seys yndios y dos Españoles
A rrogar Al caçique q̄ trayga canoas Al pasar del rrio y q̄ no se le
haria ningun Enojo y le Enbio vnas quentas de castilla y luego
fuymos nro camino por trra hasta El gran rrio e la vna canoa fue
por El estero hasta llegar al rrio E ya estaba el caçique con otros
muchos prinçipales aguardando al pasage con çinco canoas y
truxeron quatro gallinas y mayz y cortes les mostro gran boluntad
y despues de muchos rrazonami⁰s q̄ ovo de los caçiques A cortes
acordo de yr con Ellos a su pueblo En aq̄llas canoas y llebo consigo
treynta ballesteros y llegado a las casas le dieron de comer y avn
truxo oro bajo y de poca valia y vnas mantas y le dixeron que abia
españoles ansi como nosotros En dos pueblos.

GARCÍA LASSO DE LA VEGA
1503—1536

SOME twenty years before Ronsard and the Pléiade sought in France to
inform lyrical poetry with a high ideal of thought, form and language, there
were living in Spain two poets whose reforms—made to survive—won them
a fame which, unlike that of the French School, suffered no casual eclipse of
time.

Of the one, Boscan, Du Bellay's words may with truth be quoted: "Qui
veut voler par les Mains et les Bouches des hommes doit longuement de-
meurer en sa chambre…et comme mort en soymesmes doit suer et trembler
maintesfois…. Ce sont les Esles dont les Ecriz des Hommes volent au Ciel."
Boscan's gifts were a taste for literature and great intellectual curiosity, but
these alone do not constitute genius, and he had, moreover, to overcome the
difficulties of the Castilian tongue, which he never really mastered. A Catalan
by birth and thus labouring under disadvantages as regards language, the
innate tenacity of purpose of his race doubtless proved a factor in his success.
A chance meeting at Granada with Andrea Navagero, the Venetian Ambassador, led him to cultivate the Italian metres in Spain, yet so arduous was the
task that, as he himself confesses, he might have faltered in it but for the
encouragement of García Lasso de la Vega. It was this friend's genius and
loyalty which made for the success that Boscan achieved in his endeavours.

García Lasso de la Vega was born in 1503; at the age of ten he was admitted
to Charles V's household, where he probably first made acquaintance with
Boscan, who was tutor to the future Duke of Alba. He found favour with

the Emperor and was appointed *contino* (a sort of personal aide-de-camp). Difficulties beset him early. His elder brother, Pedro Lasso de la Vega, declared in favour of the popular cause and was concerned in the rising of the *Comunidades*. Garcilasso had to choose between his personal affection for his brother and his sense of gratitude to the Emperor and loyalty to public duty. He made the harder choice, served against the *Comuneros* and was wounded in the face at the battle of Olías. Henceforward his career is one of prolonged campaigning. He shared in the attempt to relieve Rhodes, fought repeatedly against the French, became a Knight of Santiago in 1523 and received further advancement before being summoned to Flanders.

In 1526 Garcilasso married Elena de Stuñiga. This marriage seems to have influenced his life very little, for we find no allusion of any kind to Elena in his poems. It may have been a marriage of *convenance* arranged by Charles V.

Some three years later an old indiscretion of Garcilasso's was raked up against him. His nephew, Garcilasso de la Vega, had secretly married at Ávila Isabel de la Cueva, niece of the Duke of Alburquerque and lady-in-waiting to the Empress. Both the Empress and the Duke were against the match. What active share Garcilasso took in the marriage is not definitely proved; it is only certain that he was present at the actual ceremony, but it was at any rate sufficient to incur the displeasure of the Empress, and when Garcilasso went with Alba to meet the Emperor at Ratisbon, he was straightway exiled to a remote island in the Danube—the Grosse-Schütt-Insel. Here in enforced tranquillity Garcilasso seems to have remained one and a half years—commemorating his experience in the lines beginning

> "Con un manso ruido
> de agua corriente y clara,
> cerca el Danubio...."

By the intervention of Alba, he was released and sent to Naples, to which city he seems henceforward to belong completely.

In 1536, Charles V, irritated by French raids into Italian territories, resolved to invade France. Garcilasso took part in this expedition. It was doomed to be his last. On October 13th the Spanish army found itself held in check by a small body of French archers in garrison at the fort of Muy near Fréjus. The Emperor appears to have expressed his annoyance openly at the delay. Garcilasso—then *maestre del campo*—piqued at the implied reproach, resolved to lead the storming party in person. With helmet doffed and breastplate cast aside he tore along, and was among the first to reach the scaling ladders, when a huge rock rolled down by the defenders, struck him and he fell back mortally wounded.

Two weeks later he died at Nice, his fame established and his work done. In all he has left us three eclogues, two elegies, five *canciones*, an *epístola* in verse and less than forty sonnets. It is not a small production for one who wrote ever with the clash of arms in his ears—as he says in his 3rd eclogue,

> "Tomando ora la espada, ora la pluma."

Garcilasso's work is all done on Boscan's lines. Like Boscan, he does not succeed with *versos sueltos*. This metre does not readily adapt itself to naturalization in Spain. Garcilasso is derivative: the internal rhyme is an idea borrowed from Sannazaro and the *lira*, which takes its name from the only noun in the first line of the *Canción a la flor de Gnido*, is a copy of Bernardo Tasso's favourite measure. So skilfully does Garcilasso contrive to transplant his material that it seems part of the very soil of Spain; in Italy itself the elder Tasso's claim to priority has been overlooked. It is in his gift of dulcet melody that Garcilasso's subtle charm lies. A golden-voiced and starry paladin, the elfin notes of his inspired music are prolonged by later artists of his race.

SONETO

Amor, amor, un hábito vestí,
el cual de vuestro paño fué cortado;
al vestir ancho fué, mas apretado
y estrecho cuando estuvo sobre mí.

Después acá de lo que consentí,
tal arrepentimiento me ha tornado,
que pruebo alguna vez, de congojado,
a romper esto en que yo me metí.

Mas ¿quién podrá deste hábito librarse,
teniendo tan contraria su natura,
que con él ha venido a conformarse?

Si alguna parte queda por ventura
de mi razón, por mí no osa mostrarse;
que en tal contradicción no está segura.

SONETO

Sospechas, que en mi triste fantasía
puestas, hacéis la guerra a mi sentido
volviendo y revolviendo el afligido
pecho, con dura mano, noche y día;

ya se acabó la resistencia mía
y la fuerza del alma; ya rendido
vencer de vos me dejo, arrepentido
de haberos contrastado en tal porfía.

Llevadme a aquel lugar tan espantable,
do por no ver mi muerte allí esculpida,
cerrados hasta aquí tuve los ojos.

Las armas pongo ya; que concedida
no es tan larga defensa al miserable;
colgad en vuestro carro mis despojos.

CANCIÓN

La soledad siguiendo,
rendido a mi fortuna,
me voy por los caminos que se ofrecen,
por ellos esparciendo,
mis quejas de una en una
al viento, que las lleva do perecen;
puesto que ellas merecen
ser de vos escuchadas,
pues son tan bien vertidas,
he lástima de ver que van perdidas
por donde suelen ir las remediadas.
A mí se han de tornar
adonde para siempre habrán de estar.

Mas ¿qué haré, señora,
en tanta desventura?
¿Adónde iré, si a vos no voy con ella?
¿De quién podré yo agora
valerme en mi tristura,
si en vos no halla abrigo mi querella?
Vos sola sois aquella
con quien mi voluntad
recibe tal engaño
que, viéndoos holgar siempre con mi daño,
me quejo a vos, como si en la verdad
vuestra condición fuerte
tuviese alguna cuenta con mi muerte.

Los árboles presento
entre las duras peñas
por testigo de cuanto os he encubierto;
de lo que entrellas cuento
podrán dar buenas señas,
si señas pueden dar del desconcierto.
Mas ¿quién tendrá concierto
en contar el dolor,
que es de orden enemigo?
No me den pena, pues, por lo que digo;
que ya no me refrenará el temor.
¡Quién pudiese hartarse
de no esperar remedio y de quejarse!

Mas esto me es vedado
con unas obras tales
con que nunca fué a nadie defendido;
que si otros han dejado
de publicar sus males,
llorando el mal estado a que han venido,
señora, no habrá sido
sino con mejoría
y alivio en su tormento;
mas ha venido en mí a ser lo que siento
de tal arte, que ya en mi fantasía
no cabe; y así, quedo
sufriendo aquello que decir no puedo.

Si por ventura extiendo
alguna vez mis ojos
por el proceso luengo de mis daños,
con lo que me defiendo
de tan grandes enojos,
solamente es allí con mis engaños;
mas vuestros desengaños
vencen mi desvarío
y apocan mis defensas.
Sin yo poder dar otras recompensas,
sino que, siendo vuestro más que mío,
quise perderme así,
por vengarme de vos, señora, en mí.

Canción, yo he dicho más que me mandaron,
y menos que pensé;
no me pregunten más, que lo diré.

DIEGO HURTADO DE MENDOZA

1503—1575

DIEGO HURTADO DE MENDOZA is one of the greatest names on the bead-roll of Spanish literature. An accomplished scholar and skilled diplomatist, he had an innate love of learning and a real reverence for letters. He became a partisan of Boscan's and Garcilasso de la Vega's methods, as he shows in his later verse. But his true vehicle was prose, a prose clear, vigorous and forcible. His *Guerra de Granada* (1627) is a masterpiece and entitles Mendoza to be called a great historian. It has all the qualities essential to an historical

GRANADA. EL ALHAMBRA

document. Mendoza had a first-hand knowledge of the subject-matter, for in 1568, the year the war began, he was exiled to Granada by Philip II for quarrelling with a courtier within the precincts of the palace. He was a man of action as well as a scholar, had been himself a soldier at Tunis and was therefore more competent to judge of warfare than one quite uninitiated. He was gifted moreover with dramatic vision, a power of analysis and a knack of adequate narration. His models were Sallust and Tacitus; the influence of the former is evident in the general rhetorical phrase of Mendoza, while that of the latter is seen rather in determinate episodes, such as in the description of the Duque de Arcos pent up with his command in Calaluy. Mendoza died only four years after the war ended. Probably his work appeared in MS. form the year of his death, but for obvious reasons, his family would not have cared to publish it then and so create violent enemies, for Mendoza spoke with impartiality of the conduct of the war and of the mistakes of the Spanish leaders.

LA GUERRA DE GRANADA

Había en el reino de Granada costumbre antigua, como la hay en otras partes, que los autores de delitos se salvasen, y estuviesen seguros en lugares de señorío; cosa que mirada en común, y por la haz, se juzgaba que daba causa a más delitos, favor a los malhechores, impedimento a la justicia, y desautoridad a los ministros de ella. Pareció por estos inconvenientes, y por ejemplo de otros estados, mandar que los señores no acogiesen gentes de esta calidad en sus tierras; confiados que bastaba sólo el nombre de justicia, para castigallos donde quiera que anduviesen. Manteníase esta gente con sus oficios en aquellos lugares, casábanse, labraban la tierra, dábanse a vida sosegada. También les prohibieron la inmunidad de las iglesias arriba de tres días; mas después que les quitaron los refugios, perdieron la esperanza de seguridad, y diéronse a vivir por las montañas, hacer fuerzas, saltear caminos, robar y matar. Entró luego la duda tras el inconveniente, sobre a qué tribunal tocaba el castigo, nacida de competencia de jurisdicciones; y no obstante que los generales acostumbrasen hacer estos castigos, como parte del oficio de la guerra, cargaron a color de ser negocio criminal, la relación apasionada o libre de la ciudad, y la autoridad de la audiencia, y púsose en manos de los alcaldes, no excluyendo en parte al capitán general. Dióseles facultad para tomar a sueldo cierto número de gente repartida pocos a pocos, a que usurpando el nombre llamaban cuadrillas; ni bastantes para asegurar, ni fuertes para resistir. Del desdén, de la flaqueza de provisión, de la poca experiencia de los ministros en cargo que participaba de guerra, nació el descuido, o fuese negligencia o voluntad de cada uno que no acertase su émulo. En fin fué causa de crecer estos salteadores (monfíes los llamaban en lengua morisca), en tanto número, que para oprimillos o para reprimillos no bastaban las unas ni las otras fuerzas. Este fué el cimiento sobre que fundaron sus esperanzas los ánimos escandalizados y ofendidos; y estos hombres fueron el instrumento principal de la guerra. Todo esto parecía al común cosa escandalosa; pero la razón de los hombres, o la providencia divina (que es lo más cierto), mostró con el suceso que fué cosa guiada para que el mal no fuese adelante, y estos reinos quedasen asegurados mientras fuese su voluntad. Siguiéronse luego ofensas en su ley, en las haciendas, y en el uso de la vida, así cuanto a la necesidad, como cuanto al regalo, a que es demasiadamente dada esta nación; porque la inquisición los comenzó a apretar más de lo ordinario. El Rey les mandó dejar la habla morisca, y con ella el comercio y comunicación entre sí; quitóseles el servicio de los esclavos negros a quienes criaban con esperanzas de hijos, el hábito morisco en que tenían empleado gran caudal; obligáronlos a vestir castellano con mucha costa, que las mujeres trujesen los rostros descubiertos, que las casas acostumbradas a estar cerradas estuviesen abiertas: lo uno y lo otro tan grave de sufrir entre gente celosa. Hubo fama que les mandaban tomar los hijos, y pasallos a Castilla: vedáronles el uso de los baños, que eran su limpieza y entretenimiento; primero les habían prohibido la música, cantares, fiestas, bodas, conforme a su costumbre, y cualesquier juntas de pasatiempo. Salió todo esto junto, sin guardia, ni provisión de gente; sin reforzar presidios viejos, o firmar otros nuevos. Y aunque los moriscos estuviesen prevenidos de lo que había de ser, les hizo tanta impresión, que antes pensaron en la venganza que en el remedio. Años había que trataban de entregar el reino a los príncipes de Berbería, o al turco; mas la grandeza del negocio, el poco aparejo de armas, vituallas, navíos, lugar fuerte donde hiciesen cabeza, el poder grande del Emperador, y del rey Felipe su hijo, enfrenaba las esperanzas, e imposibilitaba las resoluciones, especialmente estando en pie nuestras plazas mantenidas en la costa de África, las fuerzas del turco tan lejos, las de los cosarios de Argel más ocupadas en presas y provecho particular, que en empresas difíciles de tierra. Fuéronseles con estas dificultades dilatando los designios, apartándose ellos de los del reino de Valencia, gente menos ofendida, y más armada. En fin creciendo igualmente nuestro espacio por una parte, y por otra los excesos de los enemigos tantos en número, que ni podían ser castigados por manos de justicia, ni por tan poca gente como la del capitán general; eran ya sospechosas sus fuerzas para encubiertas, aunque flacas para puestas en ejecución. El pueblo de cristianos viejos adivinaba la verdad, cesaba el comercio y paso de Granada a los lugares de la costa: todo era confusión, sospecha, temor; sin resolver, proveer, ni ejecutar. Vista por ellos esta manera en nosotros, y temiendo que con mayor aparejo les contraviniésemos, determinaron algunos de los principales de juntarse en Cádiar, lugar entre Granada, y la mar, y el río de Almería, a la entrada de la Alpujarra. Tratóse del cuándo y cómo se debían descubrir unos a otros, de la manera del tratado y ejecución: acordaron que fuese en la fuerza del invierno; porque las noches largas les diesen tiempo para salir de la montaña y llegar a Granada, y a una necesidad tornarse a recoger y poner en salvo; cuando nuestras galeras reposaban repartidas por los invernaderos y desarmadas; la noche de navidad, que la gente de todos los pueblos está en las iglesias, solas las casas, y las personas ocupadas en oraciones y sacrificios; cuando descuidados, desarmados, torpes con el frío, suspensos con la devoción, fácilmente podían ser oprimidos de gente atenta, armada, suelta, y acostumbrada a saltos semejantes; que se juntasen a un tiempo cuatro mil hombres de la Alpujarra, con los del Albaicín, y acometiesen la cuidad, y el Alhambra, parte por la puerta, parte con escalas; plaza guardada más con autoridad que con la fuerza; y porque sabían que el Alhambra no podía dejar de aprovecharse de la artillería, acordaron que los moriscos de la vega tuviesen por contraseña las primeras dos piezas que se disparasen, para que en un tiempo acudiesen a las puertas de la ciudad, las forzasen, entrasen por ellas y por los portillos, corriesen las calles, y con el fuego y con el hierro no perdonasen a persona, ni a edificio. Descubrir el tratado sin ser sentidos y entre muchos, era dificultoso: pareció que los casados lo descubriesen a los casados, los viudos a los viudos, los mancebos a los mancebos; pero a tiento, probando las voluntades y el secreto de cada uno. Habían ya muchos años antes enviado a solicitar con personas ciertas no solamente a los príncipes de Berbería, mas al emperador de los turcos dentro en

Constantinopla, que los socorriese, y sacase de servidumbre, y postreramente al rey de Argel pedido armada de levante y poniente en su favor; porque faltos de capitanes, de cabezas, de plazas fuertes, de gente diestra, de armas, no se hallaron poderosos para tomar y proseguir a solas tan gran empresa. Demás de esto resolvieron proveerse de vitualla, elegir lugar en la montaña donde guardalla, fabricar armas, reparar las que de mucho tiempo tenían escondidas, comprar nuevas, y avisar de nuevo a los reyes de Argel, Fez, señor de Tituán, de esta resolución y preparaciones. Con tal acuerdo partieron aquella habla; gente a quien el regalo, el vicio, la riqueza, la abundancia de las cosas necesarias, el vivir luengamente en gobierno de justicia e igualdad desasosegaba, y traía en continuo pensamiento.

LAZARILLO DE TORMES

The authorship of *Lazarillo de Tormes* has been erroneously ascribed to Diego Hurtado de Mendoza, but up to the present time its author, date and place of publication are alike unknown. The earliest extant editions of the book appeared in 1554, at Alcalá de Henares, Burgos and Antwerp. *Lazarillo de Tormes* is the first picaresque novel in Spain and deals with the adventures of a *pícaro* or rogue. Lázaro, the hero, owes much of his characterization to the valet, don Furón de Ruíz, in the Archpriest of Hita's *Libro de Buen Amor*, who revelled in the fourteen vices peculiar to a *pícaro*.

> "Era mintroso, bebdo, ladrón e mesturero,
> Tafur, peleador, goloso, refertero,
> Reñidor, e adevino, sucio e agorero,
> Necio, perezoso, tal es mi escudero."

Lázaro writes his own autobiography and describes with cold precision and delicate cynicism his career of misdeeds from the day when he enters, a small boy, the service of a blind man, to his final triumph as public town-crier in Toledo. *Lazarillo de Tormes* has fixed the type of the picaresque novel; in Spain we have other incarnations such as Pablos de Segovia, Marcos de Obregón and Fray Gerundio: in France there are Gil Blas and Figaro, and in England Jack Wilton amongst others.

LAZARILLO DE TORMES.

De como Lazaro se assento con un escudero, y de lo que le acaescio con el.

Desta manera me fue forçado sacar fuerças de flaqueza; y poco a poco, con ayuda de las buenas gentes, di comigo en esta insigne ciudad de Toledo, adonde con la merced de Dios dende a quinze

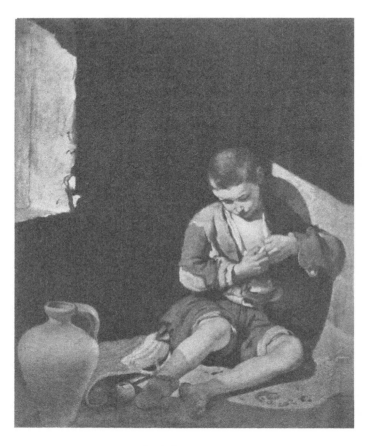

EL MENDIGUITO
Murillo

dias se me cerro la herida. Y mientras estaua malo, siempre me
dauan alguna limosna; mas despues que estuue sano, todos me
dezian: "Tu, vellaco y gallofero eres; busca, busca vn amo a
quien siruas." "¿Y adonde se hallara esse, dezia yo entre mi, si
Dios agora de nueuo, como crio el mundo, no lo criasse?"

Andando assi discurriendo de puerta en puerta, con harto poco
remedio, porque ya la charidad se subio al cielo, topome Dios con
vn escudero que yua por la calle, con razonable vestido, bien
peynado, su passo y compas en orden. Mirome, y yo a el, y dixome:
"Mochacho, buscas amo?" Yo le dixe: "Si señor." "Pues vente
tras mi, me respondio, que Dios te ha hecho merced en topar
comigo; alguna buena oracion rezaste oy." Y seguile, dando
gracias a Dios por lo que le oy, y tambien que me parescia, segun
su habito y continente, ser el que yo auia menester.

Era de mañana quando este mi tercero amo tope; y lleuome tras
si gran parte de la ciudad. Passauamos por las plaças donde se
vendia pan y otras prouisiones; yo pensaua y aun desseaua que
alli me queria cargar de lo que se vendia, porque esta era propria
hora quando se suele proueer de lo necessario; mas muy a tendido
passo passaua por estas cosas. "Por ventura no lo vee aqui a su
contento, dezia yo, y querra que lo compremos en otro cabo."
Desta manera anduuimos hasta que dio las onze: entonces se
entro en la yglesia mayor, y yo tras el, y muy deuotamente le vi
oyr missa y los otros officios diuinos, hasta que todo fue acabado
y la gente yda; entonces salimos de la yglesia. A buen passo tendido començamos a yr por vna calle abaxo; yo yua el mas alegre
del mundo en ver que yno nos auiamos ocupado en buscar de comer:
bien considere que deuia ser hombre mi nueuo amo que se proueya
en junto, y que ya la comida estaria a punto, y tal como yo lo
desseaua y aun la auia menester.

En este tiempo dio el relox la vna despues de medio dia, y
llegamos a vna casa ante la qual mi amo se paro, y yo con el, y
derribando el cabo de la capa sobre el lado yzquierdo, saco vna
llaue de la manga, y abrio su puerta, y entramos en casa, la qual
tenia la entrada obscura y lobrega de tal manera, que parescia
que ponia temor a los que en ella entrauan, aunque dentro della
estaua vn patio pequeño y razonables camaras. Desque fuymos
entrados, quita de sobre si su capa, y preguntando si tenia las
manos limpias, la sacudimos y doblamos, y muy limpiamente

soplando vn poyo que alli estaua, la puso en el; y hecho esto, sentose cabo della, preguntandome muy por extenso de donde era y como auia venido a aquella ciudad. Y yo le di mas larga cuenta que quisiera, porque me parescia mas conueniente hora de mandar poner la mesa y escudillar la olla, que de lo que me pedia; con todo esso, yo le satisfize de mi persona lo mejor que mentir supe, diziendo mis bienes y callando lo demas, porque me parecia no ser para en camara. Esto hecho, estuuo ansi vn poco, y yo luego vi mala señal, por ser ya casi las dos y no le ver mas aliento de comer que a vn muerto. Despues desto, consideraua aquel tener cerrada la puerta con llaue, ni sentir arriba ni abaxo passos de biua persona por la casa; todo lo que yo auia visto eran paredes, sin ver en ella silleta, ni tajo, ni vanco, ni mesa, ni aun tal arcaz como el de marras; finalmente, ella parescia casa encantada. Estando assi, dixome: "Tu, moço, has comido?" "No señor, dixe yo, que aun no eran dadas las ocho quando con vuestra merced encontre." "Pues, aunque de mañana, yo auia almorzado, y quando ansi como algo, hagote saber que hasta la noche me estoy assi; por esso, passate como pudieres, que despues cenaremos."—Vuestra merced crea, quando esto le oy, que estuue en poco de caer de mi estado, no tanto de hambre, como por conoscer de todo en todo la fortuna serme aduersa. Alli se me representaron de nueuo mis fatigas, y torne a llorar mis trabajos; alli se me vino a la memoria la consideracion que hazia quando me pensaua yr del clerigo, diziendo que, aunque aquel era desuenturado y misero, por ventura toparia con otro peor; finalmente, alli llore mi trabajosa vida passada, y mi cercana muerte venidera. Y con todo, dissimulando lo mejor que pude, le dixe: "Señor, moço soy que no me fatigo mucho por comer, bendito Dios; desso me podre yo alabar entre todos mis yguales por de mejor garganta, y assi fuy yo loado della hasta oy dia de los amos que yo he tenido." "Virtud es essa, dixo el, y por esso te querre yo mas: porque el hartar es de los puercos, y el comer regladamente es de los hombres de bien." "Bien te he entendido, dixe yo entre mi; maldita tanta medicina y bondad como aquestos mis amos que yo hallo hallan en la hambre!"

Puseme a vn cabo del portal, y saque vnos pedaços de pan del seno, que me auian quedado de los de por Dios. El, que vio esto, dixome: "Ven aca, moço, que comes?" Yo llegueme a el y mostrele el pan. Tomome el vn pedaço, de tres que eran el mejor y mas

grande, y dixome: "Por mi vida, que paresce este buen pan."
"Y como! agora, dixe yo, señor, es bueno?" "Si, a fe, dixo el;
adonde lo vuiste? si es amassado de manos limpias?" "No se yo
esso, le dixe, mas a mi no me pone asco el sabor dello." "Assi plega
a Dios," dixo el pobre de mi amo; y lleuandolo a la boca, començo
a dar en el tan fieros bocados como yo en lo otro. "Sabrosissimo
pan esta, dixo, por Dios." Y como le senti de que pie coxqueaua,
dime priessa, porque le vi en disposicion, si acabaua antes que yo,
se comediria a ayudarme a lo que me quedasse; y con esto aca-
bamos casi a vna. Començo a sacudir con las manos vnas pocas
de migajas, y bien menudas, que en los pechos se le auian quedado;
y entro en vna camareta que alli estaua, y saco vn jarro desbocado
y no muy nueuo, y desque vuo beuido, combidome con el. Yo,
por hazer del continente, dixe: "Señor, no beuo bino." "Agua es
me respondio, bien puedes beuer." Entonces tome el jarro y
beui; no mucho, porque de sed no era mi congoxa.

Ansi estuuimos hasta la noche, hablando en cosas que me
preguntaua, a las quales yo le respondi lo mejor que supe; en este
tiempo metiome en la camara donde estaua el jarro de que beuimos,
y dixome: "Moço, parate alli, y veras como hazemos esta cama,
para que la sepas hazer de aqui adelante." Puseme de vn cabo
y el del otro, y hezimos la negra cama, en la qual no auia mucho
que hazer, porque ella tenia sobre vnos bancos vn cañizo, sobre
el qual estaua tendida la ropa, encima de vn negro colchon que,
por no estar muy continuada a lavarse, no parescia colchon, aunque
seruia del, con harta menos lana que era menester; aquel tendimos,
haziendo cuenta de ablandalle, lo qual era impossible, porque de
lo duro mal se puede hazer blando. El diablo del enxalma maldita
la cosa tenia dentro de si, que puesto sobre el cañizo todas las
cañas se señalauan, y parescian a lo proprio entrecuesto de fla-
quissimo puerco; y sobre aquel hambriento colchon vn alfamar del
mismo jaez, del qual el color yo no pude alcançar. Hecha la cama
y la noche venida, dixome: "Lazaro, ya es tarde, y de aqui a la
plaça ay gran trecho; tambien, en esta ciudad andan muchos
ladrones que siendo de noche capean: passemos como podamos, y
mañana, venido el dia, Dios hara merced; porque yo por estar solo
no estoy proueydo, antes he comido estos dias por alla fuera; mas
agora hazerlo hemos de otra manera." "Señor, de mi, dixe yo,
ninguna pena tenga V. M., que bien se passar vna noche, y aun

mas, si es menester, sin comer." "Biuiras mas y mas sano, me respondio, porque, como deziamos oy, no ay tal cosa en el mundo para biuir mucho, que comer poco." "Si por essa via es, dixe entre mi, nunca yo morire, que siempre he guardado essa regla por fuerça, y aun espero en mi desdicha tenella toda mi vida." Y acostose en la cama, poniendo por cabecera las calças y el jubon, y mandome echar a sus pies, lo qual yo hize. Mas maldito el sueño que yo dormi, porque las cañas y mis salidos huessos en toda la noche dexaron de rifar y encenderse, que con mis trabajos, males y hambre, pienso que en mi cuerpo no auia libra de carne; y tambien, como aquel dia no auia comido casi nada, rauiaua de hambre, la qual con el sueño no tenia amistad. Maldixeme mil vezes (Dios me lo perdone), y a mi ruyn fortuna, alli lo mas de la noche; y lo peor, no osandome reboluer por no despertalle, pedi a Dios muchas vezes la muerte.

La mañana venida leuantamonos, y comiença a limpiar y sacudir sus calças y jubon, sayo y capa, y yo que le seruia de pelillo, y vistese muy a su plazer de espacio; echele aguamanos, peynose, y pusose su espada en el talauarte, y al tiempo que la ponia, dixome: "O si supiesses, moço, que pieça es esta! No ay marco de oro en el mundo por que yo la diesse; mas ansi, ninguna de quantas Antonio hizo, no acerto a ponelle los azeros tan prestos como esta los tiene"; y sacola de la vayna, y tentola con los dedos, diziendo: "Vesla aqui? yo me obligo con ella cercenar vn copo de lana." Y yo dixe entre mi: "τ yo con mis dientes, aunque nos on de azero, vn pan de quatro libras." Tornola a meter, y ciñosela y vn sartal de cuentas gruessas del talauarte. Y con vn passo sossegado y el cuerpo derecho, haziendo con el y con la cabeça muy gentiles meneos, echando el cabo de la capa sobre el hombro y a vezes so el braço, y poniendo la mano derecha en el costado, salio por la puerta, diziendo: "Lazaro, mira por la casa en tanto que voy a oyr missa, y haz la cama, y ve por la vasija de agua al rio, que aqui baxo esta; y cierra la puerta con llaue no nos hurten algo, y ponla aqui al quicio, porque si yo viniere en tanto pueda entrar." Y subese por la calle arriba con tan gentil semblante y continente, que quien no le conosciera pensara ser muy cercano pariente al conde de Arcos, o a lo menos camarero que le daua de vestir. "Bendito seays vos, Señor, quede yo diziendo, que days la enfermedad y poneys el remedio! Quien encontrara a aquel mi señor, que no piense, segun el contento de si lleua, auer anoche bien cenado y dormido en buena cama, y aunque agora es de mañana, no le cuenten por bien almorzado? Grandes secretos son, Señor, los que vos hazeys y las gentes ygnoran! A quien no engañara aquella buena disposicion y razonable capa y sayo? y quien pensara que aquel gentil hombre se passo ayer todo el dia con aquel mendrugo de pan, que su criado Lazaro truxo vn dia y vna noche en el arca de su seno, do no se le podia pegar mucha limpieza, y oy lauandose las manos y cara, a falta de paño de manos se hazia seruir de la halda del sayo? Nadie por cierto lo sospechara. O Señor, y quantos de aquestos deueys vos tener por el mundo derramados, que padescen, por la negra que llaman honrra, lo que por vos no suffririan!"

MIGUEL SÁNCHEZ

MIGUEL SANCHEZ, *el Divino* (whose dates are uncertain), was secretary to the bishop of Cuenca. A predecessor of Lope de Vega, he doubtless attained some eminence as a dramatist, but only two of his comedies are extant, *La Guarda cuidadosa* and *La Isla bárbara,* and in them we look in vain for what Lope described as Sanchez's particular talent: "el engañar con la verdad." Apart from the historical importance which Lope's recognition gives him, Sanchez is remembered as the author of the celebrated ballad quoted in *Don Quixote*: *Oyd, señor don Gayferos,* and the beautiful mystical poem given below.

CANCIÓN A CRISTO CRUCIFICADO

Inocente Cordero,
en tu sangre bañado,
con que del mundo los pecados quitas,
del robusto madero
por los brazos colgado,
abiertos, que abrazarte a mi me incitas;
ya que humilde marchitas
el color y hermosura
dese rostro divino
a la muerte vecino
antes que el alma soberana y pura
parta para salvarme,
vuelve los mansos ojos a mirarme.

Ya que el amor inmenso,
con último regalo,
rompe de tu grandeza las cortinas,
y con dolor intenso,
arrimado a ese palo,
la cabeza clavada con espinas
hacia la Madre inclinas;
ya que la voz despides,
bien de entrañas reales,
y las culpas y males
a la grandeza de tu Padre pides
que sean perdonados,
acuérdate, Señor, de mis pecados.

Aquí, donde das muestras
de manirroto y largo,
con las manos abiertas con los clavos,
y que las culpas nuestras
has tomado a tu cargo;
aquí, donde redimes los esclavos,
donde por todos cabos
misericordia brotas,
y el generoso pecho
no queda satisfecho
hasta que el cuerpo de la sangre agotas;
aquí, Redentor, quiero
llegar a tu juicio yo el primero.

Aquí quiero que mires
a un pecador metido
en la ciega prisión de sus errores;
que no temo te aíres
en mirarte ofendido,
pues abogando estás por pecadores,
y las culpas mayores
son las que más declaran
tu noble pecho santo,
de que te precias tanto;
pues cuando las más graves se reparan,
en más tu sangre empleas
y más con tu clemencia te recreas.

Por más que el peso grave
de mi culpa presente
cargue sobre mi flaco y corvo cuello,
que tu yugo suave
sacude inobediente,
quedando en dura sujeción por ello;
y aunque la tierra huello
con pasos tan cansados,
alcanzarte confío;
que, pues por el bien mío
tienes los soberanos pies clavados
en un madero firme,
seguro voy que no podrás huirme.

Seguro voy, Dios mío,
que, pues yo lo deseo,
he de llegar de tu clemencia al puerto;
que tu corazón frío,
a quien ya claro veo
por las ventanas dese cuerpo abierto,
está tan descubierto,
que un ladrón maniatado,
que lo ha contigo a solas,
con dos palabras solas
te lo tiene, piadoso Dios, robado;
y si aguardamos, luego,
porque te acierta, das la vida a un ciego.

A buen tiempo he llegado,
pues es cuando tus bienes
repartes en el Nuevo Testamento;
si a todos has mandado
cuantos presentes tienes,
también yo ante tus ojos me presento;
aquí, en solo un momento,
a la Madre hijo mandas,
al discípulo Madre,
el espíritu al Padre,
gloria al ladrón. Pues entre tantas mandas
¿ser mi desgracia puede
tanta, que solo yo vacío quede?

Mírame, que soy hijo,
aunque mi inobediencia
justamente podrá desheredarme;
pues tu palabra dijo
que hallara clemencia
siempre que a Ti viniese a presentarme.

Aquí quiero abrazarme
a los pies desta cama,
donde morir te veo;
que si, como deseo,
oyes la voz piadosa que te llama,
en tu clemencia espero
que, siendo hijo, quedaré heredero.

Por testimonio pido
a cuantos te están viendo
como a este punto bajas la cabeza:
señal que has concedido
lo que te estoy pidiendo;
como siempre esperé de tu grandeza.
Oh inefable largueza!
caridad verdadera!
pues como sea cierto
que, el testador no muerto,
no tiene el testamento fuerza entera,
tan magnánimo eres
que, porque todo se confirme, mueres.

Canción, de aquí no paso;
las lágrimas sucedan
en vez de las palabras que me quedan
cual lo requiere el lastimoso caso;
no canta más agora
pues que la tierra, mar y cielo llora.

ÁVILA

SANTA TERESA DE JESÚS

1515—1582

Teresa de Cepeda y Ahumada, or, as she is best known, Santa Teresa, was with San Ignacio de Loyola the main force of the Catholic reaction. She was born at Ávila on March 28, 1515. She was not cast in an atmosphere of morbid pietism. Her ancestors were mostly fighting men; of her seven brothers six were soldiers who made a name for themselves in the New World. At the age of fourteen, she wrote in collaboration with her brother Rodrigo a chivalresque romance. This childish effort has not survived, though we are told that those who read it considered it as extremely ingenious. This is strange, for the ingenious note is precisely the note lacking in Teresa's maturer work. In 1531, because her father refused to let her enter the Carmelite Convent of the *Incarnación* at Ávila, Teresa ran away and three years later was professed in that same convent. From then onwards her life-story is one of checks, victories and indomitable struggles, which may best be divined from her own autobiography. In the *Libro de su vida*, the *Libro de las Fundaciones* and in her copious correspondence we see her in every aspect of her multiform character: confidential in the *Libro de su vida*, intellectual and aloof in the *Libro de las Fundaciones*, personal, reproving, encouraging, cajoling and maternal in her innumerable letters. These three sources give the impression that she combined in an extraordinary degree a practical faculty and concrete sense with a power of subjective vision and poetic imagination. This singular combination of gifts constitutes the rare originality of her genius. Others might have reformed a religious order: others might have founded seventeen convents and fifteen monasteries. No one but Santa Teresa could have written the *Camino de Perfeccion*, the *Conceptos del Amor de Dios*, above all the *Moradas* or *Castillo Interior*. Here she deserves the epithet—so often applied to her—of "our Seraphic Mother"; here she condenses all her unparalleled experiences of the inner life, leading her readers onwards step by step through the seven vestibules of her mystic castle till she conducts them at last to the ultimate annihilation of self and absorption in the Divine Essence. Luckily for the world her MSS. came into the hands of Luis de Leon who treated them with the most profound respect, collating all copies with their originals and esteeming that in many passages he perceived the influence of a superhuman power. In these mystic master-pieces the Saint reveals herself as a poet. She is never so much a poet as when she writes in prose. Her style is the expression of her unique per-sonality. Her vocabulary, varied, supple, archaic, is the model of the speech of the best society in Old Castile. In verse her want of technique would prevent the ascription to her of the famous sonnet beginning: "No me mueve, mi Dios, para quererte," although the *letrilla* by Santa Teresa whose opening lines run:

> "Vivo sin vivir en mí,
> y tan alta vida espero,
> que muero porque no muero,"

are known by heart throughout the Peninsula. Like Cervantes, Santa Teresa is a poet but a poet only in prose. Both were poets who lacked the accomplishment of verse.

CARTA

A la madre María de San José, priora de Sevilla. Desde Toledo a 9 de abril de 1577.

Sobre asuntos familiares y particulares del convento de Sevilla.

Jesús.

Sea con vuestra reverencia, hija mía. Por vía del correo la he escrito: creo llegará más presto que ésta. Ahora van los crucifijos, ni más ni menos que estotros: no cuestan sino a nueve reales cada uno, y an creo menos un cuartillo, que menos de un ducado me habían dicho no se harían. Un tornero les haga los agujeros que porque se trajeron de manera que por ser Pascua no se pudieran hacer, van ansí: más fácil cosa es. Son de ébano las cruces. No son caros, que an yo quisiera enviar más.

Mucho deseo tengo de saber de la buena Bernarda. Ya la he escrito como se nos ha llevado Dios una hermana de esta casa, que he sentido harto.

En lo que toca a decir a Garci-Álvarez de la oración, vuestra reverencia no hay por qué dejallo, pues no la tiene de suerte, que haya en qué reparar, y an alguna otra de las que van como ella, que parece estrañeza, en especial diciéndolo nuestro padre visitador. Encomiéndemele mucho. ¡Oh cómo quisiera enviar mi librillo a el santo prior de las Cuevas, que me lo envía a pedir, y es tanto lo que se le debe, que quisiera darle este contento, y an a Garci-Álvarez no hiciera daño que viera nuestro proceder, y harto de nuestra oración; y si el libro estuviera allá, lo hiciera, pues no hay en qué servir a ese santo, tanto como se le debe, sino en hacer lo que pide! Quizá se hará algún día. El de hoy ha sido tan ocupado para mí, que no me puedo alargar más. Ya la escribí como había recibido lo que traya el recuero, anque no venía bueno: no es ya tiempo con la calor: no me envíe cosa, sino el agua de azahar, pues se quebró la redoma, y un poco de azahar, si se puede hallar de hoja, seco, en azúcar, que yo enviaré lo que costare; sino, sea de los confites, mas más lo querría de hoja, cueste lo que costare, aunque no sea mucha cantidad. Ya le dije se nos había ido al cielo una monja, y los trabajos que hemos tenido y lo que me había holgado en la entrada de Nicolao. En mucho le tengo lo que regala a las de Paterna, que me lo escriben. Crea que fué providencia de Dios quedar ahí quien tenga la caridad y condición que vuestra reverencia, para que nos haga bien a todos. Espero que se lo ha mucho de acrecentar. No creo que podré escribir al padre prior de las Cuevas; harélo otro día; no sepa de éstas. A todas me encomiendo, y a la mi Gabriela mucho, que la quisiera escribir. ¡Oh qué deseo tengo de ver ya esa viuda en casa y profesa! Dios lo haga y me guarde a vuestra reverencia, amén. También le envié una carta de doña Luisa. Es postrero de Pascua.

Indina sierva de vuestra reverencia.—Teresa de Jesús.

LAS MORADAS

Estando hoy suplicando a Nuestro Señor hablase por mí, porque yo no atinaba a cosa qué decir ni cómo comenzar a cumplir esta obediencia, se me ofreció lo que ahora diré, para comenzar con algún fundamento: que es, considerar nuestra alma como un castillo todo de diamante u muy claro cristal, adonde hay muchos aposentos, ansí como en el cielo hay muchas moradas. Que si bien lo consideramos, hermanas, no es otra cosa el alma del justo, sino un paraíso, adonde dice Él tiene sus deleites. Pues ¿qué tal os parece que será el aposento adonde un Rey tan poderoso, tan sabio, tan limpio, tan lleno de todos los bienes se deleita? No hallo yo cosa con que comparar la gran hermosura de un alma y la gran capacidad. Y verdaderamente, apenas deben llegar nuestros entendimientos, por agudos que fuesen, a compreenderla; ansí como no pueden llegar a considerar a Dios, pues Él mesmo dice que nos crió a su imagen y semejanza. Pues si esto es, como lo es, no hay para qué nos cansar en querer comprender la hermosura de este Castillo; porque puesto que hay la diferencia de él a Dios, que del Criador a la criatura, pues es criatura, basta decir su Majestad, que es hecha a su imagen, para que apenas podamos entender la gran dinidad y hermosura del ánima. No es pequeña lástima y confusión, que por nuestra culpa no entendamos a nosotros mesmos, sepamos quién somos. ¿No sería gran inorancia, hijas mías, que preguntasen a uno quién es, y no se conociese, ni supiese quién fué su padre, ni su madre, ni de qué tierra? Pues si esto sería gran bestialidad, sin comparación es mayor la que hay en nosotras, cuando no procuramos saber qué cosa somos, sino que nos detenemos en estos cuerpos, y ansí a bulto, porque lo hemos oído y porque nos lo dice la fe, sabemos que tenemos almas; mas qué bienes puede haber en esta alma, u quién está dentro en esta alma, u el gran valor de ella, pocas veces lo consideramos, y ansí se tiene en tan poco procurar con todo cuidado conservar su hermosura. Todo se nos va en la grosería del engaste u cerca de este Castillo, que son estos cuerpos. Pues consideremos que este Castillo tiene, como he dicho, muchas Moradas, unas en lo alto, otras en bajo, otras a los lados; y en el centro y mitad de todas éstas tiene la más principal, que es adonde pasan las cosas de mucho secreto entre Dios y el alma.

. . . .

Pues tornando a nuestro hermoso y deleitoso Castillo, hemos de ver cómo podremos entrar en él. Parece que digo algún disbarate; porque si este Castillo es el ánima, claro está que no hay para qué entrar, pues se es él mesmo: como parecería desatino decir a uno que entrase en una pieza, estando ya dentro. Mas habéis de entender que va mucho de estar a estar; que hay muchas almas que se están en la ronda del Castillo, que es adonde están los que le guardan, y que no se les da nada de entrar dentro, ni saben qué hay en aquel tan precioso lugar, ni quién está dentro, ni an qué piezas tiene. Ya habréis oído en algunos libros de oración aconsejar a el alma que entre dentro de sí; pues esto mesmo es. Decíame poco ha un gran letrado que son las almas que no tienen oración como un cuerpo con perlesía u tollido, que anque tiene pies y manos, no los puede mandar; que ansí son, que hay almas tan enfermas y mostradas a estarse en cosas esteriores, que no hay remedio, ni parece que pueden entrar dentro de sí; porque ya la costumbre la tiene tal de haber siempre tratado con las sabandijas y bestias que están en el cerco del Castillo, que ya casi está hecha como ellas; y con ser de natural tan rica, y poder tener su conversación, no menos que con Dios, no hay remedio. Y si estas almas no procuran entender y remediar su gran miseria, quedarse han hechas estatuas de sal, por no volver la cabeza hacia sí, ansí como quedó la mujer de Lod por volverla. Porque a cuanto yo puedo entender, la puerta para entrar en este Castillo es la oración y consideración; no digo más mental que vocal, que como sea oración, ha de ser con consideración....¿Qué pensáis, hijas, que es su voluntad? [la voluntad de Dios]. Que seamos del todo perfetas, para ser unos con Él y con el Padre, como su Majestad le pidió. ¡Mira qué nos falta para llegar a esto! Yo os digo, que lo estoy escribiendo con harta pena de verme tan lejos, y todo por mi culpa; que no ha menester el Señor hacernos grandes regalos para esto; basta lo que nos ha dado en darnos a su Hijo, que nos enseñase el camino. No penséis que está la cosa en sí si se muere mi padre u hermano, conformarme tanto con la voluntad de Dios, que no lo sienta, y si hay trabajos y enfermedades, sufrirlos con contento. Bueno es, y a las veces consiste en discreción; porque no podemos más, y hacemos de la necesidad virtud; ¡cuántas cosas de estas hacían los filósofos, u anque no sea de éstas, de otras, de tener mucho saber! Acá solas estas dos que nos pide el Señor: amor de su Majestad y del prójimo, es en lo que hemos de trabajar; guardándolas con perfección hacemos su voluntad, y ansí estaremos unidos con Él. Mas ¡qué lejos estamos de hacer como debemos a tan gran Dios estas dos cosas, como tengo dicho! Plega a su Majestad nos dé gracia, para que merezcamos llegar a este estado, que en nuestra mano está, si queremos. La más cierta señal que, a mi parecer, hay de si guardamos estas dos cosas, es guardando bien la del amor del prójimo; porque si amamos a Dios no se puede saber, anque hay indicios grandes para entender que le amamos, mas el amor del prójimo si. Y estad ciertas, que mientras más en éste os vierdes aprovechadas, más lo estáis en el amor de Dios; porque es tan grande el que su Majestad nos tiene, que en pago del que tenemos a el prójimo, hará que crezca el que tenemos a su Majestad por mil maneras: en esto yo no puedo dudar. Impórtanos mucho andar con gran advertencia como andamos en esto, que si es con mucha perfeción, todo lo tenemos hecho; porque creo yo, que según es malo nuestro natural, que si no es naciendo de raíz del amor de Dios, que no llegaremos a tener con perfeción el del prójimo. Pues tanto nos importa esto, hermanas, procuremos irnos entendiendo en cosas an menudas, y no haciendo caso de unas muy grandes, que ansí por junto vienen en la oración, de parecer que haremos y conteceremos por los prójimos, y por sola un alma que se salve; porque si no vienen después conformes las obras, no hay para qué creer que lo haremos. Ansí digo de la humildad también, y de todas las virtudes; son grandes los ardides del Demonio, que por hacernos entender que tenemos una, no la tiniendo, dará mil vueltas al Infierno. Y tiene razón, porque es muy dañoso, que nunca estas virtudes fingidas vienen sin alguna vanagloria, como son de tal raíz; ansí como las que da Dios están libres de ella ni de soberbia. Yo gusto algunas veces de ver unas almas, que cuando están en oración, les parece querrían ser abatidas y públicamente afrontadas por Dios, y después una falta pequeña encubrirían si pudiesen, u que si no la han hecho, y se la cargan, Dios nos libre. Pues mírese mucho quien esto no sufre, para no hacer caso de lo que a solas determinó a su parecer, que en hecho de verdad no fue determinación de la voluntad, que cuando ésta hay verdadera es otra cosa, sino alguna imaginación, que en ésta hace el Demonio sus saltos y engaños, y a mujeres, u gente sin letras, podrá hacer muchos, porque no sabemos entender las diferencias de potencias y imaginación, y otras mil cosas que hay interiores. ¡Oh hermanas, como se ve claro adonde está de veras el amor del prójimo, en algunas de vosotras, y en las que no está con esta perfeción! Si entendiésedes lo que nos importa esta virtud, no trairíades otro estudio. Cuando yo veo almas, muy diligentes a entender la oración que tienen, y muy encapotadas cuando están en ella, que parece no se osan bullir ni menear el pensamiento, porque no se les vaya un poquito de gusto y devoción que han tenido, háceme ver cuán poco entienden del camino por donde se alcanza la unión. ¿Y piensan que allí está todo el negocio? Que no, hermanas, no; obras quiere el Señor; y que si ves una enferma a quien puedes dar algún alivio, no se te da nada de perder esa devoción, y te compadezcas de ella, y si tiene algún dolor, te duela a ti, y si fuere menester lo ayunes porque ella lo coma, no tanto por ella como porque sabes que tu Señor quiere aquello. Ésta es la verdadera unión con su voluntad; y que si vieres loar mucho a una persona, te alegres más mucho que si te loasen a ti; esto a la verdad fácil es, que si hay humildad, antes terná pena de verse loar. Mas este alegría de que se entienden las virtudes de las hermanas es gran cosa, y cuando viéremos alguna falta en alguna, sentirla como si fuera en nosotros y encubrirla. Mucho he dicho en otras partes de esto porque veo, hermanas, que si hubiese en ello quiebra, vamos perdidas. Plega el Señor nunca la haya, que como esto sea, yo os digo que no dejéis de alcanzar de su Majestad la unión que queda dicha. Cuando os vierdes faltas en esto, anque tengáis devoción y regalos, que os parezca habéis llegado ahí, y alguna suspencioncilla en la oración de quietud, que a algunas luego les parece que está todo hecho, créeme, que no habéis llegado a unión, y pedid a nuestro Señor que os dé con perfeción este amor del prójimo, y dejad hacer a su Majestad, que Él os dará más que sepáis desear, como vosotras os esforcéis y procuréis, en todo lo que pudierdes, esto, y forzar vuestra voluntad, para que se haga en todo la de las hermanas, anque perdáis de vuestro derecho, y olvidar vuestro bien por el suyo, anque más contradición os haga el natural, y procurar tomar trabajo, por quitarle al prójimo, cuando se ofreciere. No penséis que no ha de costar algo y que os lo habéis de hallar hecho. Mira lo que costó a nuestro Esposo el amor que nos tuvo, que por librarnos de la muerte, la murió tan penosa, como muerte de cruz.

LUIS DE LEÓN

1528?—1591

It would almost seem an irony of fate that the poet who wrote the verses beginning:

> "Qué descansada vida
> la del que huye el mundanal ruido,"

every line of which breathes an intense longing for nature and peace, should have led a life so strenuous and so embittered by unprincipled enemies as did Luis de Leon.

Of his early childhood nothing is known. Born in 1528 or 1529 in the town of Belmonte in the province of Cuenca, at the age of sixteen Luis de Leon joined the Augustinian Order in Salamanca. In 1560 he obtained a very high degree and in the following year was appointed Professor of Theology at Salamanca. Five years later he was transferred from the Theological Chair to that of Scholastic Theology and Biblical Criticism. Brilliant though he was, he was not popular in the University. He had not the art of ingratiation; he was on terms of intimacy with the Professor of Hebrew—under suspicion of the Inquisition—and lastly he quarrelled with the Professor of Greek, a certain Leon de Castro, a venomous reactionary who had commented Isaiah. Luis de Leon said publicly in reference to the latter work that he would have it burned by the public hangman. Castro replied by a stinging reference to Luis de Leon's supposed Jewish descent, giving it to be understood that the fagots which burned his book would serve equally well for the roasting of crypto-Jews. Parties were formed in the University; lecturers were unable to proceed with their explanations. The Inquisition was duly informed of the disturbances and of their causes. Two of Luis de Leon's friends, the Professor of Hebrew, Martin Martinez de Cantalapiedra, and the lecturer in Hebrew, Gaspar de Grajal, were arrested on the charge of furtively carrying on a Jewish propaganda, and on March 27, 1572, Luis de Leon himself was imprisoned on suspicion of being concerned in the same propaganda. The only definite charge against him at this time was that eleven years previously he had translated the Song of Solomon—a serious breach of the general rule forbidding the circulation in Spain of any Scriptural book in the vernacular. For over four years Luis de Leon was subjected to endless questionings and in 1576, the Local Committee, weary of their unavailing attempts to break his firmness and wrench from him an admission damaging to himself or his friends, recommended that torture should be applied to him, adding the charitable postscript that in view of his delicacy a moderate amount of agony would perhaps suffice. The Supreme Court of Inquisition brushed aside this recommendation; Luis de Leon was formally reprimanded for past imprudences and set free on December 7, 1576, after a harsh experience of more than four years in jail to which he refers in the famous *quintillas*

"Aquí la envidia y mentira."

He continued an object of suspicion to the Holy Office. Seven years later he was admonished for his views on predestination and when his duties as a member of the Commission to report on the project of reforming the Calendar led necessarily to his intermitting some of his lectures, his old enemies sought to deprive him of his Chair. Their attempt failed egregiously. Meanwhile his brethren of the Augustinian Order stood by him and elected him Provincial of the Order in the Kingdom of Castile. Nine days after, on August 23, 1591, he died.

Luis de Leon is not only a poet; he is a great prose-writer and a mystic of renown. His prose is strong, impressive, sonorous but not ductile. In his great masterpiece *De los nombres de Cristo* (1585), the manner is more subtle and more exquisitely coloured than in *La Perfecta Casada* (1583). His poems appeared precisely forty years after his death. They were published by Quevedo in 1631 under the title of *Obras propias y traduciones latinas, griegas y italianas*, and contain a prose preface of Luis de Leon's in which he speaks of his poems as mere playthings of his youth. The internal evidence is against this statement, and since Luis de Leon is far too truthful a person to make a false assertion, we must assume that he refers to his verse translations from classical and Italian writers. Luis de Leon, in view of his gown, was comparatively restricted in his choice of subjects; nevertheless he handles themes as various as those of patriotism, of devotion, of human sympathy and of sequestered meditation with ease and grace and dignity. He is an absolute master of his art, a reformer in the domain of metrics and, of course, a partisan of Boscan's innovating methods.

As a man, he was ardent and austere, perhaps a little arrogant when off his guard, incautious but wary, emotional, sensitive, reticent, having in a supreme degree the creative faculty and the impulse towards self-expression. We cannot marvel that the self-expression of a personality so fine and complex should produce the series of compositions which entitle Luis de Leon to rank among the very greatest of Spanish poets, and beside the most glorious figures in the history of any literature.

AL LICENCIADO JUAN DE GRIAL

Recoge ya en el seno
el campo su hermosura, el cielo acoja
con luz triste el ameno
verdor, y hoja a hoja
las cimas de los árboles despoja.

   Ya Febo inclina el paso
al resplandor egeo, ya del día
las horas corta escaso,
ya Eolo, al mediodía
soplando, espesas nubes nos envía.

   Ya el ave vengadora
del Ibico navega los nublados,
y con voz ronca llora,
y el yugo al cuello atados
los bueyes van rompiendo los sembrados.

   El tiempo nos convida
a los estudios nobles, y la fama,
Grial, a la subida
del sacro monte llama,
do no podrá subir la postrer llama.

   Alarga el bien guiado
paso y la cuesta vence, y solo gana
la cumbre del collado,
y do más pura mana
la fuente, satisfaz tu ardiente gana.

   No cures si al perdido
error admira el oro, y va sediento
en pos de un bien fingido;
que no ansí vuela el viento
cuanto es fugaz y vano aquel contento.

   Escribe lo que Febo
te dicta favorable, que lo antiguo
iguala, y pasa el nuevo
estilo; y, caro amigo,
no esperes que podré atener contigo.

Que yo, de un torbellino
traidor acometido, y derrocado
del medio del camino
al hondo, el plectro amado
y del vuelo las alas he quebrado.

EN UNA ESPERANZA QUE SALIÓ VANA

Huíd, contentos, de mi triste pecho;
¿qué engaño os vuelve a do nunca pudistes
tener reposo ni hacer provecho?
    Tened en la memoria cuándo fuistes
con público pregón ¡ay! desterrados
de toda mi comarca y reinos tristes,
    adó ya no veréis sino nublados
y viento y torbellino y lluvia fiera,
suspiros encendidos y cuidados.
    No pinta el prado aquí la primavera,
ni nuevo sol jamás las nubes dora,
ni canta el ruiseñor lo que antes era.
    La noche aquí se vela, aquí se llora
el día miserable sin consuelo,
y vence al mal de ayer el mal de agora.
    Guardad vuestro destierro, que ya el suelo
no puede dar contento al alma mía,
si ya mil vueltas diere andando al cielo;
    guardad vuestro destierro, si alegría,
si gozo y si descanso andáis sembrando,
que aqueste campo abrojos solos cría;
    guardad vuestro destierro, si tornando
de nuevo, no queréis ser castigados
con crudo azote y con infame bando;
    guardad vuestro destierro, que olvidados
de vuestro ser en mí seréis, dolores;
tal es la fuerza de mis duros hados.
    Los bienes mas queridos y mayores
se mudan y en mi daño se conjuran,
y son por ofenderme a sí traidores.
    Mancíllanse mis manos si se apuran,
la paz y la amistad me es cruda guerra,
las culpas faltan, mas las penas duran.

Quien mis cadenas más estrecha y cierra
es la memoria mía y la pureza;
cuando ella sube, entonces vengo a tierra.

Mudó su ley en mí naturaleza,
y pudo en mi dolor lo que no entiende
ni seso humano ni mayor viveza.

Cuanto desenlazarse más pretende
el pájaro captivo, más se enliga,
y la defensa mía más me ofende.

En mí la culpa ajena se castiga,
y soy del malhechor ¡ay! prisionero,
y quieren que de mí la fama diga:

dichoso el que jamás ni ley ni fuero,
ni el alto tribunal ni las ciudades,
ni conoció del mundo el trato fiero;

que por las inocentes soledades
recoge el pobre cuerpo en vil cabaña,
y el ánimo enriquece con verdades.

Cuando la luz el aire y tierras baña,
levanta al puro sol las manos puras,
sin que se las aplomen odio y saña.

Sus noches son sabrosas y seguras,
la mesa le bastece alegremente
el campo, que no rompen rejas duras.

Lo justo le acompaña y la luciente
verdad, las sencilleces, pechos de oro,
la fe no colorada falsamente.

De ricas esperanzas almo coro,
y paz con su descuido le rodean,
y el gozo, cuyos ojos huye el lloro.

Allí, contento, tus moradas sean,
allí te lograrás, y a cada uno
de aquellos que de mí saber desean,
les di que no me viste en tiempo alguno.

¡Qué descansada vida
la del que huye el mundanal ruido,
y sigue la escondida
senda por donde han ido
los pocos sabios que en el mundo han sido!

Que no le enturbia el pecho
de los soberbios grandes el estado,
ni del dorado techo
se admira, fabricado
del sabio moro, en jaspes sustentado.

No cura si la fama
canta con voz su nombre pregonera,
ni cura si encarama
la lengua lisonjera
lo que condena la verdad sincera.

¿Qué presta a mí contento,
si soy del vano dedo señalado,
si en busca de este viento
ando desalentado
con ansias vivas, con mortal cuidado?

¡oh monte, oh fuente, oh río,
oh secreto seguro, deleitoso!
Roto casi el navío,
a vuestro almo reposo
huyo de aqueste mar tempestuoso.

Un no rompido sueño,
un día puro, alegre, libre quiero;
no quiero ver el ceño
vanamente severo
de a quien la sangre ensalza o el dinero.

Despiértenme las aves
con su cantar sabroso no aprendido,
no los cuidados graves
de que es siempre seguido
el que al ajeno arbitrio está atenido.

Vivir quiero conmigo
gozar quiero del bien que debo al cielo,
a solas, sin testigo,
libre de amor, de celo,
de odio, de esperanzas, de recelo.

Del monte en la ladera
por mi mano plantado tengo un huerto,
que con la primavera,
de bella flor cubierto,
ya muestra en esperanza el fruto cierto.

Y, como codiciosa,
por ver y acrecentar su hermosura,
desde la cumbre airosa
una fontana pura
hasta llegar corriendo se apresura;
    y luego sosegada,
el paso entre los árboles torciendo,
el suelo de pasada
de verdura vistiendo,
y con diversas flores va esparciendo.
    El aire el huerto orea,
y ofrece mil olores al sentido,
los árboles menea
con un manso ruido,
que del oro y del cetro pone olvido.
    Ténganse su tesoro
los que de un falso leño se confían;
no es mío ver el lloro
de los que desconfían
cuando el cierzo y el ábrego porfían.
    La combatida antena
cruje, y en ciega noche el claro día
se torna, al cielo suena
confusa vocería
y la mar enriquecen a porfía.
    A mí una pobrecilla
mesa, de amable paz bien abastada,
me basta, y la vajilla
de fino oro labrada
sea de quien la mar no teme airada.
    Y mientras miserable—
mente se están los otros abrasando
con sed insaciable
del peligroso mando,
tendido yo a la sombra esté cantando;
    a la sombra tendido,
de hiedro y lauro eterno coronado,
puesto el atento oído
al son dulce, acordado,
del plectro sabiamente meneado.

QUINTILLAS

Aquí la envidia y mentira
me tuvieron encerrado.
Dichoso el humilde estado
del sabio que se retira
de aqueste mundo malvado,
y con pobre mesa y casa
en el campo deleitoso
con solo Dios se compasa,
y a solas su vida pasa,
ni envidiado ni envidioso.

DE LOS NOMBRES DE CRISTO

Era por el mes de junio, a las vueltas de la fiesta de san Juan,
al tiempo que en Salamanca comienzan a cesar los estudios, cuando
Marcello, el uno de los que digo (que así le quiero llamar con
nombre fingido, por ciertos respectos que tengo, y lo mismo haré
a los demás), después de una carrera tan larga como es la de un
año en la vida que allí se vive, se retiró, como a puerto sabroso, a
la soledad de una granja que, como v.m. sabe, tiene mi monasterio
en la ribera de Tormes; y fuéronse con él, por hacerle compañía
y por el mismo respecto, los otros dos. Adonde habiendo estado
algunos días, aconteció que una mañana, que era la del día dedicado
al apóstol san Pedro, después de haber dado al culto divino lo que
se le debía, todos tres juntos se salieron de la casa a la huerta que
se hace delante della.

Es la huerta grande, y estaba entonces bien poblada de árboles,
aunque puestos sin orden; mas eso mismo hacía deleite en la vista,
y sobre todo, la hora y la sazón. Pues entrados en ella, primero, y
por un espacio pequeño, se anduvieron paseando y gozando del
frescor, y después se sentaron juntos, a la sombra de unas parras
y junto a la corriente de una pequeña fuente, en ciertos asientos.
Nace la fuente de la cuesta que tiene la casa a las espaldas, y
entraba en la huerta por aquella parte, y corriendo y estropezando,
parecía reírse. Tenían también delante de los ojos y cerca de ellos
una alta y hermosa alameda. Y más adelante, y no muy lejos, se
veía el río Tormes, que aun en aquel tiempo, hinchiendo bien sus
riberas, iba torciendo el paso por aquella vega. El día era sosegado
y purísimo, y la hora, muy fresca. Así que, asentándose, y callando

por un pequeño tiempo, después de sentados, Sabino (que así me place llamar al que de los tres era el más mozo), mirando hacia Marcello y sonriéndose, comenzó a decir así:

— Algunos hay a quien la vista del campo los enmudece, y debe ser condición de espíritus de entendimiento profundo; mas yo, como los pájaros, en viendo lo verde, deseo o cantar o hablar.

— Bien entiendo por qué lo decís — respondió al punto Marcello —, y no es alteza de entendimiento, como dais a entender por lisonjearme o por consolarme, sino cualidad de edad y humores diferentes, que nos predominan, y se despiertan con esta vista, en vos de sangre, y en mí de melancolía. Mas sepamos — dice — de Juliano — (que éste será el nombre del otro tercero) — si es pájaro también o si es de otro metal.

— No soy siempre de uno mesmo — respondió Juliano —, aunque agora al humor de Sabino me inclino algo más. Y pues él no puede agora razonar consigo mismo mirando la belleza del campo y la grandeza del cielo, bien será que nos diga su gusto acerca de lo que podremos hablar.

Entonces Sabino, sacando del seno un papel escrito y no muy grande:

— Aquí — dice — está mi deseo y mi esperanza.

Marcello, que reconoció luego el papel, porque estaba escrito de su mano, dijo, vuelto a Sabino y riéndose:

— No os atormentará mucho el deseo a lo menos, Sabino, pues tan en la mano tenéis la esperanza; ni aun deben ser ni lo uno ni lo otro muy ricos, pues se encierran en tan pequeño papel.

— Si fueren pobres — dijo Sabino — menos causa tendréis para no satisfacerme en una cosa tan pobre.

— ¿En qué manera — respondió Marcello — o qué parte soy yo para satisfacer a vuestro deseo, o qué deseo es el que decís?

Entonces Sabino, desplegando el papel, leyó el título, que decía: DE LOS NOMBRES DE CRISTO; y no leyó más. Y dijo luego:

— Por cierto caso hallé hoy este papel, que es de Marcello, adonde, como parece, tiene apuntados algunos de los nombres con que Cristo es llamado en la Sagrada Escritura, y los lugares de ella adonde es llamado así. Y como le vi, me puso codicia de oírle algo sobre aqueste argumento, y por eso dije que mi deseo estaba en este papel; y está en él mi esperanza también, porque como parece de él, éste es argumento en que Marcello ha puesto su estudio y cuidado, y argumento que le debe tener en la lengua; y así, no podrá decirnos agora lo que suele decir cuando se escusa si le obligamos a hablar, que le tomamos desapercebido. Por manera que, pues le falta esta escusa, y el tiempo es nuestro, y el día santo, y la sazón tan a propósito de pláticas semejantes, no nos será dificultoso el rendir a Marcello, si vos, Juliano, me favorecéis.

— En ninguna cosa me hallaréis más a vuestro lado, Sabino — respondió Juliano.

Y dichas y respondidas muchas cosas en este propósito, porque Marcello se escusaba mucho, o a lo menos pedía que tomase Juliano su parte y dijese también, y quedando asentado que a su tiempo, cuando pareciese, o si pareciese ser menester, Juliano haría su oficio, Marcello, vuelto a Sabino, dijo así:

— Pues el papel ha sido el despertador de esta plática, bien será que el mismo nos sea la guía en ella. Id leyendo, Sabino, en él, y de lo que en él estuviere, y conforme a su orden, así iremos diciendo, si no os parece otra cosa.

— Antes nos parece lo mismo — respondieron como a una Sabino y Juliano.

Y luego Sabino, poniendo los ojos en el escrito, con clara y moderada voz leyó así:

DE LOS NOMBRES EN GENERAL.

Los nombres que en la Escritura se dan a Cristo son muchos, así como son muchas sus virtudes y oficios; pero los principales son diez, en los cuales se encierran y como reducidos se recogen los demás; y los diez son éstos.

— Primero que vengamos a eso, dijo Marcello alargando la mano hacia Sabino, para que se detuviese — convendrá que digamos algunas cosas que se presuponen a ello, y convendrá que tomemos el salto, como dicen, de más atrás, y que guiando el agua de su primer nacimiento, tratemos qué cosa es esto que llamamos nombre, y qué oficio tiene, y por qué fin se introdujo, y en qué manera se suele poner; y aun antes de todo esto hay otro principio.

— ¿Qué otro principio — dijo Juliano — hay que sea primero que el ser de lo que se trata, y la declaración de ello breve, que la Escuela llama *definición?*

— Que como los que quieren hacerse a la vela — respondió

Marcello — y meterse en la mar, antes que desplieguen los lienzos, vueltos al favor del cielo, le piden viaje seguro, así agora en el principio de una semejante jornada, yo por mí, o por mejor decir, todos para mí, pidamos a ese mismo de quien habemos de hablar sentidos y palabras cuales convienen para hablar de él. Porque si las cosas menores, no sólo acabarlas no podemos bien, mas ni emprenderlas tampoco, sin que Dios particularmente nos favorezca, ¿quién podrá decir de Cristo y de cosas tan altas como son las que encierran los nombres de Cristo, si no fuere alentado con la fuerza de su espíritu? Por lo cual desconfiando de nosotros mismos, y confesando la insuficiencia de nuestro saber, y como derrocando por el suelo los corazones, supliquemos con humildad a aquesta divina luz que nos amanezca; quiero decir, que envíe en mi alma los rayos de su resplandor y la alumbre, para que en esto que quiere decir de él, sienta lo que es digno de él, y para que lo que en esta manera sintiere, lo publique por la lengua en la forma que debe. Porque, Señor, sin ti, ¿quién podrá hablar como es justo de ti? o ¿quién no se perderá en el inmenso océano de tus excelencias metido, si tú mismo no le guías al puerto? Luce, pues, ¡o solo verdadero sol! en mi alma, y luce con tan grande abundancia de luz, que con el rayo de ella juntamente y mi voluntad encendida te ame, y mi entendimiento esclarecido te vea, y enriquecida mi boca te hable y pregone, si no como eres del todo, a lo menos como puedes de nosotros ser entendido, y sólo a fin de que tú seas glorioso y ensalzado en todo tiempo y de todos.

BALTASAR DEL ALCÁZAR

1530—1606

BALTASAR DEL ALCÁZAR served under the first Marquis of Santa Cruz and was once made prisoner by the French, but Pacheco affirms that "su valor i aspecto los obligó a darle libertad." An admirer of the classics, he was closely affiliated to Martial whose influence may perhaps be discerned in his epigrams. Although a Sevillan by birth, Alcázar does not follow the tenets of the Seville School of Poetry, into which, with that of Salamanca, the school of Boscan and Garcilasso de la Vega divided and whose recognized chief is Herrera. The author of *La Cena Jocosa* occupies a place apart. His mordant satire and ingenious play of wit are best displayed in the writing of caustic epigrams and neatly-turned sonnets, of which a good example is *Contra un mal soneto*.

BALTASAR DEL ALCÁZAR

VIDA DEL AUTOR EN LA VEJEZ

Deseáis, señor Sarmiento,
saber en estos mis años,
sujetos a tantos daños,
cómo me porto y sustento.

Yo os lo diré en brevedad,
porque la historia es bien breve,
y el daros gusto se debe
con toda puntualidad.

Salido el sol por Oriente
de rayos acompañado,
me dan un huevo pasado
por agua, blando y caliente,

con dos tragos del que suelo
llamar yo néctar divino,
y a quien otros llaman vino
porque nos vino del cielo.

Cuando el luminoso vaso
toca en la meridional,
distando por un igual
del oriente y del ocaso,

me dan asada o cocida
de una gruesa y gentil ave,
con tres veces del suave
licor que alegra la vida.

Después que cayendo viene
a dar en el mar Esperio,
desamparando el imperio
que en este horizonte tiene,

me suelen dar a comer
tostadas en vino mulso,
que el enflaquecido pulso
restituyen a su ser.

Luego me cierran la puerta,
yo me entrego al dulce sueño;
dormido soy de otro dueño,
no sé de mí nueva cierta,

MONJE EN MEDITACIÓN
Zurbarán

hasta que habiendo sol nuevo,
me cuentan como he dormido;
y yo de nuevo les pido
que me den néctar y huevo.

Ser vieja la casa es esto,
veo que se va cayendo;
voyle puntales poniendo,
porque no caiga tan presto.

Mas todo es vano artificio;
presto me dicen mis males
que han de faltar los puntales
y allanarse el edificio.

JUAN DE LOS ÁNGELES

1536?—1609

Few definite facts are known about the early life of Juan Martinez, whose name in religion was Juan de los Ángeles. A Franciscan monk of Ávila, he is said to have studied at Alcalá de Henares. Besides preaching at Madrid, he both taught and preached in the Monastery of San Juan Bautista in Zamora. In his leisure hours he wrote verse and his first published work, *Triunfos del Amor de Dios*, appeared in 1590. The preceding year he had been sent to Seville to found a new Franciscan monastery for the Barefooted Friars; after choosing the site and supervising the building, he retired in 1592 for a few weeks to Lisbon, where he finished his book *Conquista del Reino de Dios*. In 1601 he was appointed Provincial of Castilla and then Confessor to the Descalzas reales de Madrid. Here he appears to have died in 1609. In his *Triunfos del Amor de Dios*, later incorporated in the *Lucha espiritual y amorosa entre Dios y el Alma*, he gives us a psychological study almost without rival for beauty of language and depth of heavenly passion. Menéndez y Pelayo tells us that the most classical and beautiful books which have been written about the love of God come from the pens of Minor Friars. Of Juan de los Ángeles he adds: "...no es posible leerle sin amarle y dejarse arrastrar por su maravillosa dulzura, tan angélica como su nombre."

De cómo el amor proprio tiene por oficio dividir y deshermanar los hombres, y el de Dios unirlos y hacerlos una cosa.

Muchas veces habemos dicho que el amor muda la voluntad en la cosa principalmente amada: añadimos agora que si ésta es una sola, común a todos los hombres, y en todas primera y principalmente amada, que aquellos amores serán conformes y semejantes, y necesariamente entre todos los amantes habrá concordia y perfecta unión. Esto es negocio llano y tan puesto en razón, que no tiene necesidad de más prueba. Pues si todos los hombres pusiésemos nuestro amor en Dios, que es uno y simplicísimo y común a todos, ¿qué lugar hallaría la discordia y división entre nosotros? Todo sería paz, amistad y concordia, porque ninguno amaría su voluntad, sino la de Dios, cuyo amor nos une y hermana para que cada uno quiera lo que el otro, y todos lo que Dios. Mas ¡ay! que este divino amor en muy pocos tiene principado, de que es argumento harto fuerte ver la poca o ninguna amistad que hay entre nosotros. Cada cual se ama a sí mismo y su propria voluntad; y como en todos es diversa, o, por decir lo cierto, son tantas las cosas que principalmente amamos cuantos nosotros somos (porque cada cual está metido en sí mismo y ama su voluntad y la sigue, y por consiguiente su honor, su excelencia, su gusto y corporal deleite) no es posible amar la honra, excelencia y deleite de mi prójimo, si no es en cuanto ayuda y sirve a mi particular intento y fin. De aquí nacen las guerras, las disensiones, las pendencias, odios y enemistades; porque yo aborrezco vuestra honra si disminuís la mía, y vos la mía si impide la vuestra, y cada uno procura anteponerse al otro, porque nadie puede tener suficencia ni hartura en las cosas desta vida, ni de honra ni deleites. Y ansí forzosamente han de andar todos hambreando y mendigando el ayuda y favor de todas las criaturas, las cuales todas no bastan para saciar y llenar los vacíos de nuestras almas.

Al fin, el amor de Dios causa unidad, concordia y paz entre los que principalmente se aman; y el particular, guerra, división y odio. Y es la razón, porque amándome yo a mí mismo, no en cuanto hombre sino en cuanto tal hombre; conviene a saber: Juan o Pedro, me aparto o divido de los demás hombres y me mudo y transformo en mí mismo, de manera que no convengo con ninguna otra criatura, sino conmigo solo, porque no me amo debajo de razón de hombre que pertenece a la comunidad, sino de tal hombre que me hace singular; y porque el amor no se extiende más que la cosa principalmente amada, en mí se ocupa solo sin dar parte a ninguna criatura, sino en cuanto se ordena en mi particular bien. Otra cosa es amar a Dios, que por ser común y universal para todas sus criaturas, porque emanan todas de Él y Él las conserva y sustenta, cuando Él es la cosa principalmente amada el amor es común y universal, raíz y fundamento de todos los bienes. De suerte que la comunidad y universalidad hacen bueno el amor, y la singularidad malo, y tanto más bueno o malo cuanto la cosa principalmente amada fuere más singular o común. A lo menos, si quisiéramos dilatar este tratado, lugar había aquí y campo bien ancho para ello, porque se nos ofrecía ocasión para descubrir las obligaciones que el hombre tiene a Dios, y lo que le debe como a Dios y Señor suyo. Lo cual entenderán los sabios si algún tiempo se amaron con amor principal, porque quitándose de aquel puesto a sí mismos y poniendo a Dios en él, por lo que para sí querían, deseaban y procuraban echarán de ver lo que han de querer, desear y procurar para Dios.

Y con esto (que aunque poco tiene gran secreto y una admirable teología del cielo) me despido por ahora, para que podamos ver el fruto final que nace destos dos primeros y principales amores de Dios y proprio, que es lo que se suele desear y procurar en todas las cosas deste mundo. Para cuya inteligencia se note que de todas las obras que el hombre hace, después de hechas no le queda otra cosa que gozo o tristeza, porque estos son los dos finales y últimos frutos que nacen y se crían en el corazón de toda la masa de nuestras operaciones; en las cuales todas se tiene por blanco el gozo y el contentamiento. Así difinió el Italiano el amor: Amor es un movimiento que corre por el deseo y reposa por delectación. Y dijo bien; porque en teniendo el hombre el gozo tras que anda, reposa y está contento y no pretende otra cosa, porque ésa sola le harta. Al gozo se opone la tristeza, y es de quien todos andan huyendo como de enemiga y contraria al deseo común de todos los hombres. El verdadero gozo nace del amor divino, como de raíz divina; la verdadera tristeza nace del amor proprio, como de raíz mala, infernal y diabólica.

SAN JUAN DE LA CRUZ
1542—1591

JUAN DE YEPES Y ALVAREZ studied at the University of Salamanca, professed in the Carmelite Order under the name of Fray Juan de San Matias in 1564, entered the Barefooted Friars in 1567 and in the following year changed his name to John of the Cross. Richer in absolute literary gifts than Santa Teresa, whose friend he was, he did for the monasteries much what she did for the convents and suffered continual persecution in doing so; but his practical organizing talents were not equal to hers. He was more versed in mundane literature than Santa Teresa and the very form of his verse betrays the influence of Garcilasso de la Vega. San Juan de la Cruz chooses the *lira* as the appropriate form for his ecstatic exaltations. He accompanies his poems by an elaborate and voluminous commentary in prose. This prose-commentary, now scholastically ingenious, now exuberantly oriental, is of extreme obscurity to the profane. Quevedo and Estébanez Calderón pass as being the most difficult authors in Spanish literature; both, however, are simpler than San Juan de la Cruz in his prose-commentary on himself. He moves on a lofty inaccessible plane, breathing an atmosphere too rarified for ordinary mortals. In verse—unembarrassed by his too subtle commentary —he is infinitely more comprehensible than in his prose. His poems are of irreproachable technique; they abound in daring oriental images; they stir readers with their enchanting music; they are irresistible in the force of their emotional appeal. San Juan de la Cruz has not quite the romantic personality of Santa Teresa; he has not her caressing beauty of phrase in prose. But he is a far greater poet and, in his own special sphere, he has no equal in Spanish literature.

CANCIONES DEL ALMA

En una noche escura
con ansias en amores inflamada,
oh dichosa ventura!
salí sin ser notada,
estando ya mi casa sosegada.

A escuras y segura
por la secreta escala, disfrazada,
oh dichosa ventura!
a escuras, en celada,
estando ya mi casa sosegada.

En la noche dichosa,
en secreto, que nadie me veía,
ni yo miraba cosa,
sin otra luz ni guía,
sino la que en el corazón ardía.

Aquesta me guiaba
más cierto que la luz de mediodía,
adonde me esperaba
quien yo bien me sabía,
en parte donde nadie parecía.

Oh noche, que guiaste,
oh noche amable más que el alborada,
oh noche, que juntaste
Amado con amada,
amada en el Amado trasformada!

En mi pecho florido,
que entero para él solo se guardaba,
allí quedó dormido,
yo le regalaba,
y el ventalle de cedros aire daba.

El aire del almena,
cuando ya sus cabellos esparcía,
con su mano serena,
en mi cuello hería
y todos mis sentidos suspendía.

Quedéme y olvidéme,
el rostro recliné sobre el Amado,
cesó todo, y dejéme,
dejando mi cuidado
entre las azucenas olvidado.

CARTA

*A una Carmelita Descalza que padecía escrúpulos.—La da reglas
admirables para conducirse en ellos.*

Jesús, María: Estos días traiga empleado el interior en deseo
de la venida del Espíritu Santo; y en la Pascua y después de ella
continua presencia suya; y tanto sea el cuidado y estima de esto,
que no le haga al caso otra cosa ni mire en ella, ahora sea de pena,
ahora de otras memorias de molestia: y todos estos días, aunque
haya faltas en casa, pasar por ellas por amor del Espíritu Santo;
y por lo que se debe a la paz y quietud del alma, en que él se
agrada morar. Si pudiere acabar con sus escrúpulos no confesarse

estos días, entiendo sería mejor para su quietud; mas cuando lo hiciere será desta manera:

Acerca de las advertencias y pensamientos, ahora sean de juicios, ahora de objetos, o representaciones desordenadas, y otros cualesquiera movimientos que acaecen, sin quererlo, ni admitirlo el alma, y sin querer parar con advertencia en ellos, no los confiese, ni haga caso ni cuidados dellos: que mejor es olvidarlos, aunque más pena den al alma: cuando mucho podrá decir en general la omisión o remisión que por ventura haya tenido acerca de la pureza y perfección, que debe tener en las potencias interiores, memoria, entendimiento y voluntad. Acerca de las palabras, la demasía y poco recato que hubiese tenido en hablar con verdad y rectitud, y necesidad y pureza de intención. Acerca del obrar, la falta que puede haber del recto y solitario fin (sin respeto alguno) que es solo Dios.

Y confesando desta manera, puede quedar satisfecha, sin confesar nada de esotro en particular, aunque más guerra le haga. Comulgará esta Pascua, demás de los días que suele.

Cuando se le ofreciere algún sinsabor y disgusto, acuérdese de Cristo crucificado, y calle.

Viva en fe y esperanza, aunque sea a obscuras, que en esas tinieblas ampara Dios al alma. Arroje el cuidado suyo en Dios, que él le tiene; ni la olvidará. No piense que la deja sola, que sería hacerle agravio.

Lea, ore, alégrese en Dios su Bien y salud; el cual se lo dé y conserve todo hasta el día de la eternidad. Amén. Amén.—Fray Juan de la Cruz.

JUAN DE MARIANA

1535?—1624

JUAN DE MARIANA, the greatest of Spanish historians, is known to have joined the Jesuits in 1554, a fact from which it may be inferred that he was born about 1535. Most of his youth was spent in teaching abroad, and it was not until 1574 that he returned to Spain, and settled down at Toledo. Called upon by the Jesuits to investigate the charge of heresy preferred against Arias Montano by Leon de Castro, Mariana showed his fearlessness by reporting in favour of Arias Montano's innocence. This action brought him into disfavour with the Jesuits, who later disowned him when his book, *De Rege et Regis Institutione*, was burned at the Sorbonne, under pretext that Henry IV's assassin had imbibed from it his anarchical ideas. Again over his *Tractatus Septem* Mariana displeased the authorities and had to suffer imprisonment for some of his views. But he maintained his fearless attitude and his right to express opinions unchallenged. In 1592, he brought out in Latin the *Historia de España*, choosing Latin as an international language. So successful was the venture, that he acted as his own translator and published the Castilian version of his work in 1601, 1608, 1617, and 1623. When challenged by a critic on certain inaccuracies, he gave a characteristic answer, which is interesting also as a revelation of his methods: "yo nunca pretendí hacer historia de España, ni examinar todos los particulares, que fuera nunca acabar, sino poner en estilo y en lengua latina lo que otros tenían juntado." Mariana's real strength lies in his co-ordinating power, his sense of proportion and above all in his admirable prose-style—prose a little archaic in manner but full of pith and marrow. Mariana is one of the great historians of mankind and will be read in spite of his weaknesses in matters of secondary detail. His *Historia de España*, as Ticknor justly says, is one of the most remarkable books of its kind in the world—a model of picturesque chronicling and sober history.

HISTORIA DE ESPAÑA

De la muerte del rey don Rodrigo.

Cosas grandes eran éstas y principios de mayores males, las cuales acabadas en breve, los dos caudillos, Tarif y el conde don Julián, dieron vuelta a África para hacer instancia, como la hicieron, a Muza que les acudiese con nuevas gentes para llevar adelante lo comenzado. Quedó en rehenes y para seguridad de todo el conde Requila, con que mayor número de gente de a pie y de a caballo vino a la misma conquista. Era tan grande el brío que con las victorias pasadas y con estos nuevos socorros cobraron los enemigos, que se determinaron a presentar la batalla al mismo rey don Rodrigo y venir con él a las manos. Él, movido del peligro y daño y encendido en deseo de tomar enmienda de lo pasado y de vengarse, apellidó todo el reino. Mandó que todos los que fuesen de edad acudiesen a las banderas. Amenazó con graves castigos a los que lo contrario hiciesen. Juntóse a este llamamiento gran número de gente; los que menos cuentan dicen fueron pasados de cien mil combatientes. Pero con la larga paz, como acontece, mostrábanse ellos alegres y bravos, blasonaban y aun renegaban; mas eran cobardes a maravilla, sin esfuerzo y aun sin fuerzas para sufrir los trabajos e incomodidades de la guerra; la mayor parte iban desarmados, con hondas solamente o bastones.

Éste fué el ejército con que el Rey marchó la vuelta del Andalucía. Llegó por sus jornadas cerca de Jerez, donde el enemigo estaba alojado. Asentó sus reales y fortificólos en un llano por la parte que pasa el río Guadalete. Los unos y los otros deseaban grandemente venir a las manos; los moros orgullosos con la victoria; los godos por vengarse, por su patria, hijos, mujeres y libertad no dudaban poner a riesgo las vidas, sin embargo que gran parte dellos sentían en sus corazones una tristeza extraordinaria y un silencio cual suele caer a las veces como presagio del mal que ha de venir sobre algunos. Al mismo Rey, congojado de cuidados entre día, de noche le espantaban sueños y representaciones muy tristes. Pelearon ocho días continuos en un mismo lugar; los siete escaramuzaron, como yo lo entiendo, a propósito de hacer prueba cada cual de las partes de las fuerzas suyas y de los contrarios. Del suceso no se escribe; debió ser vario, pues al octavo día se resolvieron de dar la batalla campal, que fué domingo a 9 del mes que los moros llaman javel o sceval, así lo dice don Rodrigo, que vendría a ser por el mes de junio conforme a la cuenta de los árabes; pero yo más creo fuese a 11 de noviembre, día de san Martín, según se entiende del *Cronicón alveldense*, año de nuestra salvación de 714. Estaban las haces ordenadas en guisa de pelear. El Rey desde un carro de marfil, vestido de tela de oro y recamados, conforme a la costumbre que los reyes godos tenían cuando entraban en las batallas, habló a los suyos en esta manera: "Mucho me alegro, soldados, que haya llegado el tiempo de vengar las injurias hechas a nosotros y a nuestra santa fe por esta canalla aborrecible a Dios y a los hombres. ¿Qué otra causa tienen de movernos guerra, sino pretender de quitar la libertad a vos, a vuestros hijos, mujeres y patria, saquear y echar por tierra los templos de Dios, hollar y profanar los altares, sacramentos y todas las cosas sagradas como lo han hecho en otras partes? Y casi veis con los ojos, y con las orejas oís el destrozo y ruido de los que han abatido en buena parte de España. Hasta ahora han hecho guerra contra eunucos; sientan qué cosa es acometer a la invencible sangre de los godos. El año pasado desbarataron un pequeño número de los nuestros; engreídos con aquella victoria y por haberlos Dios cegado han pasado tan adelante, que no podrán volver atrás sin pagar los insultos cometidos. El tiempo pasado dábamos guerra a los moros en su tierra, corríamos las tierras de Francia; al presente ¡oh

grande mengua, y digna que con la misma muerte, si fuere menester,
se repare! somos acometidos en nuestra tierra, tal es la condición
de las cosas humanas, tales los reveses y mudanzas. El juego está
entablado de manera que no se podrá perder; pero cuando la
esperanza de vencer no fuese tan cierta, debe aguijonaros y en-
cenderos el deseo de la venganza. Los campos están bañados de
la sangre de los vuestros, los pueblos quemados y saqueados, la
tierra toda asolada; ¿quién podrá sufrir tal estrago? Lo que ha
sido de mi parte, ya veis cuán grande ejército tengo juntado, apenas
cabe en estos campos; las vituallas y almacén en abundancia, el
lugar es a propósito; a los capitanes tengo avisado lo que han de
hacer, proveído de número de soldados de respeto para acudir a
todas partes. Demás desto, hay otras cosas, que ahora se callan,
y al tiempo del pelear veréis cuán apercibido está todo. En vuestras
manos, soldados, consiste lo demás; tomad ánimo y coraje, y llenos
de confianza acometed los enemigos; acordaos de vuestros ante-
pasados, del valor de los godos; acordaos de la religión cristiana,
debajo de cuyo amparo y por cuya defensa peleamos." Al contrario
Tarif, resuelto asimismo de pelear, sacó sus gentes, y ordenados sus
escuadrones, les hizo el siguiente razonamiento: "Por esta parte
se extiende el Océano, fin último y remate de las tierras; por
aquella nos cerca el mar Mediterráneo; nadie podrá escapar con
la vida, sino fuere peleando. No hay lugar de huir; en las manos
y en el esfuerzo está puesta toda la esperanza. Este día, o nos
dará el imperio de Europa, o quitará a todos la vida. La muerte
es fin de los males; la victoria causa de alegría; no hay cosa más
torpe que vivir vencidos, y afrentados. Los que habéis domado la
Asia y la África, y al presente, no tanto por mi respeto cuanto de
vuestra voluntad acometéis a haceros señores de España, debéis
os membrar de vuestro antiguo esfuerzo y valor, de los premios,
riquezas y renombre inmortal que ganaréis. No os ofrecemos por
premio los desiertos de África, sino los gruesos despojos de toda
Europa; ca vencidos los godos, demás de las victorias ganadas el
tiempo pasado, ¿quién os podrá contrastar? ¿Temeréis por
ventura este ejército sin armas, juntado de las heces del vulgo, sin
orden y sin valor? Que no es el número el que pelea, sino el esfuerzo; ni vencen los muchos, sino los denodados, con su muchedumbre se embarazarán, y sin armas, con las manos desnudas los
venceréis. Cuando tenían las fuerzas enteras los desbaratastes;

¿por ventura ahora, perdida gran parte de sus gentes, acobardados con el miedo, alcanzarán la victoria? La alegría pues y el denuedo que en vos veo, cierto presagio de lo que será, ésa llevad a la pelea confiados en vuestro esfuerzo y felicidad, en vuestra fortuna y en vuestros hados. Arremeted con el ayuda de Dios y de nuestro profeta Mahoma, venced los enemigos, que traen despojos, no armas. Trocad los ásperos montes, los collados pelados por el gran calor, las pobres chozas de África con los ricos campos y ciudades de España. En vuestras diestras consiste y lleváis el imperio, la salud, el alegría del tiempo presente, y del venidero la esperanza." Encendidos los soldados con las razones de sus capitanes, no esperaban otra cosa que la señal de acometer. Los godos al son de sus trompetas y cajas se adelantaron, los moros al son de los atabales de metal a su manera encendían la pelea; fué grande la gritería de la una parte y de la otra; parecía hundirse montes y valles. Primero con hondas, dardos y todo género de saetas y lanzas se comenzó la pelea; después vinieron a las espadas; la pelea fué muy brava, ca los unos peleaban como vencedores, y los otros por vencer. La victoria estuvo dudosa hasta gran parte del día sin declararse; sólo los moros daban alguna muestra de flaqueza, y parece querían ciar y aun volver las espaldas, cuando don Oppas ¡oh increíble maldad! disimulada hasta entonces la traición, en lo más recio de la pelea, según que de secreto lo tenía concertado, con un buen golpe de los suyos se pasó a los enemigos. Juntóse con don Julián, que tenía consigo gran número de los godos, y de través por el costado más flaco acometió a los nuestros. Ellos, atónitos con traición tan grande y por estar cansados de pelear, no pudieron sufrir aquel nuevo ímpetu, y sin dificultad fueron rotos y puestos en huída, no obstante que el Rey con los más esforzados peleaba entre los primeros y acudía a todas partes, socorría a los que veía en peligro, en lugar de los heridos y muertos ponía otros sanos, detenía a los que huían, a veces con su misma mano; de suerte que, no sólo hacía las partes de buen capitán, sino también de valeroso soldado. Pero al último, perdida la esperanza de vencer y por no venir vivo en poder de los enemigos, saltó del carro y subió en un caballo, llamado Orelia, que llevaba de respeto para lo que pudiese suceder; con tanto él se salió de la batalla. Los godos, que todavía continuaban la pelea, quitada esta ayuda, se desanimaron; parte quedaron en el campo muertos,

TOLEDO. PUENTE DE ALCÁNTARA

los demás se pusieron en huída; los reales y el bagaje en un momento fueron tomados. El número de los muertos no se dice; entiendo yo que por ser tantos no se pudieron contar; que a la verdad esta sola batalla despojó a España de todo su arreo y valor. Día aciago, jornada triste y llorosa. Allí pereció el nombre ínclito de los godos, allí el esfuerzo militar, allí la fama del tiempo pasado, allí la esperanza del venidero se acabaron; y el imperio que más de trescientos años había durado quedó abatido por esta gente feroz y cruel. El caballo del rey don Rodrigo, su sobreveste, corona y calzado, sembrado de perlas y pedrería, fueron hallados a la ribera del río Guadalete; y como quier que no se hallasen algunos otros rastros de él, se entendió que en la huída murió o se ahogó a la pasada del río. Verdad es que como doscientos años adelante en cierto templo de Portugal en la ciudad de Viseo se halló una piedra con un letrero en latín, que, vuelto en romance, dice:

AQUÍ REPOSA RODRIGO, ÚLTIMO REY DE LOS GODOS.

Por donde se entiende que salido de la batalla, huyó a las partes de Portugal. Los soldados que escaparon, como testigos de tanta desventura, tristes y afrentados, se derramaron por las ciudades comarcanas. Don Pelayo, de quien algunos sospechan se halló en la batalla, perdida toda esperanza, parece se retiró a lo postrero de Cantábria o Vizcaya, que era de su estado; otros dicen que se fué a Toledo. Los moros no ganaron la victoria sin sangre, que de ellos perecieron casi diez y seis mil. Fueron los años pasados muy estériles, y dejada la labranza de los campos a causa de las guerras, España padeció trabajos de hambre y peste. Los naturales, enflaquecidos con estos males, tomaron las armas con poco brío; los vicios principalmente y la deshonestidad los tenían de todo punto estragados, y el castigo de Dios los hizo despeñar en desgracias tan grandes.

Como se ganó la ciudad de Toledo.

Las continuas correrías y entradas que los fieles hacían por las tierras de Toledo, las talas, las quemas, los robos traían tan cansados a los moros de aquella ciudad que no sabían qué partido tomar ni dónde acudir. Los cristianos que allí moraban, alentados con la esperanza de la libertad, no cesaban de solicitar al rey don Alonso para que, juntadas todas sus fuerzas, se pusiese sobre aquella ciudad. Prometían si lo hiciese de abrirle luego las puertas y entregársela. Las fuerzas de los nuestros y las haciendas estaban gastadas, los ánimos cansados de guerra tan larga. Estas dificultades y otras muchas que se representaban, grandes trabajos y peligros, venció y allanó la constancia del Rey y el deseo que todos tenían de llevar al cabo aquella conquista. Hiciéronse nuevas y grandes levas de gente, juntaron los pertrechos y municiones necesarias con determinación de no desistir ni alzar la mano hasta tanto que se apoderasen de aquella ciudad. Su asiento y aspereza es de tal suerte, que para cercarla por todas partes era fuerza dividir el ejército en diversas escuadras y estancias, y que para esto el número de los soldados fuese muy crecido. Es muy importante la amistad y buena correspondencia entre los príncipes comarcanos; grandes efectos se hacen cuando se ligan entre sí y se ayudan, cosas que pocas veces sucede, como se vió en esta guerra. Demás de los castellanos, leoneses, vizcaínos, gallegos, asturianos, todos vasallos del rey don Alonso, acudieron en primer lugar el rey don Sancho de Aragón y Navarra con golpe de gente; asimismo socorros de Italia y de Alemania, movidos de la fama desta empresa, que volaba por todo el mundo. De los franceses, por estar más cerca, vino mayor número; gente muy alegre y animosa para tomar las armas, no tan sufridora de trabajos. Mas porque en esta y otras guerras contra los moros sirvieron muy bien, a los que dellos se quedaron en España, para avencindarse y poblar en ella, los reyes les otorgaron muchas exempciones y franquezas; ocasión, según yo pienso, de que procedió llamar en la lengua castellana comunmente francos, así a los hombres generosos como a los hidalgos y que no pagan pechos; lo cual todo se saca de escrituras antiguas y privilegios que por estos tiempos se concedieron a los ciudadanos de Toledo. De todas estas gentes y naciones se formó un campo muy grueso, que sin dilación marchó la vía de Toledo, muy alegre y con grandes esperanzas de dar fin a aquella demanda. El rey Moro, avisado del intento de los enemigos, de sus apercibimientos y aparato y movido del peligro que le amenazaba, se aprestaba para hacer resistencia. Tenía soldados, vituallas y municiones; faltábale el más fuerte baluarte, que es el amor de los vasallos. Todavía, aunque no ignoraba esto, tenía confianza de poderse defender por la fortaleza y sitio natural de aquella ciudad, que es en demasía alto y enriscado. De todas partes le cercan peñas muy altas y barrancas, por medio de las cuales con grande maravilla de la naturaleza rompe el río Tajo y da vuelta a toda la ciudad de tal suerte, que por tierra deja sola una entrada para ella a la parte del septentrión y del norte, de subida empinada y agria, y que está fortificada con dos murallas, una por lo alto, y otra tirada por lo más bajo. Para cercar la ciudad por todas partes fué necesario dividir la gente en siete escuadrones con otras tantas estancias, que fortificaron a ciertos espacios, a propósito de cortar todos los pasos, que ni los de dentro saliesen, ni les entrasen de fuera socorros ni vituallas. El Rey con la mayor parte de la gente, asentó sus reales, y los fortificó y barreó por todas partes en la vega que se tiende a las haldas del monte sobre que está asentada la ciudad. Todos, así moros como cristianos, mostraban grande ánimo y deseo de venir a las manos. Cerca de los muros se trabaron algunas escaramuzas, en que no sucedió cosa señalada que sea de contar; sólo se echaba de ver que los moros en la pelea de a pie no igualaban a los cristianos en la ligereza, fuerzas y ánimo; mas en las escaramuzas a caballo les hacían ventaja en la destreza que tenían por larga costumbre de acometer y retirarse, volver y revolver sus caballos para desordenar los contrarios. Levantaron los nuestros torres de madera, hicieron trabucos, otras máquinas y ingenios para batir y arrimarse a la muralla y con picos y palancas abrir entrada. La diligencia era grande, los ingenios, dado que ponían espanto y hacían maravillar a los moros por no estar acostumbrados a ver semejantes máquinas, no eran de provecho alguno; porque si bien derribaron alguna parte del muro, la subida era muy agria, las calles estrechas, los edificios altos, y muchos que la defendían. El cerco con tanto iba a la larga, y por el poco progreso que se hacía se cansaban los cristianos de suerte, que deseaban tomar algún asiento para levantar el cerco sin perder reputación. Apretábalos la falta que padecían de todo, que por estar la tierra talada y alzados los mantenimientos eran forzados proveerse de muy lejos de vituallas para los hombres y forraje para los caballos. Los calores del verano comenzaban; por esto y por el mucho trabajo y poco mantenimiento, como es ordinario, picaban enfermedades, de que moría mucha gente. Hallábanse en este aprieto cuando san Isidoro apareció entre sueños a Cipriano, obispo de León, y con semblante ledo y grave y lleno de majestad le avisó no alzasen el cerco, que dentro de quince días saldrían con la empresa, porque Dios tenía escogida aquella ciudad para que fuese asiento y silla de su gloria y de su servicio. Acudió el Obispo al Rey, dióle parte de aquella visión tan señalada; con que los soldados se animaron para pasar cualquier mengua y trabajo por esperanzas tan ciertas que les daban de la victoria. Era así, que los cercados padecían a la misma sazón mayor necesidad y falta de todo, tanto, que se sustentaban de jumentos y otras cosas sucias por tener consumidas las vituallas; hallábanse finalmente en lo último de la miseria y necesidad, ellos flacos y cansados, los enemigos pujantes, que ni excusaban trabajo ni temían de ponerse a cualquier riesgo. Acordaron persuadir al rey Moro tratase de conciertos. Apellidáronse los ciudadanos unos a otros y de tropel entraron por la casa real, y con grandes alaridos requieren al rey Moro ponga fin a trabajos y cuitas tan grandes antes que todos juntos pereciesen y se consumiesen de pena, tristeza y necesidad. Alteróse el rey Moro con aquella demanda y vocería de los suyos, que más parecía motín y fuerza. Sosegóse, empero, y hablóles en esta sustancia: "Bueno es el nombre de la paz, sus frutos gustosos y saludables; pero advertid so color de paz no nos hagamos esclavos. A la paz acompañan el reposo y la libertad, la servidumbre es el mayor de los males, y que se debe rechazar con todo cuidado con las armas y con la vida, si fuere necesario. Gran mengua y muestra de flaqueza no poder sufrir la necesidad y falta por un poco de tiempo. Más fácil cosa es hallar quien se ofrezca a la muerte y a perder la libertad que quien sufra la hambre. Yo os aseguro que si os entretenéis por pocos días y no desmayáis, que saldréis deste aprieto; ca los enemigos forzosamente se irán, pues padecen no menos necesidad que vos, y por ella y otras incomodidas cada día se les desbandan los soldados y se les van. Además que muy en breve nos acudirán socorros de los nuestros, que cuidan grandemente de nuestro trabajo." No se quietaron los moros con aquellas razones, el semblante no se conformaba con las esperanzas que daba. Parecía usarían de fuerza, y que todos juntos, si no otorgaba con ellos, irían a abrir al enemigo las puertas de la ciudad; grande aprieto y congoja. Así forzado el Moro vino en que se tratase de conciertos, como lo pedían sus vasallos. Salieron comisarios de la ciudad, que dado que afligidos y humildes, en presencia del rey don Alonso le representaron sus quejas; acusáronle el juramento que les hizo, la palabra que les dió, la amistad que asentó con ellos y las buenas obras que en tiempo de su necesidad recibió de aquella ciudad y de sus moradores; después desto, le dijeron que si bien entendían no era menor la falta que padecían en los reales que dentro de la ciudad, todavía vendrían en hacer algún concierto como fuese tolerable hasta pagar las parias y tributo que se asentase. A esto respondió el Rey que fué tiempo en que se pudiera tratar de medios; que al presente las cosas estaban en término que a menos de entregarle la ciudad, no daría oídos a concierto ninguno. Sobre esto fueron y vinieron diversas veces, en que se gastaron algunos días. La falta crecía en la ciudad y la hambre, que de cada día era mayor. Los nuestros estaban animados de antes, y de nuevo más, porque los enemigos fueron los primeros a tratar de concierto. Finalmente, los moros vinieron en rendir la ciudad con las condiciones siguientes: el alcázar, las puertas de la ciudad, las puentes, la huerta del Rey (heredad muy fresca a la ribera del río Tajo) se entreguen al rey don Alonso; el rey Moro se vaya libre a la ciudad de Valencia o donde él más quisiere; la misma libertad tengan los moros que le quisieren acompañar, y lleven consigo sus haciendas y menaje; a los que se quedaren en la ciudad no les quiten sus haciendas y heredades, y la mezquita mayor quede en su poder para hacer en ella sus ceremonias; no les puedan poner más tributos de los que pagaban antes a sus reyes; los jueces, para que los gobiernen conforme a sus fueros y leyes, sean de su misma nación, y no de otra. Hiciéronse los juramentos de la una parte y de la otra como se acostumbra en casos semejantes, y para seguridad se entregaron por rehenes personas principales, moros y cristianos. Hecho esto y tomado este asiento en la forma susodicha, el rey don Alonso, alegre cuanto se puede pensar por ver concluída aquella empresa y ganada ciudad tan principal, acompañado de los suyos a manera de triunfador, hizo su entrada, y se fué a apear al alcázar, a 25 de mayo, día de san Urbán, papa y mártir, el año que se contaba de nuestra salvación de 1085. Algunos deste cuento quitan dos años por escrituras antiguas y privilegios reales, en que por aquel tiempo el rey don Alonso se llamaba rey de Toledo. Lo cierto es que aquella ciudad estuvo en poder de moros por espacio como de trescientos y sesenta y nueve años (Juliano dice trescientos y sesenta y seis, y que los moros la tomaron año 719, el mismo día de san Urbán) en que por ser los moros poco curiosos en su manera de edificar y en todo género de primor perdió mucho de su lustre y hermosura antigua. Las calles angustas y torcidas, los edificios y casas mal trazadas, hasta el mismo palacio real era de tapiería, que estaba situado en la parte en que al presente un hospital muy principal que los años pasados se levantó y fundó a costa de don Pedro González de Mendoza, cardenal de España, arzobispo de Toledo. La mezquita mayor se levantaba en medio de la ciudad en un sitio que va un poco cuesta abajo, de edificio por entonces ni grande ni hermoso, poco adelante la consagraron en iglesia, y después, desde los cimientos, la labraron muy hermosa y muy ancha. La fama desta victoria se derramó luego por todo el mundo, que fué muy alegre para todos los cristianos, por haber quitado a los moros aquella plaza, que era como un baluarte muy fuerte de todo lo que poseían en España.

GARCILASSO DE LA VEGA (EL INCA)

1539—1615

GARCILASSO DE LA VEGA, *El Inca,* so-called to distinguish him from his namesake and remote kinsman, the poet, had an extremely picturesque descent. His father was said to be a cousin of the great poet and his mother was a cousin of Atahualpa; he is therefore the first native American to play a part in Spanish literature. In *La Florida del Inca* (1605) he tells in glowing prose the story of Hernando de Soto's expedition; his other historical work, *Comentarios reales que tratan del origen de los Incas* (1609–1617), deals with the lives of his ancestors. *El Inca* has no critical faculty, and this defect tells against him as an historian. His work is a vivid record of picturesque events and thrilling incidents, but it is rather in the nature of a contribution to Indian folk-lore than a trustworthy history of uncoloured facts.

HISTORIA DE LA FLORIDA

El cacique, viendo que tantos y tan continuos tormentos no bastaban a quitar la vida a Juan Ortiz, y creciéndole por horas el odio que le tenía por acabar con él, mandó un día de sus fiestas hacer un gran fuego en medio de la plaza, y quando vió mucha brasa hecha mandó tenderla y poner encima una barbacoa, que es un lecho de madera de forma de parrillas, una vara de medir alta del suelo, y que sobre ella pusiesen a Juan Ortiz para asarlo vivo.

Así se hizo, donde estuvo el pobre Español mucho rato tendido de un lado atado a la barbacoa. A los gritos que el triste daba en el fuego, acudieron la mujer e hijas del cacique, y rogando al marido, y aun riñendo su crueldad, lo sacaron del fuego ya medio asado, que las vejigas tenía por aquel lado como medias naranjas, y algunas de ellas reventadas, por donde le corría mucha sangre, que era lástima verlo. El cacique pasó por ello, porque eran mujeres que él tanto quería; y quizá lo hizo también por tener adelante en quien ejercitar su ira, y mostrar el deseo de su venganza, porque hubiese en quien la ejercitar; que aunque tan pequeña para como la deseaba, todavía se recreaba con aquella poca; y así lo dijo muchas veces, que le había pesado de haber muerto los tres Españoles tan brevemente. Las mujeres llevaron a Juan Ortiz a su casa, y con zumos de hierbas (que las Indias e Indios, como carecen de médicos, son grandes herbolarios) le curaron con gran lástima de verle cual estaba: que veces y veces se habían arrepentido ya de haberlo la primera vez librado de muerte, por ver que tan a la larga y con tan crueles tormentos se la daban cada día. Juan Ortiz al cabo de muchos días quedó sano, aunque las señales de las quemaduras del fuego le quedaron bien grandes.

El cacique por no verlo así, y por librarse de la molestia que su mujer e hijas con sus ruegos le daban, mandó, porque no estuviese ocioso, ejercitarlo en otro tormento no tan grave como los pasados: y fué, que guardase día y noche los cuerpos muertos de los vecinos de aquel pueblo que se ponían en el campo dentro de un monte lejos de poblado, lugar señalado para ellos: los cuales ponían sobre la tierra en unas arcas de madera que servían de sepulturas, sin goznes, ni otro más recaudo de cerradura que unas tablas con que las cubrían, y encima unas piedras o maderos, de las cuales arcas por el mal recaudo que ellas tenían de guardar los cuerpos muertos, se los llevaban los leones, que por aquella tierra hay muchos, de que los Indios recibían mucha pesadumbre y enojo. Este sitio mandó el cacique a Juan Ortiz que guardase con cuidado, que los leones no le llevasen algún difunto o parte de él, con protestación y juramento que le hizo, que si lo llevaban, moriría asado sin remedio alguno; y para con que los guardase, le dió cuatro dardos que tirase a los leones, o a otras salvajinas que llegasen a las arcas. Juan Ortiz, dando gracias a Dios que le hubiese quitado de la continua presencia del cacique Hirrihigua, su amo, se fué a guardar los muertos, esperando tener mejor vida con ellos que con los vivos. Guardábalos con todo cuidado, principalmente de noche, porque entonces había mayor riesgo. Sucedió que una noche de las que así velaba se durmió al cuarto del alba, sin poder resistir al sueño, porque a esta hora suele mostrar sus mayores fuerzas contra los que velan. A este tiempo acertó a venir un león, y derribando las compuertas de una de las arcas, sacó un niño que dos días antes habían echado en ella, y se lo llevó. Juan Ortiz recordó al ruido que las compuertas hicieron al caer, y como acudió al arca y no halló el cuerpo del niño se tuvo por muerto, mas con toda su ansia y congoja no dejó de hacer sus diligencias buscando al león, para si lo topase quitarle el muerto, o morir a sus manos. Por otra parte se encomendaba a nuestro Señor le diese esfuerzo para morir otro día, confesando y llamando su nombre; porque sabía que luego que amaneciese habían de visitar los Indios las arcas, y no hallando el cuerpo del niño lo habían de quemar vivo. Andando por el monte de una parte a otra con las ansias de la muerte, salió a un camino ancho que por medio de él pasaba, y yendo por él un rato con determinación de huirse, aunque era imposible escaparse, oyó en el monte, no lejos de donde iba, un ruido como de perro que roía huesos, y escuchando bien se certificó en ello, y sospechando que podía ser el león que estuviese comiendo el niño, fué con mucho tiento por entre las matas, acercándose a donde sentía el ruido, y a la luz de la luna que hacía, aunque no muy clara, vió cerca de sí al león que a su placer comía el niño. Juan Ortiz, llamando a Dios, y cobrando ánimo le tiró un dardo; y aunque por entonces no vió por causa de las matas el tiro que había hecho, todavía sintió que no había sido malo, por quedarle la mano sabrosa, cual dicen los cazadores que la sienten cuando han hecho algún buen tiro a las fieras de noche: con esta esperanza, aunque tan flaca, y también por no haber sentido que el león se hubiese alejado de donde le había tirado, aguardó a que amaneciese, encomendándose a nuestro señor le socorriese en aquella necesidad.

Con la luz del día se certificó Juan Ortiz del buen tiro que a tiento había hecho de noche, porque vió muerto el león, atravesadas las entrañas y el corazón por medio, como después se halló cuando lo abrieron: cosa que él mismo aunque la veía no podía creer. Con el contento y alegría que se puede imaginar mejor que decir, lo llevó arrastrando por un pie sin quitarle el dardo, para que su amo lo viese así como lo había hallado, habiendo primero recogido y vuelto al arca los pedazos que del niño halló por comer. El cacique, y todos los de su pueblo se admiraron grandemente de esta hazaña, porque en aquella tierra en general se tiene por cosa de milagro matar un hombre a un león; y así tratan con gran veneración y acatamiento al que acierta a matarlo. Y en toda parte, por ser animal tan fiero, se debe estimar en mucho, principalmente si lo toma sin tiro de ballesta o arcabuz como lo hizo Juan Ortiz: y aunque es verdad que los leones de la Florida, Méjico y Perú no son tan grandes, ni tan fieros como los de África, al fin son leones, y el nombre les basta; y aunque el refrán común diga que no son tan fieros como los pintan, los que se han hallado cerca de ellos dicen, que son tanto más fieros que los dibujados, cuanto va de lo vivo a lo pintado.

Con esta buena suerte de Juan Ortiz tomaron más ánimo y osadía la mujer e hijas del Cacique para interceder por él, que lo perdonase del todo, y se sirviese de él en oficios honrados, dignos de su esfuerzo y valentía. Hirrihigua de allí adelante por algunos días trató mejor a su esclavo, así por la estima y favor que en su pueblo y casa le hacían, como por acudir al hecho hazañoso que ellos en su vana religión tanto estiman y honran, que lo tienen por sagrado y más que humano. Empero, como la injuria no sepa perdonar, todas las veces que se acordaba que a su madre habían echado a los perros, y dejádola comer de ellos, y cuando se iba a sonar y no hallaba sus narices, le tomaba el diablo por vengarse de Juan Ortiz, como si él se las hubiera cortado, y como siempre trajese la ofensa delante de los ojos, y con la memoria de ella, de día en día le creciese la ira, rencor y deseo de tomar venganza, aunque por algún tiempo refrenó estas pasiones, no pudiendo ya resistirlas, dijo un día a su mujer e hijas, que le era imposible sufrir que aquel Christiano viviese, porque su vida le era muy odiosa y abominable, que cada vez que le veía se le refrescaban las injurias pasadas, y de nuevo se daba por ofendido. Por tanto les mandaba, que en ninguna manera intercediesen más por él si no querían participar de la misma saña y enojo; y que para acabar del todo con aquel español, había determinado que tal día de fiesta, que presto habían de solemnizar, lo flechasen y matasen como habían hecho a sus compañeros, no obstante su valentía, que por ser de enemigo se debía antes aborrecer que estimar. La mujer e hijas del Cacique, porque lo vieron enojado, y entendieron que no había de aprovechar intercesión alguna, y también porque les pareció que era demasía importunar, y dar tanta pesadumbre al señor por el esclavo, no osaron replicar palabra en contra; antes con astucia mujeril acudieron a decirle, que sería muy bien que así se hiciese, pues él gustaba de ello. Mas la mayor de las hijas, por llevar su intención adelante y salir con ella, pocos días antes de la fiesta, en secreto dió noticia a Juan Ortiz de la determinación de su padre contra él; y que ella, ni sus hermanas, ni su madre ya no valían, ni podían cosa alguna con el padre, por haberles puesto silencio en su favor, y amenazádolas si lo quebrantasen.

A estas nuevas tan tristes, queriendo esforzar al Español, añadió otras en contrario, y le dijo: Porque no desconfíes de mí, ni desesperes de tu vida, ni temas que yo deje de hacer todo lo que pudiere por dártela, si eres hombre, y tienes ánimo para huirte, yo te daré favor y socorro para que te escapes y te pongas en salvo. Esta noche que viene a tal hora, y en tal parte, hallarás un Indio de quien fío tu salud y la mía, el cual te guiará hasta una puente que está dos leguas de aquí: llegando a ella le mandarás que no pase adelante, sino que se vuelva al pueblo antes que amanezca, porque no le echen de menos, y se sepa mi atrevimiento y el suyo, y por haberte hecho bien, a él y a mí nos venga mal. Seis leguas más allá de la puente está un pueblo cuyo señor me quiere bien, y desea casar conmigo, llámase Mucozo; dirásle de mi parte que yo te envío a él, para que en esta necesidad te socorra y favorezca como quien es. Yo sé que hará por ti todo lo que pudiere, como verás. Encomiéndate a tu Dios, que yo no puedo hacer más en tu favor. Juan Ortiz se echó a sus pies en reconocimiento de la merced y beneficio que le hacía, y siempre le había hecho, y luego se apercibió para caminar la noche siguiente. A la hora señalada, cuando ya los de la casa del Cacique estaban reposados, salió a buscar la guía prometida, y con ella salió del pueblo sin que nadie los sintiese, y en llegando a la puente dijo al Indio, que con todo recato se volviese luego a su casa, habiendo primero sabido de él que no había donde perder el camino hasta el pueblo de Mucozo.

ANTONIO PÉREZ

1540—1611

ANTONIO PEREZ, the politician who played such a discreditable part in the reign of Philip II and spent his subsequent exile in France and England, is the writer of letters, distinguished by their conceits and alembicated manner. The epistolary style of Voiture is said to have been modelled under the influence of Perez. In his *Relaciones* (1598) Perez reveals his astuteness and perfidy, proving himself at the same time to be an expert in the writing of precious prose. The subject-matter of his *Cartas* deals very frequently with the same theme, which, however delicately couched, is somewhat monotonous, revealing as it does an inborn turn for mendicity accompanied by a corresponding adulation of the great.

CARTAS

Al Rey Enrique IV de Francia.

SYRE,

Ant. Perez dize que los dias passados dio quenta a V. Mag^d de los avisos que tenia de España y muchos antes la avia dado al s^r Condestable con lo demas que aquy dira. Que, apretandole cada dia mas las quexas de los suyos y los disfavores y desconsuelos de aquy, sin ser de ningun serviçio a V. Mag^d, le es forzoso llegar a estos ultimos tranzes por no acabar la vida en este estado.

Dize, pues, que lo que los suyos le escriven son muchas quexas de su muger y hijos, como su Mag^d mismo lo ha tenido por aviso, de su olvido dellos, de lo poco que veen de señal del favor que tanto les he avisado y encaresçido de su Mag^d Christ^{ma}. Dizen demas, que, viendo esto, ¡quanto a esta parte los devo aver engañado en lo demas de favores y mercedes prometidas! Pues, sy tal fuera verdad, y mas por capitulaçiones y decretos tan en forma como les he avisado, era impossible, que sino por my, por la auctoridad del mismo prinçipe, no se huvieran cumplido en tantos años, syquiera por el exemplo y consequençia, que en promessas de prinçipes es de consideraçion grande, fuera de lo que toca a su honrra escusar el escarmiento y desengaño de otros. Pero, que aviendo dexado llegar las cosas a tal punto sin hallarme prendado, dizen (que este es el remate en que vienen a parar madre y hijos), dizen, digo, no menos sino que no espere jamas ver ny muger ni hijos en Françia. Que, aun para escrevirme, mi muger pedia liçençia, y aun no la tenia. Y que assy sobreste fundamento me resuelva, sy no quiero verlos ny gozarlos, ny que me vean de sus ojos, que me resuelva, dizen, a que no me tengan ny por marido ny por padre ny por hombre de entrañas humanas ni agradesçidas a lo que han padesçido por mi, y a que digan que el ayre de Françia y la dulçe Françia, como alla suelen dezir, me han hechizado, como a Ulixes la otra Cirçe. Que sy esto no es, y los amo, que salga de aquy para hazer la prueva de sy está en esto el encanto y misterio de vernos juntos, posponiendo no solo esperanças passadas pero effectos presentes y bienes de fortuna a la ley y obligaçion natural, y que por el pan de la boca no los dexe hijos de françes, si me tomare la muerte en ultima ruyna suya, por las mismas leyes del reyno.

Que esto passa. Que agora dire yo a su Mag^d lo que se me offresçe. A que supplico me dé el oydo attento, para que mi demanda y justas consideraçiones hallen lugar en el animo de su Mag^d y çeven en la piedad natural.

Que digo, Syre, que mi amor a su persona real y serviçio es todo el que devo a la obligaçion del amparo y seguro que he tenido debaxo de su protection. Que siempre le he desseado servir, a lo menos valer para ello. Que por inutil no ha podido passar de desseo mi agradesçimiento. Y que, pues, aquy bivo inutil para su Mag^d y este estado en que me hallo es de tanto daño para mis hijos, tomandome en él la muerte, y con los disfavores y desconsuelos que padezco me podra durar poco la vida y a padres y a hijos no les queda sino mi vida para ver el fin de mi fortuna, me es fuerza de llegar a suplicar a su Mag^d, como le suplico, muy humilmente me dé liçençia para yrme a alguna çibdad neutral, adonde provar sy está en esto el effecto de verme junto con mi muger y hijos.

Que sy su Mag^d quisiere que yo vaya y esté adonde pienso hazer la prueva que digo, debaxo de su protection y nombre, presto estoy a obedesçer y a darle satisfaçion, assy en esto como en el disponer despues de my persona, preçediendo entonçes para ello las prendas y demonstraçiones que meresçe tal offresçimiento y las que meresçera el cumplimiento dél.

Ant. Perez.

A Mr de Maridat.

Ill^e S^r,

El s^{or} Condestable mandó al s^{or} Gil de Mesa que embiassemos a V.M. al perfumador portugues. Llamase Manuel Mendez. Es muy honrrado y singular en su arte. Si el s^{or} Condestable le quisiere ver y que le bese las manos, V. m. me haga merced de presentarsele y darnos el despacho de criado de su Exª. Pluguiesse a Dios yo supiera alguna arte para tener luego titulo de su tal artifiçe, pero soy tan inabil que no sé ninguna arte, sino amar. Pero en esto pienso que soy singular, y assy me quedará lugar en essa casa y titulo de siervo de su Exª y de enamorado de tal señor y de tan singular trato en favoresçer los que se le encomiendan.

servidor de V. M.

A𝐍𝐓. P𝐄𝐑𝐄𝐙.

Al Exmo S^r El Condestable de Françia, mi Señor.

Exmo S^r,

Por amor de Dios, que V. Exª me perdone. Mas pido: que no diga a nadie mi atrevimiento, que el es tal que V. Exª le deve callar por su auctoridad. Es, S^r, que yo veo que nunca trae V. Exª guantes de ambar, sino de los delgadillos de cabrito. Prueve V. Exª, le supplico, essos que yo hago aderesçar a mi modo antiguo, que tienen no sé qué de hidalgo (fuera vanidad, que soy español), y con ser limpios conservan bien las manos. Y manos que se emplean en el bien publico y en el de los que se le encomienden, con tanta entereça y limpieça deven ser estimadas y conservadas por muchos años de vida. Assy sea. Amen, amen.

De V. Exª siervo.

A𝐍𝐓. P𝐄𝐑𝐄𝐙.

Al Condestable de Françia.

Exmo S^r,

Ay va el papel, que papel blanco valdria mas mio que escripto, porque mi pluma no sabe dezir sino disparates. Los cueros de perro van tambien, y mire V. Exª que es mediçina fiel, porque es de perro, y el perro es la hyeroglifica de la fidelidad: de que bive steril el syglo, y por esso se ha de estimar el perro servidor que se topare.

Perro de V. Exᵃ.

A. Perez.

A Mosʳ Mosieur Maridat.

Señor,

Supplique V. M. en mi nombre al sʳ Condestable por una carta de favor suya en favor de la persona y en la sustançia de lo que va en esta memoria, que es un estudiante honrrado y que me le ha encomendado persona grave desta universidad. Tambien diga v. m. al sʳ Condestable que pienso ser alla un día desta semana, porque he tenido cartas de España y me instan mucho a que llegue con brevedad a gozar de la permission que su Maiestad me ha dado por su benignidad y real animo. Y mas le diga v. m. que, si no hallare posada, le supplicaré me mande dar una camera en su casa de Fontanableau; que quanto menor sera, meyor por el tiempo, y que cama yo me la terne. Nuestro Sʳ guarde a v. m. De Paris, a primero de noviembre 1603.

De V. M.

Ant. Perez.

Al Excellᵐᵒ Señor, Mi Sʳ el Condestable de Françia.

Excellᵐᵒ Señor,

El sʳ Manuel don Lope avra dicho a V. Exᵃ. mis aventuras, y, pues es padre, no se maravillará de que una persona se aventure por tales prendas. Pero decho esto agora y vengo al punto en que estoy. He llegado aqui muy malo y quedo en la cama con gran calentura. Supplico a su Magᵈ lo que por essacarta. Si el sʳ Manuel don Lope no estuviere ay, a V. Exᵃ pido se la dé y me alçançe el tal favor, y de qualquier manera, que esté o no esté, me favoresca en él, y con brevedad, que lo pide mi estado.

De V. Exᵃ

muy humilde servidor.

Ant. Perez.

Al Rey, Mi Señor.

Syre,

Ya V. M^d ha sabido mis aventuras por relacion del s^r Manuel don Lope. Aventuras a que necessitan muger y hijos y el amor natural y que disculpan tambien. Yo he llegado aquy a Sandines muy malo, y tal que quedo con gran calentura. Suplico a V. M^d, a su natural piedad digo, que con ella lo quiero aver, me haga merced de mandar escrivir al prior de esta abbadia, que me recoja en ella para que me cure, pues no estoy para passar casi de una casa a otra, o para que, si muriere, tenga çerca la sepultura y algun amigo al lado. Con esta prueva, Syre, que he hecho por mi muger y hijos, avre cumplido con ellos, y con estas obligaçiones naturales y christianas; y sí a pocas horas mas, que les dare de termino, que no passarán de dos o tres meses, para ver si me los quieren dar, con que avre cumplido con todo, yo me resolvere a morir siervo de V. M^d en sus reynos, sin cansarme mas por ellos, por los hijos digo,—ni dexarme engañar mas.

Siervo de V. M^d.

Ant. Perez.

Por la brevedad suplico a V. M^d.

Al Condestable de Françia, mi Señor.

Exmo S^r,

Supplico a V. Exª se acuerde de pensar un poco en sy seria bien hazer algun offiçio en las cosas mias y de mi hijo que penden en Roma con el nuevo papa, tan affiçionado a esta Mag^d del tiempo que fue aquy legado y tan obligado agora en su election.

O sy sera bien no mover agora nada hasta ver qué viene de mi muger, que en tantas esperanças me entretiene, pues aun no está tan cerca la partida de Mos de Nevers.

Embio a V. Exª unos guantes de perro mucho mas delgados y mas anchos que los que le levé la otra noche. Y crea V. Exª que de mi sangre y pellejo haria yo mediçina para su salud; pero el pellejo está muy arrugado de viejo y de desnudo de carne, y es grossero como su dueño, y la sangre tostada de la melancholia de mi fortuna: condiçiones no a proposito para essa indispo[si]çion.

Señor, señor, si mis señoras la condesa de Ubernia y duquesa de
Ventador avisaren a V. Exª que les he embiado de aquellos
guanteçillos, y que a Madama la Condesa he escripto un papel
con ellos lleno de amores, seanme ellos mismos testigos que no son
sino amores del alma, que meresçen premio, no castigo.

De V. Exª siervo y boticario.

ANT. PEREZ.

A V de Mayo.

GINÉS PÉREZ DE HITA
1544?—1619?

PEREZ DE HITA was born possibly at Mula in 1544 or 1546, took part in the
Alpujarra Campaign (1568–1571) and after 1597 settled at Murcia. In his
Historia de los vandos de los Zegries y Abencerrages (1595), whose alternative
title pre-shadowed in the continuation—*Segunda Parte de las Guerras civiles
de Granada* (1604)—ultimately prevailed, he gives a vivid picture of life in
Granada before the expulsion of the Moors. The first part has little historical
value, but Perez de Hita's brilliant colouring and elegant style make his book
most pleasant reading. The existence of the charming anonymous sketch *Historia del Abencerraje y la hermosa Xarifa* which appeared at the end of Monte-
mayor's posthumous edition of *Diana*, renders it unsafe to call Perez de
Hita the initiator of the Hispano-Mauresque historical novel. But his influence on the French literary salons of the seventeenth century (where
Julie de Rambouillet called Voiture by Boabdil's nickname *el Rey Chico*) is
displayed in the succession of historical novels from Mlle. de Scudéry's
Almaïde and Mme Lafayette's *Zaïde* downwards.

GUERRAS CIVILES DE GRANADA

Desta suerte fueron degollados treynta y seys cavalleros Abencerrages de los mas principales de Granada, sin que nadie lo
entendiesse. Y fueran todos sin que quedara ninguno, sino que
Dios nuestro Señor bolvió por ellos: porque sus obras y valor no
merecieron que todos acabassen tan abatidamente por ser muy
amigos de Christianos y averles hecho muy buenas obras. Y aun
quieren dezir los que estavan alli al tiempo del degollar, que
morian Christianos, llamando a Christo crucificado que fuesse
con ellos, y en aquel postrer trance les favoreciesse: y ansi se dixo
despues. Bolviendo al caso, no quiso Dios que aquella crueldad
passasse de alli, y fue que un pagezillo, a caso de uno destos
cavalleros Abencerrages, se entró sin que nadie lo echasse de ver

con su señor, el qual vido como a su señor degollaron, y vido todos los demas cavalleros degollados, los quales el conocia muy bien. Y al tiempo que abrieron la puerta para yr a llamar a otro cavallero, el pagezillo salió, y todo lleno de temor llorando por su señor, junto de la fuente del Alhambra, donde agora está el alameda, encontró con el cavallero Malique Alabez y con Abenámar y Sarrazino, que subian al Alhambra para hablar con el Rey. Y como alli los encontrasse, todo lloroso y temblando les dixo: "¡Ay, señores cavalleros, que por Alha sancto, que no passeys mas adelante, sino quereys morir mala muerte!" "¿Como ansi?" respondió Alabey. "Como, señor — dixo el page —, avreys de saber que dentro del Quarto de los Leones ay grande cantidad de cavalleros degollados, todos son Abencerrages, y mi señor con ellos, que yo lo vi degollar; porque yo entré con el y no pararon mientes en mi, porque el sancto Alha ansi lo permitió; y quando tornaron a abrir la puerta falsa del Quarto de los Leones me sali: por Mahoma sancto que pongais cobro en esto." Muy maravillados quedaron los tres cavalleros Moros; y mirandose los unos a los otros no sabian que se dezir, si lo creyessen o no. Abenámar dixo: "que me maten sino ay gran traycion, si esto es." "¿Pues como lo sabremos?" — dixo Sarazino —. "Como, yo os lo dire — dixo Alabez —. Quedaos, señores, aqui vosotros, y si viéredes que sube algun cavallero al Alhambra, sea Abencerrage o no lo sea, no le dexeys subir; decid que se detengan un poco, y tan en tanto yo me llegare a la Casa Real y sabre lo que passa; yo sere aqui brevemente." "Guie os Alha — dixo Abenámar —; aqui aguardaremos." El Malique subió a toda priessa al Alhambra, y al entrar por la puerta della encontró con el page del Rey que a gran priessa salia. El Malique le preguntó: "¿Adonde bueno con tal priessa?" "A llamar voy un cavallero Abencerrage"—, respondió el page. "¿Quien le embia a llamar?"— dixo el Malique. "El Rey mi señor — el page le respondió —; no me detengais, que no me cumple parar nada. Mas si vos, señor Malique, quereys hazer una buena obra, abaxad a la cuidad, y a todos los Abencerrages que encontreys les direys que se salgan luego de Granada, porque ay grande mal contra ellos." Y diziendo esto el page, no paró alli un punto, sino a gran priessa se fue a la ciudad. El valiente Malique Alabez, estando satisfecho y cierto de algun gran mal, bolvió a donde avia dexado a Sarrazino y al buen Abenámar, y les dixo:

"Buenos amigos, ciertamente ay gran mal contra los cavalleros
Abencerrages; porque un page del Rey, si acaso lo aveys visto
passar a priessa por aqui, me dixo que a todos los Abencerrages
que encontrasse les diesse aviso que se saliessen de la ciudad,
porque ay grande mal contra ellos." "Válame Alha — dixo
Sarrazino —, que me maten sino andan los Zegris en esto: Vamos
presto a la ciudad y demos aviso de lo que passa, porque a tan
gran mal se ponga algun remedio." "Vamos — dixo Abenámar
— que en esto no quiere aver descuydo." Y diziendo esto, todos
tres, a gran priessa, se bolvieron a la ciudad, y antes de llegar a la
calle de los Gomeles encontraron con el Capitan Muça y con mas
de veynte cavalleros Abencerrages, de los que avian ydo a la Vega
a pelear con Christianos, y le yvan a hablar al Rey para darle cuenta
de aquella jornada. Alabez, como los vido, les dixo todo alborotado:
"Cavalleros, poneos en cobro, que una gran traycion ay armada
contra vosotros, y sabed que el Rey ha mandado matar mas de
treynta cavalleros de vuestro linage." Los Abencerrages espan-
tados y atemorizados no supieron que se decir; mas el valeroso
Muça les dixo: "A fe de cavallero, que si traycion ay, que en ella
andan Zegris y Gomeles; porque yo he parado mientes y no parecen
en la ciudad, que todos deven de estar en el Alhambra con el Rey."
Y diziendo esto bolvió atras diciendo: "Venganse todos conmigo,
que yo pondré remedio en este caso." Ansi todos se bolvieron con
el valeroso Muça a la ciudad, y en llegando a la Plaça Nueva, como
fuese Muça Capitan general de la gente de guerra, en un punto
mandó llamar un añafil: y siendo venido mandó que tocase a
recoger a priessa. El añafil, haziéndolo assi, siendo el añafil oydo,
en un punto se juntó grande cantidad de gente, assi de cavallo
como de a pie, y los capitanes que solian acaudillar las vanderas
y gente de guerra. Juntaronse muchos cavalleros de mayor cuenta
y todos los mas principales de Granada: solo faltaron Zegris y
Gomeles, y Maças, por donde se acabaron de enterar y satisfacer
que los Zegris andavan en aquella traycion. Quando estuvo toda
esta gente junta, al valeroso Malique Alabez, como no le cogia el
coraçon en el cuerpo, començo a decir a voces: "Cavalleros y gente
ciudadana valerosa que estais presentes, sabed que ay gran traycion, que el Rey Chico ha mandado degollar gran parte de los
cavalleros Abencerrages, y si no fuera descubierta la traycion por
orden del santo Alha, ya no quedara ninguno a vida; vamos todos

GRANADA. CUARTO DE LOS LEONES

a la vengança; no queremos Rey tyrano, que assi mata los cavalleros que defienden su tierra." Apenas el Malique Alabez uvo acabado, quando todo el tumulto de la gente plebeya començo a dar grandes bozes y alaridos apellidando toda la ciudad, dixiendo: "Traycion, traycion, que el Rey a muerto los cavalleros Abencerrages. Muera el Rey, muera el Rey; no queremos Rey traydor." Esta boz y confuso ruydo començó a correr por toda Granada con un furor diabólico, y todos tomaron armas a gran priessa y començaron a subir al Alhambra, y en un improviso fueron juntos mas de quarenta mil hombres, ciudadanos, oficiales, mercaderes, labradores y otros géneros de gente, que era cosa de espanto y admiracion ver en tan breve punto junta tanta muchedumbre de gente, sin la cavalleria que se juntó, que era grande, de Abencerrages que avian quedado, que passaban de mas de docientos cavalleros: con ellos Gazules, Venegas y Alabeces, Almoradis, Almohades, Azarques y todos los demas de Granada. Los quales dezian a bozes: "Si esto se consiente, otro dia mataran a otro linage de los que quedan." Era tanta la bozeria y rumor que andava, y un conflito confuso que a toda Granada assordava, y muy lexos de alli se oyan los gritos de los hombres, los alaridos de las mugeres, el llorar de los niños. Finalmente, passava una cosa que parecia que se acabava el mundo; de tal manera, que muy claro se oya en el Alhambra. Y recelando lo que era, el Rey, muy temeroso, mandó cerrar las puertas del Alhambra, teniéndose por mal aconsejado en lo que avia hecho y muy espantado como se avia descubierto aquel secreto. Llegó, pues, aquel tropel y confusion de gente al Alhambra, dando alaridos y bozes, diziendo: "Muera el Rey, muera el Rey." Y como hallassen las puertas cerradas, de presto mandaron traer fuego para quemarlas, lo qual fué luego hecho. Por cuatro o seys partes pusieron fuego al Alhambra, con tanto ímpetu y braveza, que ya se començava a arder. El Rey Mulahazen, padre del Rey Chico, como sintió tan gran revuelta y ruydo, siendo ya informado de lo que era, muy enojado contra el Rey, su hijo, desseando que le matassen, mandó al punto abrir una puerta falsa del Alhambra, diziendo que él queria salir a apaciguar aquel alboroto. Mas apenas fué la puerta abierta, quando avia mil hombres para entrar por ella. Y como reconocieron al Rey viejo, arremetieron a él, y levantandolo en alto dezian: "Éste es nuestro Rey y no otro ninguno, viva el Rey viejo

Mulahazen." Y dexandolo puesto en buena guarda, por la puerta falsa entraron gran cantidad de cavalleros y peones; los que entraron eran Gazules, Alabezes y Abencerrages, con algunos peones, que passavan de mas de docientos. El Rey viejo cerró presto la puerta falsa, mandando a muchos que con él avian quedado que la defendiessen, porque no uviesse dentro del Alhambra mas mal de lo que podia aver con la gente que avia dentro. Mas poco aprovechó esta diligencia, porque la gente que estava dentro era bastante a destruyr cien Alhambras. Y la otra corria por todas las calles dando vozes, diciendo: "Muera el Rey y los demas traydores." Y con este ímpetu llegaron a la Casa Real, donde hallaron sola a la Reyna y sus damas como muertas, no sabiendo la causa de tan grande alboroto y novedad. Y preguntando donde estava el malo Rey, no faltó quien dixo que estava en el Quarto de los Leones. Luego, todo el golpe de la gente de tropel fué alla, y hallaron las puertas cerradas con fuertes cerraduras; mas poco les aprovechó su fortaleza, que alli las hizieron pieças y entraron dentro, a pesar de muchos cavalleros Zegris que alli avia, que defendian la entrada. Y entrando los cavalleros Abencerrages, y Gazules, y Alabezes, y viendo la mortandad de los cavalleros Abencerrages que avia en aquel patio, que el Rey avia mandado degollar, quien os dirá la saña y corage que los Abencerrages vivos uvieron y sintieron de aquel cruel espectáculo, y con ellos todos los demas que los acompañavan. No pudiera aver tigres tan crueles como ellos; y assi, dando bozes arremetieron a mas de quinientos cavalleros Zegris, y Gomeles, y Maças, que estavan en aquel ancho y gran patio por defender al Rey Chico, diziendo: "Mueran los traydores que tal traycion han hecho y aconsejado." Y con ánimo furibundo dieron en ellos a cuchilladas. Los Zegris y los de su parte se defendian muy poderosamente, porque estavan muy bien adereçados y apercebidos para aquel caso. Mas poco les valia su apercibimiento, que alli les hacian pedaços: porque en menos de una hora ya tenian muertos gran número de cavalleros Zegris, y Gomeles, y Maças. Y siguiendo su porfia, yvan matando y hiriendo mas dellos: alli era el ruydo y bozeria: alli acudia toda la gente que avia subido de la ciudad, y siempre diziendo: "Muera el Rey y los traydores." Fué tal la destruycion que los cavalleros Abencerrages, y Alabezes, y Gazules, hizieron, y tal fué la vengança de los Abencerrages muertos, que de todos los Zegris que alli se

hallaron, y Gomeles, y Maças, quedaron pocos en vida. El des-
aventurado Rey se escondió, que no podia ser hallado. Esto hecho,
los cavalleros muertos a traycion, que eran treynta y seys de los
mas ricos y principales, los baxaron a la ciudad, alli, en la Plaça
Nueva; sobre paños negros los pusieron para que toda la ciudad
los viesse y la moviesse a compassion, viendo un tan doloroso y
triste espectáculo lleno de crueldad. Toda la demas gente andava
por toda el Alhambra buscando el Rey con tal alboroto que se
hundian todas aquellas torres y casas, resonando el eco de lo que
passava por todas aquellas montañas. Y si tempesta y ruydo
habia en el Alhambra, no menos tumulto y llanto avia en la
desdichada ciudad. Todo el pueblo en comun llorava los muertos
Abencerrages. En particulares casas lloravan a los muertos Zegris,
y Gomeles, y Maças, y otros cavalleros que murieron a vueltas
de ellos en la borrasca. Y assi por este conflicto y alboroto des-
venturado se dixo este romance, que assi comiença y dize:

> En las torres del Alhambra
> sonava gran bozeria,
> y en la ciudad de Granada
> grande llanto se hazia,
> porque sin razon el Rey
> hizo degollar en un dia
> treynta y seys Abencerrages
> Nobles y de grande valia,
> a quien Zegris y Gomeles
> acusan de alevosia.
> Granada los llora mas,
> con gran dolor que sentia,
> que en perder tales varones
> es mucho lo que perdia.
> Hombres, niños y mugeres
> lloran tan grande perdida;
> lloravan todas las damas
> quantas en Granada avia.
> Por las calles y ventanas
> mucho luto parecia;
> no avia dama principal
> que luto no se ponia;
> ni cavallero ninguno
> que de negro no vestia,
> sino fueran los Gomeles
> do salió el alevosia,
> y con ellos los Zegris,
> que les tienen compañia.

> Y si alguno luto lleva
> es por los que muerto avian
> los Gazules y Alabezes
> (por vengar la villania)
> en el Quarto de los Leones,
> con gran valor y osadia.
> Y si hallaran al Rey
> le privaran de la vida
> por consentir la maldad
> que alli consentido avia.

MIGUEL DE CERVANTES SAAVEDRA
1547—1616

MIGUEL DE CERVANTES SAAVEDRA was born at Alcalá de Henares, though his *solar* may have been and probably was not far from San Servando, Toledo. He appears to have had no definite schooling and no University training. In 1569 he seems to have gone to Rome, entered the service of Cardinal Giulio Acquaviva, and in 1570 enlisted in the Spanish Army. He fought at Lepanto (1571) where he was wounded in the left hand "para gloria de la diestra," he was also present at the actions of Navarino, Tunis and la Goleta. He left Naples in 1575 with letters of recommendation from Don John of Austria and the Viceroy of Naples. His ship, the *Sol*, was captured by the Turks and for five years, broken only by ineffectual attempts to escape, Cervantes endured captivity. He was eventually ransomed by some missionary monks, and on his return to Madrid in 1580, was sent as King's messenger to Orán and Mostaganem. This embassy fulfilled, he found himself without resources, and for two years he tried to eke out a miserable living by writing numerous plays, none of which had much merit. In 1585 appeared the First Part of *La Galatea*: on the strength of the payment which Cervantes received for it, he seems to have married Catalina de Palacios Salazar y Vozmediano. In 1588 he obtained a post as commissary for the Armada and later as a tax-collector in Andalucía. In 1592 he was imprisoned in Castro del Río for illegal requisitioning, and in 1597 he endured a second term of imprisonment because the bank in which he had invested public funds had failed and he could offer no securities. In 1605 he published *El Ingenioso Hidalgo Don Quixote de la Mancha* which obtained universal and immediate fame. In 1613 appeared *Las Novelas Exemplares*; in 1614 *El Viage del Parnaso*; and in 1615 the Second Part of *Don Quixote*. The latter part of his life Cervantes spent in Madrid peacefully with his wife and sisters, perhaps devoting his time to the literary pursuits which he loved. He died on April 23, 1616, after dedicating his last book *Trabaios de Persiles y Sigismunda, Historia setentrional* (1617) to his patron, the Count of Lemos. *Don Quixote* is the one book in Spanish literature which has won universal fame. This is made evident by the caustic and unjust phrase ascribed to Rica in Montesquieu's *Lettres persanes*: "le seul de leurs livres qui soit bon, est celui qui fait voir le ridicule de tous les autres."

EL INGENIOSO HIDALGO DON QUIXOTE DE LA MANCHA

En esto descubrieron treinta, o quarenta, molinos de viento que ay en aquel campo: y assi como don Quixote los vio, dixo a su escudero: "La ventura va guiando nuestras cosas mejor de lo que acertaramos a dessear. Porque ves alli, amigo Sancho Pança, donde se descubren treynta, o pocos mas desaforados Gigantes con quien pienso hazer batalla, y quitarles a todos las vidas, con cuyos despojos començaremos a enriquecer, que esta es buena guerra, y es gran seruicio de Dios, quitar tan mala simiente de sobre la faz de la tierra." "¿Que Gigantes?" dixo Sancho Pança. "Aquellos que alli ves," respondio su amo, "de los braços largos, que los suelen tener algunos de casi dos leguas." "Mire vuestra merced," respondio Sancho, "que aquellos que alli se parecen no son Gigantes, sino molinos de viento, y lo que en ellos pareçen braços, son las aspas, que bolteadas del viento, hazen andar la piedra del molino." "Bien parece," respondio don Quixote, "que no estas cursado en esto de las auenturas: ellos son Gigantes, y si tienes miedo quitate de ahi, y ponte en oracion en el espacio que yo voy a entrar con ellos en fiera, y desygual batalla." Y diziendo esto, dio de espuelas a su cauallo Rozinante, sin atender a las vozes que su escudero Sancho le daua, aduirtiendole que sin duda alguna eran molinos de viento, y no Gigantes, aquellos que yua a acometer. Pero el yua tan puesto en que eran Gigantes, que ni ohia las vozes de su escudero Sancho, ni echaua de ver, aunque estaua ya bien cerca lo que eran, antes yua diziendo en vozes altas: "Non fuyades cobardes y viles criaturas, que vn solo cauallero es el que os acomete." Leuantose en esto vn poco de viento, y las grandes aspas començaron a mouerse, lo qual visto por don Quixote, dixo: "Pues aunque mouais mas braços que los del Gigante Briareo, me lo aueis de pagar." Y en diziendo esto, y encomendandose de todo coraçon a su señora Dulzinea, pidiendole que en tal trance le socorriesse, bien cubierto de su rodela, con la lança en el ristre, arremetio a todo el galope de Rozinante, y enuistio con el primero molino que estaua delante, y dandole vna lançada en el aspa, la boluio el viento con tanta furia, que hizo la lança pedazos, lleuandose tras si al cauallo, y al cauallero, que fue rodando muy mal trecho por el campo. Acudio Sancho Pança a socorrerle, a todo el correr de su asno: y quando llegó, halló que no se podia menear: tal fue el golpe que dio con el

Rozinante. "Valame Dios," dixo Sancho, "no le dixe yo a vuestra merced que mirasse bien lo que hazia, que no eran sino molinos de viento, y no lo podia ignorar, sino quien lleuasse otros tales en la cabeça." "Calla amigo Sancho," respondio don Quixote, "que las cosas de la guerra, mas que otras estan sujetas a continua mudança: quanto mas, que yo pienso, y es assi verdad, que aquel sabio Freston que me robò el aposento, y los libros, ha buelto estos Gigantes en molinos, por quitarme la gloria de su vencimiento, tal es la enemistad que me tiene, mas al cabo al cabo, han de poder poco sus malas artes contra la bondad de mi espada." "Dios lo haga como puede," respondio Sancho Pança, y ayudandole a leuantar, tornò a subir sobre Rozinante, que medio despaldado estaua; y hablando en la passada auentura, siguieron el camino del Puerto Lapice, porque alli dezia don Quixote, que no era possible dexar de hallarse muchas, y diuersas auenturas, por ser lugar muy passagero, sino que yua muy pesaroso por auerle faltado la lança, y diziendoselo a su escudero, le dixo: "Yo me acuerdo auer leydo, que vn cauallero Español, llamado Diego Perez de Vargas, auiendosele en vna batalla rota la espada, desgajò de vna enzina vn pesado ramo, o tronco, y con el hizo tales cosas aquel dia, y machacò tantos Moros, que le quedò por sobrenombre Machuca, y assi el como sus decendientes, se llamaron desde aquel dia en adelante, Vargas, y Machuca. Hete dicho esto, porque de la primera enzina, o roble que se me depare, pienso desgajar otro tronco, tal y tan bueno como aquel, que me imagino y pienso hazer con el tales hazañas, que tu te tengas por bien afortunado, de auer merecido venir avellas, y a ser testigo de cosas que apenas podran ser creydas." "A la mano de Dios," dixo Sancho, "yo lo creo todo assi como vuestra merced lo dize, pero enderecese vn poco, que parece que va de medio lado, y deue de ser del molimiento de la cayda." "Assi es la verdad," respondio don Quixote, "y sino me quexo del dolor, es porque no es dado a los caualleros andantes, quexarse de herida alguna, aunque se le salgan las tripas por ella." "Si esso es assi, no tengo yo que replicar," respondio Sancho, "pero sabe Dios si yo me holgara que vuestra merced se quexara quando alguna cosa le doliera. De mi se dezir, que me he de quexar del mas pequeño dolor que tenga, si ya no se entiende tambien, con los escuderos de los caualleros andantes esso del no quexarse." No se dexò de reyr don Quixote, de la simplicidad de

su escudero, y assi le declarò que podia muy bien quexarse, como
y quando quisiesse sin gana, o con ella, que hasta entonces no auia
leydo cosa en contrario en la orden de caualleria. Dixole Sancho,
que mirasse que era hora de comer, respondiole su amo, que por
entonces no le hazia menester, que comiesse el quando se le anto-
jasse. Con esta licencia se acomodò Sancho lo mejor que pudo sobre
su jumento, y sacando de las alforjas lo que en ellas auia puesto,
yua caminando y comiendo detras de su amo muy de su espacio, y
de quando en quando empinaua la bota con tanto gusto, que le
pudiera embidiar el mas regalado bodegonero de Malaga. Y en
tanto que el yua de aquella manera menudeando tragos, no se le
acordaua ninguna promessa que su amo le huuisse hecho, ni
tenia por ningun trabajo, sino por mucho descanso, andar buscando las auenturas por peligrosas que fuessen. En resolucion,
aquella noche la passaron entre vnos arboles: y del vno dellos
desgajò don Quixote un ramo seco, que casi le podia seruir de
lança, y puso en el el hierro que quitò de la que se le auia quebrado.

.   .   .   .

En estos coloquios yuan don Quixote y su escudero, quando vio
don Quixote que por el camino que yuan, venia hazia ellos vna
grande y espessa poluareda, y en viendola se boluio a Sancho y le
dixo: "Este es el dia, o Sancho, en el qual se ha de ver el bien que
me tiene guardado mi suerte. Este es el dia, digo, en que se ha de
mostrar tanto como en otro alguno el valor de mi braço, y en el
que tengo de hazer obras que queden escritas en el libro de la fama
por todos los venideros siglos. ¿Ves aquella poluareda, que alli se
leuanta, Sancho? Pues toda es quaxada de vn copiosissimo exercito, que de diuersas e innumerables gentes, por alli viene mar-
chando." "A essa cuenta dos deuen de ser," dixo Sancho, "porque
desta parte contraria se leuanta assi mesmo otra semejante
poluareda." Boluio a mirarlo don Quixote, y vio que assi era la verdad: y alegrandose sobremanera, penso sin duda alguna, que eran
dos exercitos que venian a enuestirse y a encontrarse, en mitad de
aquella espaciosa llanura. Porque tenia a todas horas y momentos
llena la fantasia de aquellas batallas, encantamentos, sucessos,
desatinos, amores, desafios, que en los libros de cauallerias se
cuentan: y todo quanto hablaua pensaua, o hazia, era encaminado
a cosas semejantes, y la poluareda que auia visto, la leuantauan
dos grandes manadas de ouejas y carneros, que por aquel mesmo

camino, de dos diferentes partes venian, las quales con el poluo, no se echaron de ver hasta que llegaron cerca. Y con tanto ahinco afirmaua don Quixote, que eran exercitos, que Sancho lo vino a creer, y a dezirle: "¿Señor, pues que hemos de hazer nosotros?" "¿Que?"dixo donQuixote, "fauorecer y ayudar a los menesterosos y desualidos. Y has de saber Sancho, que este que viene por nuestra frente, le conduze y guia, el grande Emperador Alifanfaron, señor de la grande ysla Trapobana: este otro que a mis espaldas marcha, es el de su enemigo, el Rey de los Garamantas, Pentapolen del arremangado braço, porque siempre entra en las batallas con el braço derecho desnudo." "¿Pues por que se quieren tan mal estos dos señores?" preguntô Sancho. "Quierense mal," respondio don Quixote, "porque este Alefanfaron, es vn foribundo pagano, y està enamorado de la hija de Pentapolin, que es vna muy fermosa y ademas agraciada señora, y es Christiana, y su padre no se la quiere entregar al Rey pagano, sino dexa primero la ley de su falso profeta Mahoma, y se buelue a la suya." "Para mis barbas," dixo Sancho, "sino haze muy bien Pentapolin, y que le tengo de ayudar en quanto pudiere." "En esso haras lo que deues Sancho," dixo don Quixote, "porque para entrar en batallas semejantes, no se requiere ser armado cauallero." "Bien se me alcança esso," respondio Sancho. "¿Pero donde pondremos a este asno, que estemos ciertos de hallarle despues de passada la refriega, porque en entrar en ella en semejante caualleria, no creo que està en vso hasta agora?" "Assi es verdad,"dixo donQuixote, "lo que puedes hazer del, es dexarle a sus auenturas, ora se pierda, o no, porque seran tantos los cauallos que tendremos despues que salgamos vencedores, que aun corre peligro Rozinante, no le trueque por otro. Pero estame atento, y mira que te quiero dar cuenta de los caualleros mas principales, que en estos dos exercitos vienen. Y para que mejor los veas y notes, retiremonos a aquel altillo que alli se haze, de donde se deuen de descubrir los dos exercitos." Hizieronlo ansi, y pusieronse sobre vna loma, desde la qual se vieran bien las dos manadas que a don Quixote se le hizieron exercito, si las nuues del poluo que leuantauan no les turbara, y cegara la vista; pero con todo esto, viendo en su ymaginacion lo que no veya ni auia, con voz leuantada començo a dezir: "Aquel cauallero que alli ves, de las armas jaldes, que trae en el escudo vn leon coronado, rendido a los pies de vna donzella, es el valeroso Laurcalco, señor de la puente de Plata: el otro de

las armas de las flores de oro, que trae en el escudo tres coronas de
plata, en campo azul, es el temido Micocolembo, gran Duque de
Quirocia: el otro de los miembros Giganteos, que està a su derecha
mano, es el nunca medroso Brandabarbaran de Boliche, señor de
las tres Arabias, que viene armado de aquel cuero de serpiente,
y tiene por escudo vna puerta, que segun es fama, es vna de las
del templo que derribò Sanson, quando con su muerte se vengò
de sus enemigos. Pero buelue los ojos a estotra parte, y veras
delante y en la frente destotro exercito, al siempre vencedor y
jamas vencido, Timonel de Carcajona, Principe de la nueua
Vizcaya, que viene armado con las armas partidas a quarteles,
azules, verdes, blancas, y amarillas, y trae en el escudo vn gato de
oro, en campo leonado, con vna letra que dize, Miau, que es el
principio del nombre de su dama, que segun se dize es la simpar
Miulina, hija del duque Alfeñiquen del Algarue: el otro que carga
y oprime los lomos de aquella poderosa Alfana, que trae las armas
como nieue blancas, y el escudo blanco y sin empresa alguna, es
un cauallero nouel de nacion Frances, llamado Pierres Papin,
señor de las Baronias de Vtrique: el otro que bate las hijadas con
los herrados carcaños, a aquella pintada y ligera cebra, y trae las
armas de los veros azules, es el poderoso Duque de Nerbia, Esparta-
filardo del Bosque, que trae por empresa en el escudo vna esparra-
guerra, con vna letra en Castellano, que dize assi, Rastrea mi
suerte." Y desta manera fue nombrando muchos caualleros, del
vno y del otro esquadron que el se ymaginaua. Y a todos les dio
sus armas, colores, empresas, y motes de improuiso, lleuado de la
ymaginacion de su nunca vista locura, y sin parar prosiguio diziendo:
"A este esquadron frontero, forman y hazen gentes de diuersas
naciones, aqui estan los que beuian las dulces aguas del famoso
Xanto; los Mentuosos que pisan los Masilicos campos; los que
cribran el finissimo y menudo oro en la felize Arabia; los que gozan
las famosas y frescas riberas del claro Termodoante; los que san-
gran por muchas y diuersas vias al dorado Pactolo; los Numidas
dudosos en sus promessas, los Persas, arcos y flechas famosos; [los]
Partos, los Medos, que pelean huyendo; los Arabes de mudables
casas; los Citas tan crueles como blancos; los Etiopes de horadados
labios, y otras infinitas naciones, cuyos rostros conozco y veo,
aunque de los nombres no me acuerdo. En estotro esquadron
vienen los que beuen las corrientes cristalinas del oliuifero Betis.

los que tersan y pulen sus rostros, con el licor del siempre rico y dorado Tajo, los que gozan las prouechosas aguas del diuino Genil, los que pisan los Tartesios campos de pastos abundantes, los que se alegran en los eliseos Xerezanos prados, los Manchegos ricos y coronados de rubias espigas, los de hierro vestidos, reliquias antiguas de la sangre Goda, los que en Pisuerga se bañan, famoso por la mansedumbre de su corriente, los que su ganado apacientan en las estendidas dehesas del tortuoso Guadiana, celebrado por su escondido curso, los que tiemblan con el frio del siluoso Pirineo, y con los blancos copos del leuantado Apenino. Finalmente, quantos toda la Europa en si contiene y encierra." Valame Dios y quantas prouincias dixo, quantas naciones nombrò, dandole a cada vna con marauillosa presteza, los atributos que le pertenecian, todo absorto y empapado en lo que auia leydo en sus libros mentirosos. Estaua Sancho Pança colgado de sus palabras sin hablar ninguna, y de quando en quando boluia la cabeça a ver si veya los caualleros y Gigantes que su amo nombraua: y como no descubria a ninguno, le dixo: "Señor encomiendo al diablo hombre ni Gigante, ni cauallero de quantos vuestra merced dize parece por todo esto, a lo menos yo no los veo, quiça todo deue ser encantamento como las fantasmas de anoche." "¿Como dizes esso?" respondio don Quixote. "¿No oyes el relinchar de los cauallos, el tocar de los clarines, el ruydo de los atambores?" "No oygo otra cosa," respondio Sancho, "sino muchos balidos de ouejas y carneros": y assi era la verdad, porque ya llegauan cerca los dos rebaños. "El miedo que tienes," dixo don Quixote, "te haze, Sancho, que ni veas ni oyas a derechas. Porque vno de los efectos del miedo, es turbar los sentidos, y hazer que las cosas no parezcan lo que son: y si es que tanto temes, retirate a vna parte, y dexame solo, que solo basto a dar la victoria, a la parte a quien yo diere mi ayuda": y diziendo esto, puso las espuelas a Rozinante, y puesta la lança en el ristre, baxò de la costezuela como vn rayo. Diole vozes Sancho, diziendole: "Bueluase vuestra merced, señor don Quixote, que boto a Dios que son carneros y ouejas las que va a enuestir: bueluase, desdichado del padre que me engendrò, ¿que locura es esta? Mire que no ay Gigante ni cauallero alguno, ni gatos, ni armas, ni escudos, partidos ni enteros, ni veros azules, ni endiablados: que es lo que haze pecador soy yo a Dios?" Ni por essas boluio don Quixote, antes en altas vozes yua diziendo: "Ea caualleros los que

seguis y militays debaxo de las vanderas del valeroso Emperador
Pentapolin, del arremangado braço, seguidme todos, vereys quan
facilmente le doy vengança de su enemigo Alefanfaron de la
Trapobana." Esto diziendo se entrò por medio del esquadron de
las ouejas, y començo de alanceallas con tanto corage y denuedo,
como si de veras alanceara a sus mortales enemigos. Los pastores
y ganaderos que con la manada venian, dauanle vozes que no
hiziesse aquello, pero viendo que no aprouechauan, desciñeronse
las hondas y començaron a saludalle los oydos, con piedras como
el puño. Don Quixote no se curaua de las piedras, antes discurriendo a todas partes. "Adonde estàs soberuio Alifanfaron, vente
a mi que vn cauallero solo soy, que dessea de solo a solo prouar tus
fuerças y quitarte la vida, en pena de la que das al valeroso
Pentapolin Garamanta." Llegò en esto una peladilla de arroyo, y
dandole en vn lado le sepulto dos costillas en el cuerpo; viendose
tan mal trecho, creyo sin duda que estaua muerto o mal ferido,
y acordandose de su licor, saco su alcuza y pusosela a la boca, y
començo a echar licor en el estomago: mas antes que acabasse de
enuasar lo que a el le parecia que era bastante, llegò otra almendra,
y diole en la mano y en el alcuza tan de lleno, que se la hizo pedaços,
lleuandole de camino tres o quatro dientes y muelas de la boca, y
machucandole malamente dos dedos de la mano. Tal fue el golpe
primero, y tal el segundo, que le fue forçoso al pobre cauallero,
dar consigo del cauallo abaxo. Llegaronse a ellos pastores y
creyeron que le auian muerto. Y assi con mucha priessa recogieron
su ganado, y cargaron de las reses muertas, que passauan de siete,
y sin aueriguar otra cosa se fueron.

. . . .

Del progresso del Gouierno de Sancho Panca, con otros sucessos
tales como buenos.

Amanecio el dia que se siguio a la noche de la ronda del Gouernador, la qual el Maestresala passò sin dormir, ocupado el pensamiento en el rostro, brio, y belleza de la disfraçada donzella; y el
Mayordomo ocupô lo que della faltaua en escriuir â sus señores
lo que Sancho Pança hazia, y dezia, tan admirado de sus hechos,
como de sus dichos: porque andauã mezcladas sus palabras, y
sus acciones con assomos discretos, y tontos. Leuantose, en fin,
el señor Gouernador, y por orden del Doctor Pedro Rezio le
hizieron dessayunar con vn poco de conserua, y quatro tragos de

agua fria, cosa que la trocara Sancho con vn pedaço de pan, y vn
razimo de vuas: pero viendo, que aquello era mas fuerça que
voluntad, passo por ello con harto dolor de su alma, y fatiga de
su estomago, haziendole creer Pedro Rezio, que los manjares pocos
y delicados auiuauan el ingenio, que era lo que mas conuenia a
las personas constituydas en mandos, y en oficios graues, donde
se han de aprouechar, no tanto de las fuerças corporales, como de
las del entendimiento. Con esta sofisteria padecia hambre Sancho,
y tal, que en su secreto maldezia el Gouierno, y aun a quien se le
auia dado: pero con su hambre, y con su conserua, se puso a
juzgar aquel dia, y lo primero que se le ofrecio fue vna pregunta,
que vn forastero le hizo, estando presentes â todo el Mayordomo,
y los demas acolitos; que fue, "Señor: vn caudaloso rio diuidia
dos terminos de vn mismo señorio (y estê v. m. atento, porque el
caso es d[e] importancia y algo dificultoso:) digo pues, que sobre
este rio estaua vna puente, y al cabo della vna horca, y vna como
casa de Audiencia, en la qual de ordinario auia quatro Juezes, que
juzgauan la ley que puso el dueño del rio, de la puente, y del señorio,
que era en esta forma: Si alguno passare por esta puente de vna
parte â otra, ha de jurar primero adonde, y â que va, y si jurare
verdad, dexenle passar, y si dixere mentira, muera por ello ahor-
cado en la horca que alli se muestra, sin remission alguna. Sabida
esta ley, y la rigurosa condicion della, passauan muchos, y luego
en lo que jurauan, se echaua de ver, que dezian verdad, y los
Juezes lo dexauan passar libremente. Sucedio pues, que tomando
juramento a vn hombre, jurô, y dixo, que para el juramento que
hazia, que yua a morir en aquella horca que alli estaua, y no a otra
cosa. Repararon los Juezes en el juramento, y dixeron: Si a este
hombre le dexamos passar libremente, mintiô en su juramento, y
conforme a la ley deue morir, y si le ahorcamos, el jurô que yua
a morir en aquella horca, y auiendo jurado verdad, por la misma
ley deue ser libre. Pidese â vuessa merced, señor Gouernador, que
harân los Juezes del tal hombre, que aun hasta agora están dudosos,
suspensos, y auiendo tenido noticia del agudo, y eleuado entendimiento de v. m. me embiaron â mi, â que suplicasse a v. m. de su
parte, diesse su parecer en tan intricado, y dudoso caso." A lo que
respondio Sancho: "Por cierto que essos señores Juezes, que â mi
os embian, lo pudieran auer escusado porque yo soy vn hombre, que
tengo mas de mostrenco, que de agudo: pero con todo esso, re-

petidme otra vez el negocio de modo que yo le entienda, quiza
podria ser, que diesse en el hito." Boluio otra, y otra vez el pre-
guntante â referir lo que primero auia dicho; y Sancho dixo: "A mi
parecer este negocio en dos paletas le declararê yo, y es assi, el tal
hombre jura, que va a morir en la horca, y si muere en ella, jurô
verdad, y por la ley puesta merece ser libre, y que passe la puente;
y si no le ahorcan jurô mentira, y por la misma ley merece que le
ahorquen." "Assi es, como el señor Gouernador dize," dixo el men-
sagero; "y quanto â la entereza, y entendimiento del caso, no ay
mas que pedir, ni que dudar." "Digo yo pues agora," replicô Sancho,
"que deste hombre, aquella parte que jurô verdad la dexen passar,
y la que dixo mentira la ahorquen, y desta manera se cumplirâ al
pie de la letra la condicion del passage." "Pues señor Gouernador,"
replicô el preguntador, "serâ necessario, que el tal hombre se diuida
en partes, en mentirosa, y verdadera, y si se diuide, por fuerça
ha de morir; y assi, no se consigue cosa alguna de lo que la ley
pide, y es de necessidad espresa que se cumpla con ella." "Venid
acâ, señor buen hombre," respondio Sancho, "este passagero que
dezis, o yo soy un porro, o el tiene la misma razon para morir, que
para viuir, y passar la puente: porque si la verdad le salua, la
mentira le condena igualmente; y siendo esto assi, como lo es, soy
de parecer, que digais â essos señores que â mi os embiaron, que
pues estan en vn fil las razones de condenarle, ô assoluerle, que le
dexen passar libremente, pues siempre es alabado mas el hazer
bien, que mal, y esto lo diera firmado de mi nombre, si supiera
firmar, y yo en este caso no he hablado de mio, sino que se me
vino a la memoria vn precepto, entre otros muchos, que me dio
mi amo don Quixote, la noche antes que viniesse a ser Gouernador
desta Insula, que fue, que quando la justicia estuuiesse en duda,
me decantasse, y acogiesse a la misericordia, y ha querido Dios,
que agora se me acordasse, por venir en este caso como de molde."
"Assi es," respondio el Mayordomo, "y tengo para mi, que el mismo
Licurgo, que dio leyes a los Lacedemonios, no pudiera dar mejor
sentencia, que la que el gran Pança ha dado, y acabese con esto
la audiencia desta mañana, y yo darê orden como el señor Gouernador coma muy a su gusto." "Esso pido, y barras derechas," dixo
Sancho: "denme de comer, y llueuan casos, y dudas sobre mi, que
yo las despauilarê en el ayre." Cumpliô su palabra el Mayordomo,
pareciendole ser cargo de conciencia matar de hambre a tan discreto

Gouernador, y mas, que pensaua concluyr con el aquella misma noche, haziendole la burla vltima, que traîa en comission de hazerle. Sucedio pues, que auiendo comido aquel dia contra las reglas, y aforismos del Doctor Tirteafuera, al leuantar de los manteles entrô vn correo con vna carta de don Quixote para el Gouernador; mandô Sancho al Secretario, que la leyesse para si, y que si no viniesse en ella alguna cosa digna de secreto, la leyesse en voz alta: hizolo assi el Secretario, y repasandola primero, dixo: "Bien se puede leer en voz alta, que lo que el señor don Quixote escriue a v. m. merece estar estampado, y escrito con letras de oro, y dize assi:

Carta de don Quixote de la Mancha, a Sancho Pança, Gouernador
de la Insula Barataria.

Qvando esperaua oyr nueuas de tus descuydos, ê impertinencias, Sancho amigo, las ohî de tus discreciones, de que dî por ello gracias particulares al cielo, el qual, del estiercol sabe leuantar los pobres, y de los tontos hazer discretos. Dizenme, que gouiernas, como si fuesses hombre, y que eres hombre, como si fuesses bestia, segun es la humildad con que te tratas, y quiero que aduiertas, Sancho, que muchas vezes conuiene, y es necessario, por la autoridad del oficio, yr contra la humildad del coraçon; por que el buen adorno de la persona, que esta puesta en graues cargos, ha de ser conforme a lo que ellos piden, y no a la medida de lo que su humilde condicion le inclina. Vistete bien, que vn palo compuesto no parece palo: no digo, que traygas dixes, ni galas, ni que siendo Iuez te vistas como soldado, sino que te adornes con el habito que tu oficio requiere, con tal, que sea limpio, y bien compuesto. Para ganar la voluntad del pueblo que gouiernas, entre otras has de hazer dos cosas, la vna, ser bien criado con todos, aunque esto ya otra vez te lo he dicho: y la otra, procurar la abundancia de los mantenimientos, que no ay cosa que mas fatigue el coraçon de los pobres que la hambre, y la carestia.

No hagas muchas Pragmaticas, y si las hizieres, procura que sean buenas, y sobre todo que se guarden, y cumplan, que las Pragmaticas que no se guardan, lo mismo es, que si no lo fuessen, antes dan a entender, que el Principe, que tuuo discrecion, y autoridad para hazerlas, no tuuo valor para hazer que se guardassen, y las leyes que atemorizan, y no se executan, vienen a ser como la viga, Rey de las ranas, que al principio las espantô, y con el tiempo la menospreciaron, y se subieron sobre ella. Se padre de las virtudes, y padrastro de los vicios. No seas siempre riguroso, ni siempre blando, y escoge el medio entre estos dos estremos, que en esto está el punto de la discrecion. Visita las carceles, las carnicerias, y las plaças, que la presencia del Gouernador, en lugares tales, es de mucha importancia, consuela â los presos, que esperan la breuedad de su despacho, es coco a los carniceros, que por entonces igualan los pesos, y es espantajo a las placeras por la misma razon. No te muestres (aunque por ventura lo seas, lo qual yo no creo) codicioso, mugeriego, ni gloton: porque en sabiendo el pueblo, y los que te tratan tu inclinacion determinada, por alli te daran bateria, hasta derribarte en el profundo de la perdicion. Mira, y remira, passa, y repassa los consejos, y documentos que te dî por escrito, antes que de aqui partiesses â tu Gouierno, y verâs como hallas en ellos, si los guardas, vna ayuda de costa que te sobrelleue los trabajos, y dificultades, que a cada paso â los Gouernadores se les ofrecen. Escriue a tus señores, y muestrateles agradecido, que la ingratitud es hija de la soberuia, y vno de los mayores pecados que se sabe, y la persona que es agradecida a los que bien le han hecho dâ indicio, que tambien lo serâ a Dios, que tantos bienes le hizo, y de contino le haze. La señora Duquessa despachò vn propio con tu vestido, y otro presente a tu muger Teressa Pança; por momentos esperamos respuesta.

Yo he estado vn poco mal dispuesto de vn cierto gateamiento que me sucedio no muy â cuento de mis narizes: pero no fue nada que si ay encantadores que me maltraten, tambien los ay que me defiendan. Auisame, si el Mayordomo, que està contigo tuuo que ver en las acciones de la Trifaldi, como tu sospechaste: y de todo lo que te sucediere, me yras dando auiso, pues es tan corto el camino, quanto mas, que yo pienso dexar presto esta vida ociosa en que estoy, pues no naci para ella. Vn negocio se me ha ofrecido, que creo, que me ha de poner en desgracia destos señores. Pero aunque se me dâ mucho, no se me dâ nada, pues en fin, en fin, tengo de cumplir antes con mi profession, que con su gusto, conforme a lo que suele dezirse: Amicus Plato, sed magis amica veritas: digote este Latin, porque me doy a entender, que despues que eres Gouernador lo auras aprendido. Y a Dios, el qual te guarde, de que ninguno te tenga lastima.

Tu amigo, Don Quixote de la mancha.

Oyô Sancho la carta con mucha atencion, y fue celebrada, y tenida por discreta de los que la oyeron, y luego Sancho se leuantô de la messa, y llamando al Secretario, se encerrô con el en su estancia, y sin dilatarlo mas quiso responder luego a su señor don Quixote, y dixo al Secretario, que sin añadir, ni quitar cosa alguna fuesse escriuiendo lo que el le dixesse, y assi lo hizo, y la carta de la respuesta fue del tenor siguiente:

Carta de Sancho Pança, à don Quixote de la Mancha.

La ocupacion de mis negocios es tan grande, que no tengo lugar para rascarme la cabeça, ni aun para cortarme las vnas, y asi las traygo tan crecidas qual Dios lo remedie. Digo esto, señor mio de mi alma, porque vuessa merced no se espante, si hasta agora no he dado auiso de mi bien, ô mal estar en este Gouierno, en el qual tengo mas hambre, que quando andauamos los dos por las seluas, y por los despoblados.

Escriuiome el Duque mi señor el otro dia, dandome auiso, que auian entrado en esta Insula ciertas espias, para matarme, y hasta agora, yo no he descubierto otra, que vn cierto Doctor, que está en este lugar assalariado, para matar a quantos Gouernadores aqui vinieren, llamase el Doctor Pedro Rezio, y es natural de Tirteafuera: porque vea vuessa merced, que nombre, para no temer, que he de morir a sus manos. Este tal Doctor dize el mismo, de si mismo, que el no cura las enfermedades quando las ay, sino que las preuiene, para que no vengan, y las medecinas que vsa son, dieta, y mas dieta, hasta poner la persona en los huessos mondos, como si no fuesse mayor mal la flaqueza, que la calentura. Finalmente, el me va matando de hambre, y yo me voy muriendo de despecho, pues quando pensê venir a este Gouierno a comer caliente, y â beuer frio, y a recrear el cuerpo entre sabanas de olanda, sobre colchones de pluma, he venido â hazer penitencia, como si fuera hermitaño, y como no la hago de mi voluntad, pienso, que al cabo, al cabo, me ha de lleuar el diablo.

Hasta agora no he tocado derecho, ni lleuado cohecho, y no puedo pensar en que va esto: porque aqui me han dicho que los Gouernadores, que a esta Insula suelen venir, antes de entrar en ella, ô les han dado, ô les han prestado los del pueblo muchos dineros, y que esta es ordinaria vsança en los demas que van a Gouiernos, no solamente en este.

Anoche andando de ronda, topê vna muy hermosa donzella en trage de varon, y vn hermano suyo en habito de muger; de la moça se enamorô mi Maestresala, y la escogio en su imaginacion para su muger, segun el ha dicho, y yo escogî al moço para mi yerno; cy los dos pondremos en platica nuestros pensamientos con el padre de entrambos, que es vn tal Diego de la Llana, Hidalgo, y Christiano viejo quanto se quiere.

Yo visito las plaças, como v. m. me lo aconseja, y ayer hallê vna Tendera, que vendia auellanas nueuas, y aueriguele, que auia mezclado con vna hanega de auellanas nueuas otra de viejas, vanas, y podridas; apliquelas todas para los niños de la Doctrina, que las sabrian bien distinguir, y sentenciela que por quinze dias no entrasse en la placa: hanme dicho, que lo hize valerosamente, lo que sê dezir â v. m. es, que es fama en este pueblo, que no ay gente mas mala que las placeras; porque todas son desuergonçadas, dessalmadas, y atreuidas, y yo assi lo creo, por las que he visto en otros pueblos.

De que mi señora la Duquessa aya escrito a mi muger Teressa Pança, y embiadole el presente, que v. m. dize, estoy muy satisfecho, y procurarê de mostrarme agradecido a su tiempo: bessele v. m. las manos de mi parte, diziendo, que digo yo, que no lo ha echado en saco roto, como lo vera por la obra. No querria que v. m. tuuiesse trauacuentas de disgusto con essos mis señores, porque si v. m. se enoja con ellos, claro estâ, que ha de redundar en mi daño, y no serâ bien, que pues se me dâ a mi por consejo, que sea agradecido, que v. m. no lo sea con quien tantas mercedes le tiene hechas, y con tanto regalo ha sido tratado en su castillo.

Aquello del gateado, no entiendo: pero imagino, que deue de ser alguna de las malas fechorias, que con v. m. suelen vsar los malos encantadores, yo lo sabre, quando nos veamos. Quisiera embiarle a v. m. alguna cosa, pero no sê que embie, sino es algunos cañutos de geringas, que para con begigas los hazen en esta Insula muy curiosos, aunque si me dura el oficio, yo buscare que embiar, de haldas, ô de mangas. Si me escriuiere mi muger Teressa Pança, pague v. m. el porte, y embieme la carta, que tengo grandissimo desseo de saber del estado de mi casa, de mi muger, y de mis hijos; y con esto Dios libre â v. m. de mal intencionados encantadores, y a mi me saque con bien, y en paz deste Gouierno, que lo dudo, porque le pienso dexar con la vida, segun me trata el Doctor Pedro Rezio. *Criado de v. m. Sancho Pança el Gouernador.*

Cerrô la carta el Secretario, y despachô luego al correo, y juntandose los burladores de Sancho, dieron orden entresi como despacharle del Gouierno, y aquella tarde la passô Sancho en hazer algunas ordenanças tocantes al buen gouierno de la que el imaginaua ser Insula; y ordenô, que no huuiesse regatones de los bastimentos en la Republica; y que pudiessen meter en ella vino de las partes que quisiessen, con aditamento que declarassen el lugar de donde era, para ponerle el precio segun su estimacion, bondad y fama, y el que lo aguasse ô le mudasse el nombre, perdiesse la vida por ello: moderô el precio de todo calçado, principalmente el de los çapatos, por parecerle que corria con exoruitancia. Puso tassa en los salarios de los criados que caminauan a rienda suelta por el camino del interesse. Puso grauissimas penas a los que cantassen cantares lasciuos, y descompuestos, ni de noche ni de dia. Ordenô, que ningun ciego cantasse milagro en coplas, si no truxesse testimonio autentico de ser verdadero, por parecerle que los mas que los ciegos cantan son fingidos en perjuyzio de los verdaderos.

Hizo y creô vn Alguazil de pobres, no para que los persiguiesse, sino para que los examinasse, si lo eran porque a la sombra de la manquedad fingida, y de la llaga falsa, andan los braços ladrones, y la salud borracha. En resolucion el ordenô cosas tan buenas, que hasta oy se guardan en aquel lugar, y se nombran: Las constituciones del gran Gouernador Sancho Pança.

VICENTE MARTÍNEZ ESPINEL

1551—1624

As a student in Salamanca Espinel was sent down from the University. After leading an unexemplary life in Seville, in 1578 or thereabouts, he embarked for Italy, was captured by the Turks and taken to Algiers. On payment of ransom, he was enabled to pursue his interrupted project of going to Italy, and thence is said to have proceeded to the Netherlands. Returning to Spain, he took orders in 1587, and in 1591 was appointed Chaplain of the Royal Hospital at Ronda. He drew his salary but neglected his duties, preferring to live at Madrid as long as he could do so with impunity. When he was finally compelled to go to Ronda in 1597, his irregular life and loose conduct led to a formal complaint from the civic authorities of the town. He lost his post as a result and went to Alcalá de Henares where he took his M.A. degree. In 1599 he obtained a post as chaplain, and this made it possible for him to live in Madrid. His unenviable character caused him to be an unedifying priest but he had indubitable gifts. He was a good musician, is often (but wrongly) said to have invented the *décima*, and in his *Marcos de Obregon* achieved fame as a novelist. The book differs from other picaresque novels in that Marcos is a man of mature years. The style is clear, and the invention subtle; there are no such wearisome digressions as we find in *Guzman de Alfarache*; and the quaint and pointed reflexions of the rogue blind us at times to his real character and win him an undeserved sympathy.

MARCOS DE OBREGÓN

Por la mañana tomé el camino por entre aquellas asperezas de riscos y árboles muy espesos, donde ví una extrañeza entre muchas que hay en todo aquel distrito, que nacía de una peña un gran caño de agua, que salía con mucha furia hacia afuera, como si fuera hecho a mano, mirando al oriente, muy templada, más caliente que fría, y en volviendo la punta del peñasco salía otro caño correspondiente a éste, muy helado, que miraba al poniente; en lo primero el romero florido, y a dos pasos aun sin hojas, y todo cuanto hay por ahí es de esta manera. Unas zarzas sin hojas, y otras con moras verdes, y poco adelante con moras negras. Todo cuanto mira a Málaga muy de primavera, y cuanto mira a Ronda muy de invierno, y así es todo el camino. Por entre aquellos árboles muy lleno el camino de manantiales y aguas, que se despeñan de aquellas altísimas breñas y sierras, por entre muy espesas encinas, lentiscos y robles; y como solo imaginando en las extrañas cosas que la naturaleza cría, cuando sin pensar dí con una transmigración de gitanos, en un arroyo que llaman de las Doncellas, que me hiciera volver atrás si no me hubieran visto, porque se me representó luego las muertes que sucedían entonces por los caminos, hechas por gitanos y moriscos; como el camino era poco usado, y yo me ví solo y sin esperanza de que pudiera pasar gente que me acompañara, con el mejor ánimo que pude, al mismo tiempo que ellos me comenzaron a pedir limosna, les dije: Esté en hora buena la gente. Ellos estaban bebiendo agua, y yo les convidé con vino, y alarguéles una bota de Pedro Jiménez de Málaga, y el pan que traía, con que se holgaron; pero no cesaron de hablar y pedir más y más. Yo tengo costumbre, y cualquiera que caminare solo la debe tener, de trocar en el pueblo la plata u oro que ha menester para el espacio que hay de un pueblo a otro, porque es peligrosísimo sacar oro o plata en las ventas, o por el camino, y trayendo en la faltriquera menudos, saqué un puñado, con que les dí y repartí limosna (que nunca la dí de mejor gana en toda mi vida) a cada uno como me pareció. Las gitanas iban de dos en dos, en unas yeguas y cuartagos muy flacos; los muchachos de tres en tres, y de cuatro en cuatro, en unos jumentos cojos y mancos. Los bellacones de los gitanos a pie, sueltos como un viento, y entonces me parecieron muy altos y membrudos, que el temor hace las cosas mayores de lo que son; el camino es estrecho y peligroso, lleno de raíces de los árboles, muchos y muy espesos, y el macho tropezaba cuanto podía; dábanle los gitanos palmadas en las ancas, y a mí me pareció que me las querían dar en el alma; porque yo iba por lo más bajo y angosto, y los gitanos por los lados superiores a mí, por veredillas enredadas con mil matas de chaparros y lentiscos, que cada momento me parecía que me iban ya a pegar; y en medio de esta turbación y miedo, yendo mirando con cuidado a los lados, moviendo los ojos, sin mover el rostro, llegó un gitano de improviso, y asió del freno y la barbada del macho y, queriéndome yo arrojar en el suelo, dijo el bellaco del gitano: "Ya ha cerrado, mi ceñor." "Cerrada," dije yo entre mí, "tengas la puerta del cielo, ladrón, que tal susto me has dado." Preguntaron si lo quería trocar, y habiéndome atribulado del trago pasado, y de lo que podía suceder; mas considerando que su deseo era de hurtar, y que no podía echarlos de mí sino con esperanzas de mayor ganancia, con el mejor semblante que pude, saqué más menudos, y repartiéndolos entre ellos, dije: "Por cierto, hermanos, sí hiciera de muy buena gana, pero dejo atrás un amigo mío mercader, que se le ha cansado un macho en que trae una carga de moneda, y voy al pueblo a buscar una bestia para traerla." En oyendo decir mercader solo, macho cansado, carga de moneda, dijeron: "Vaya su merced en hora buena, que en Ronda le serviremos la limosna que nos ha hecho." Piqué al macho, y le hice caminar por aquellas breñas más de lo que él quisiera. Ellos quedaron hablando en su lenguaje de gerigonza, y debieron de esperar o acechar al mercader para pedirle limosna, como suelen, que si no usara de esta estratagema, yo lo pasara mal. Sabe Dios cuántas veces me pesó de haber dejado la compañía del hablador, cuando hablara mucho y me enfadara, mas al fin no me pusiera en el peligro en que estuve. Que realmente para caminar por enfadosa que sea la compañía tiene más de bueno que de malo, y aunque sea muy ruin, la puede hacer buena el buen compañero, no comunicándole cosas que no sean muy justas. Y para tratar de lo que se ofrece a la vista, por el camino es buena cualquiera compañía. Que bien nos dió a entender Dios esta verdad cuando acompañó un brazo con otro, una pierna con otra, ojos y oídos, y los demás miembros del cuerpo humano, que todos son doblados sino la lengua, para que sepa el hombre que ha de oir mucho y hablar poco. Iba volviendo el rostro atrás, para ver si me seguían los gitanos, que como eran muchos, podían seguirme unos y quedarse otros; pero la misma codicia que cebó a los unos detuvo a los otros, y así me dejaron de seguir. Llegué al pueblo más cansado que llegara si no fuera por miedo de los gitanos. Después ví en Sevilla castigar por ladrón a uno de los gitanos, y una de las gitanas por hechicera en Madrid; pero después que estuve sosegado y sin alteración, se me representó en aquellos gitanos la huída de los hijos de Israel de Egipto. Iban unos gitanos desnudos, otros con un coleto acuchillado, o con un sayo roto sobre la carne: otro ensayándose en el juego de la correguela. Las gitanas, una muy bien vestida, con muchas patenas y ajorcas de plata, y las otras medio vestidas y desnudas, y cortadas las faldas...llevaban una docena de jumentillos cojos y ciegos, pero ligeros y agudos como el viento, que los hacían caminar más que podían. Dios me ofreció y deparó aquella estratagema, porque los gitanos eran tantos que bastaban para saquear un pueblo de cien casas. Reposé y comí en aquel pueblo, y a la noche llegué a Ronda, donde hallé a mis mercaderes muy deseosos de verme y muy adelante en su trato. Lo que allí me pasó no es de consideración....

LUIS DE GÓNGORA

1561—1627

THE son of an Inquisitionary official at Córdoba, Góngora was born in that city. His father was Francisco de Argote; Góngora was the maiden name of the boy's mother, and was early adopted by the future poet. At Salamanca, Góngora gained no academic distinctions, but we may perhaps assume that he already attempted verse while at the university. Only two of his poems survive of earlier date than 1585 when he is mentioned in Cervantes's pastoral, *La Galatea*, as a "nuevo ingenio sin segundo." Lightly as Cervantes praised at times, he probably based his eulogy on something more than this couple of printed occasional poems. Góngora left Salamanca in about 1580 with a load of debt on his shoulders despite the fact that, as an undergraduate, he held two small livings. These he perhaps received through the influence of his maternal uncle, Francisco de Góngora, himself a prebendary. The prebendary helped his nephew out of his financial difficulties, and perhaps secured for him a stall in Córdoba Cathedral about 1580. Góngora was not yet a priest: the date of his ordination is still uncertain. In 1589 he was accused of levity in church and of other charges; his answer is rather evasive, yet it must have been accepted as sufficient by his superiors who afterwards sent him on a series of special missions. In 1593 Góngora seems to have fallen seriously ill—of brain disease, as some will have it. Though he was henceforth less agile physically, his intellect was unclouded, to judge from the amount and quality of his contributions to the *Romancero general* (1600). No less numerous, various and brilliant were the poems of Góngora included in Pedro Espinosa's *Primera parte de las flores de poetas ilustres de España* (1605) which, though a failure commercially—the second part was not issued till 1896—made Góngora's name known to most good judges of poetry in Spain. Góngora removed from Córdoba to Madrid about the year 1612; at this date he must have been a priest, for he was then appointed chaplain to King Philip III.

Two or three years earlier—in 1609–10—Góngora wrote the *Panegírico al duque de Lerma* and the *Canción* on the capture of Larache. These poems are thought to be the earliest songs in the obscure and cryptic style to which the adjective "gongoresque" is applied, and of which the *Fábula de Polifemo y Galatea* and the *Soledades* are the most notorious examples. These two compositions were submitted by Góngora to Pedro de Valencia in 1613. Valencia's verdict was unfavourable on the whole. None the less both poems won their author a great reputation. Though Góngora made one or two bids for success in the theatre, he is to be regarded as a poet pure and simple. He has three well-marked sequences: in his earliest phase, he imitates Herrera; in his second phase he is entirely himself; in his third phase, the gongoresque phase, he writes under the influence of the artistic doctrines which he adopted from the *Libro de erudición poética*, a prose document to be found at the end of Luis Carrillo's *Obras*. Though he was recognized as the head of a poetic movement from about 1610 onwards, though he had powerful patrons and influential friends, he seems to have lived in constant poverty. Góngora was at first in declared opposition to Lope de Vega; but Lope de Vega and other modish poets became infected with the gongoristic vices. Góngora did not collect his poems; he was something of a veiled prophet, being content to circulate his verses in manuscript. Not till after his death were Góngora's compositions brought together. His forced antitheses, his verbal ingenuity, his grammatical audacities were more copied after his death than during his lifetime. During the closing years of his period of production, he frequently reverted to his delightful second manner. This defies imitation. Imitators found it easier to mimic his defects than to recapture his art, his ingenious fancy and his perfect workmanship. The defects were those of his time and were universally copied in Spain for about a century after his death. This occurred at Córdoba on May 23, 1627. At one time it was thought that Góngora might have some responsibility for English Euphuism. A comparison of dates compels the abandonment of this theory. *Euphues* appeared while Góngora was still a lad in his teens.

LETRILLA

Ven al portal, Mingo, ven,
   seguro el ganado dejas,
   que aun entre el lobo y ovejas
   nació la paz en Belén.

La paz del mundo escogido,
   en aquel ya leño grave,
   que al hombre, a la fiera, a la ave
   casa fué, caverna, y nido,
   hoy, pastor, se ha establecido
   tanto, que en cualquiera otero,
   retozar libre el cordero,
   y manso el lobo se ven,
   ven al portal, etc.

Sobra el can, que ocioso yace,
   las noches que desvelado,
   y rediles del ganado
   los términos son que pace.
   El siglo de oro renace
   con nuestro glorioso Niño,
   a quien esta piel de armiño
   de mi fe será rehén,
   ven al portal, etc.

ROMANCE

Castillo de San Cervantes,
tú que estás junto a Toledo,
fundóte el Rey Don Alonso
sobre las aguas de Tajo.

Robusto, si no galán,
mal fuerte, peor dispuesto;
pues que tienes más padrastros,
que un hijo de un Racionero.

Lampiño debes de ser,
Castillo, sino estoy ciego;
pues siendo de tantos años
sin barbacana te veo.

Contra ballestas de palo,
dicen que fuiste de hierro,
y que anduviste muy hombre
con dos Morillos honderos.

Tiempo fué (papeles hablen)
que te respetaba el Reino
por juez de apelaciones
de mil Católicos miedos.

Ya menospreciado ocupas
la aspereza de ese cerro,
mohoso como en diciembre
el lanzón del viñadero.

Las que ya fueron corona
son alcándara de cuervos,
almenas que, como dientes,
dicen la edad de los viejos.

Cuando más mal de ti diga,
dejar de decir no puedo,
si no tienes fortaleza,
que tienes prudencia al menos.

Tú, que a la Ciudad mil veces,
viendo los Moros de lejos,
sin ser Espíritu Santo
hablaste en lenguas de fuego,

en las ruinas ahora
del sagrado Tajo, viendo
debajo de los membrillos
engerirse tantos miembros,

lo callas a sus maridos,
que es mucho a fe, por aquello,
que tienes de San Cervantes,
y que ellos tienen de ciervos.

Entre todas las mujeres
serás bendito, pues siendo
en el mirar atalaya,
eres piedra en el silencio.

Mira Castillo de bien,
que hagas lo que te ruego,
aunque te he obligado poco
con dos docenas de versos.

Cuando la bella terrible,
hermosa como los cielos,
y por decirlo mejor
áspera como su pueblo,

alguna tarde saliere
a desfrutar los almendros,
verdes primicias del año
y dulcísimo alimento,

si de las aguas del Tajo,
hace a su beldad espejo,
ofrécele tus ruinas
a su altivez por ejemplo!

Háblale mudo mil cosas,
que bien sabrás, pues sabemos,
que a palabras de edificios,
orejas los ojos fueron.

Dirásle que con tus años
regule sus pensamientos,
que es verdugo de murallas,
y de bellezas el tiempo.

Que no crean a las aguas
sus bellos ojos serenos,
pues no la han lisonjeado
cuando la murmuran luego.

Que no fíe de los años,
ni aun un mínimo cabello,
ni le perdone los suyos
a la ocasión, que es gran yerro.

Que no se duerma entre flores
que recordará del sueño
mordida del desengaño
y del arrepentimiento.

Y abrirá entonces la pobre
los ojos (ya no tan bellos)
para bailar con su sombra,
pues no quiso con su cuerpo.

O que diría de ti
si tu le dijeses esto,
antigualla venerable,
si no quieres ser trofeo.

Mi Musa te antepondrá
a Santángel, y a Santelmo,
aunque no quisiese Roma,
y Malta quisiese menos.

Que aunque te han desmantelado
y no con tantos pertrechos,
a tulliduras de grajos,
te defenderás más presto.

ROMANCE

Amarrado al duro banco
de una galera Turquesca,
ambas manos en el remo,
y ambos ojos en la tierra

un forzado de Dragut
en la Playa de Marvella,
se quejaba al ronco son
del remo y de la cadena.

O sagrado mar de España,
famosa playa serena,
teatro donde se han hecho
cien mil navales tragedias,

pues eres tú el mismo mar,
que con tus crecientes besas,
las murallas de mi patria
coronadas y soberbias.

Tráeme nuevas de mi esposa:
y dime si han sido ciertas
las lágrimas, y suspiros
que me dice por sus letras.

Porque si es verdad que llora,
mi cautiverio en tu arena,
bien puedes el mar del Sur
vencer en lucientes perlas.

Dame ya, sagrado mar,
a mi demanda respuesta,
que bien puedes, si es verdad
que las aguas tienen lenguas.

Pero, pues, no me respondes,
sin duda alguna que es muerta,
aunque no lo debe ser,
pues que yo vivo en su ausencia.

Pues he vivido diez años
sin libertad y sin ella,
siempre al remo condenado,
a nadie matarán penas.

En esto se descubrieron
de la Religión seis velas,
y el cómitre mandó usar
al forzado de su fuerza.

ROMANCE

Hermana Marica,
mañana que es fiesta,
no irás tú a la amiga,
ni yo iré a la escuela.

Pondráste el corpiño,
y la saya buena,
cabezón labrado,
toca y alba negra.

Y a mí me pondrán
mi camisa nueva,
sayo de palmilla,
media de estameña.

Y si hace bueno
traeré la montera
que me dió la Pascua
mi señora abuela.

Y el estadal rojo
con lo que le cuelga,
que trujo el vecino,
cuando fué a la feria.

Iremos a Misa,
veremos la Iglesia,
darános un cuarto
mi tía la ollera.

Compraremos dél,
que nadie lo sepa,
chochos, y garbanzos
para la merienda.

Y en la tardecita
en nuestra plazuela
jugaré yo al toro,
y tú a las muñecas

con las dos hermanas
Juana y Madalena,
y las dos primillas,
Marica, y la tuerta.

Y si quiere Madre
dar las castañetas,
podrás tanto dello
bailar en la puerta,

y al son del adufe
cantará Andrehuela,
no me aprovecharon,
madre, las yerbas.

Y yo de papel
haré una librea
teñida con moras,
porque bien parezca,

y una caperuza
con muchas almenas.
Pondré por penacho
las dos plumas negras

del rabo del gallo;
que acullá en la huerta
anaranjeamos
las carnestolendas.

Y en la caña larga
pondré una bandera
con dos borlas blancas
en sus tranzaderas.

Y en mi caballito
pondré una cabeza
de guadamecí,
dos hilos por riendas.

Y entraré en la calle
haciendo corvetas,
yo, y otros del barrio,
que son más de treinta.

Jugaremos cañas
junto a la plazuela,
porque Bartolilla
salga acá y nos vea.

Bartola la hija
de la panadera,
la que suele darme
tortas con manteca,

Porque algunas veces
hacemos yo y ella,
las bellaquerías
detrás de la puerta.

ROMANCE

Manzanares, Manzanares,
vos que en todo el acuatismo,
Duque sois de los arroyos,
y Vizconde de los ríos,

Soberbio corréis mi pluma,
miércoles sea corvillo
del polvo canicular,
en que os veréis convertido.

Bien sea verdad que os harán
Marqués de Poza el Estío,
los que entrando a veros sucios,
saldrán de veros no limpios.

No os desvanezcáis por esto,
que de la piedra sois hijo,
pues tomastes carne undosa
en las entrañas de un risco.

Enano sois de una puente,
que pudiéráis ser marido,
si al besarla en los tres ojos,
le llegáráis al tobillo.

Al tobillo, mucho dije,
a la planta apenas digo,
y esa no siempre desnuda,
porque calzada ha vivido.

Solicitad diligente,
(alcanzándoos a vos mismo)
los abrazos de Xarama,
Minotauro cristalino.

Para que sirváis la copa
a los parientes del signo,
que lame en su piel diamantes,
y pisa en Abril zafiros.

Y sepa luego de vos
todo cuerpo masculino
que de sus agitaciones
está ya acabado el circo.

La Real plaza del Fénix,
de Pisuerga ilustre olvido,
teatro de carantoñas,
cadahalso de castigos.

Decidles a esos señores,
que ha más que fueron novillos,
que serán sin duda encinas,
de este hermoso edificio.

Espectáculo feroz,
émulo de los antiguos,
mas desmentido en España
de dos cañazos moriscos.

Decidles, que a tanta fiesta
prevengan los más lucidos
sus martinetes de hueso,
pompa de tantos cintillos.

Que estudie ferocidad,
y de sus corvos cuchillos,
si tienen sangre las sombras,
beban la sangre los filos.

Que salgan de los toriles
entre feroces y tibios,
sin bramar a lo casado,
ni escarbar a lo gallino.

Mas si escarbaren, que sea
para dar fin al abismo,
o sepulcros a los muertos,
que no se comieren vivos.

Toros sean de Diomedes,
a cuyo rocín morcillo
el pienso más venial
fué un celemín de homicidios.

Que aspiren a ser leones,
para que los haga erizos,
pluralidad generosa
de rejones bien rompidos.

¿Qué más se querrá Bicorne
que verse hecho un sotillo,
de fresnos azafranados,
desbarrigando pollinos?

Perdonen que el asonante
rebuzno ha hecho el relincho
del que morirá cornado,
y escudos costó infinitos.

Los menos pues criminales
por esta vez consentimos
que ronden, que prendan capas,
y den en fiado, silbos:

porque un silbo es necesario
para cómicos delitos,
munición de mosqueteros,
que pretendo por amigos.

Que al fin para embravecerse,
vacunos, armen garitos
del juego del hombre, padre
de chachos, o de codillos.

Y a fe que Reyes fallados
y matadores vencidos
hagan a los bueyes toros,
y a los toros basiliscos.

LOPE FÉLIX DE VEGA CARPIO
1562—1635

LOPE FÉLIX DE VEGA CARPIO was born of humble parents—his father was
a basket-maker—in Madrid. Cervantes has called him "el monstruo de la
naturaleza," and even as a child he was astonishing. Impulsive and adven-
turous, he yielded entirely to his passions in later life and consequently his
story is not an edifying one. In *La Dorotea* we have almost an autobiography
of the poet. He is said to have run away from school and to have been brought
back in humiliating circumstances with a fellow-companion. At the age of
twelve he produced his first extant play, whose title, *El verdadero amante*, would
seem to give colour to Cervantes's words. On leaving school he became page
to Don Jerónimo Manrique de Lara, bishop of Cartagena, who, struck by the
boy's talent, sent him to the University of Alcalá de Henares. He made the
acquaintance of Jerónimo Velázquez, an enterprising manager, entrusted
him with his plays and refused payment for them, saying that no gentleman
could accept money for toys of this sort. Really Lope was delighted to have
the stage-doors opened so easily to him and Velázquez, on his part, was
delighted to have first-class plays for nothing. Velázquez had unfortunately
a daughter, Elena Osorio, a passage with whom ended in 1588 in a charge of
criminal libel against Lope; he was banished from Madrid for eight years
and from Castile for two years under pain of summary execution. Lope
withdrew to Valencia, but after a month or two re-appeared in Madrid and
eloped with Isabel de Urbina y Cortinas, daughter of Philip II's king-at-arms.
Chase was at once given but the fugitives evaded the police and Lope put himself completely out of range by embarking on the *San Juan*, one of the vessels
of the Armada. He took part in the action, saw his own brother killed, and
wrote *La Hermosura de Angélica* during the expedition. On his return to
Spain he settled down in the household of the Duke of Alba and wrote for
the stage. In 1598 his first two books were printed: *La Dragontea*, a violently
patriotic poem, and *La Arcadia*, a rather tedious pastoral novel. In the same
year Lope married Juan de Guardo, daughter of a pork-packer, his first wife,
Isabel, having died about three years previously.

Lope still considered his plays as not literature nor worthy of payment,
and he sought to win fame and earn money by such miscellaneous works as

El Peregrino en su Patria and the epic *Jerusalen Conquistada.* Meanwhile Lope had become a familiar of the Inquisition and, on the death of his second wife and a son, he entered holy orders. This was a grave error. From his private correspondence it was evident that he had no religious vocation and the contradiction between his life and his calling gave rise to great scandal and moreover provided his enemies with a handle against him. Lope was never a hypocrite and there is no doubt that the impulse which made him take this step in the first outburst of grief was sincere. The depth of his sorrow may be gauged by the exquisite work *Los Pastores de Belen* which he wrote for his son. Unfortunately he was at the period of his worst sins and follies, urged on by his unedifying friend, the Duke of Sessa. It is only fair to remember that the scandals which degraded him lasted a comparatively short while and that even his enemies had to admit that he was an exemplary priest.

Little by little he came to occupy a position of unchallenged eminence. His plays were acted on every stage in Spain; he himself became the living symbol of Spain's pride and glory. His daily walk was like a royal procession. For something like half a century he contrived to fascinate his countrymen. But time told upon him slightly. In his last years the star of Calderón was beginning to rise and menace Lope's long supremacy. In his last years, too, he lost his son, Lope Félix, a boy of great promise, who was drowned at sea. Other domestic troubles began to cloud his horizon. Lope took these trials as a punishment for his sins and sank into a deep melancholy. He lashed himself till the walls of his room were flecked with blood. Still he went on working, prepared two volumes of plays for publication, and on August 23, 1635, wrote two poems. Four days later he died.

It is not in our province to judge the man; his faults were those of his genius, whilst he had that quality—so rare in brilliant and versatile characters —an extraordinary application and industry. As a poet Lope has fine moments but he is unequal. His greatest work was done on the stage where his inventive genius and skill in portraiture show alike in tragedy and comedy. Amongst his best tragedies are perhaps: *Los Comendadores de Córdoba, El mejor alcalde el rey, Las paces de los reyes, El caballero de Olmedo,* but all are good; in comedy likewise he is inimitable, as may be seen in such plays as: *Las bizarrías de Belisa, El perro del hortelano, La dama melindrosa* and *La discreta enamorada.*

PASTORES DE BELÉN

Las pajas del pesebre,
niño de Belén,
hoy son flores y rosas,
mañana serán hiel.

Lloráis entre las pajas,
de frío que tenéis,
hermoso niño mío,
y de calor también.

Dormid, Cordero santo;
mi vida, no lloréis;
que si os escucha el lobo,
vendrá por vos, mi bien.

Dormid entre las pajas,
que aunque frías las veis,
hoy son flores y rosas,
mañana serán hiel.

Las que para abrigaros
tan blandas hoy se ven,
serán mañana espinas
en corona cruel.

Mas no quiero deciros,
aunque vos lo sabéis,
palabras de pesar
en días de placer;

que aunque tan grandes deudas
en pajas las cobréis,
hoy son flores y rosas,
mañana serán hiel.

Dejad el tierno llanto,
divino Emanüel;
que perlas entre pajas
se pierden sin por qué.

No piense vuestra Madre
que ya Jerusalén
previene sus dolores,
y llore con José;

que aunque pajas no sean
corona para rey,
hoy son flores y rosas,
mañana serán hiel.

PASTORES DE BELÉN

Juntáronse los gitanos
que en Jerusalén vivían
para dar las buenas Pascuas
a la dichosa parida.

De la torre de Belén
los pastores les avisan
que está Dios hombre en la tierra
en los brazos de María.

Una rica danza ordenan,
de ricas ropas vestida,
matizando aljófar y oro
por las labradas camisas.

Los tocados aderezan
de corales y ametistas,
de flores, de perlas y oro,
y cuentas de aguas marinas.

Con laudes y con salterios,
y con sonajas repican,
adufes y cascabeles,
a cuyos sones relinchan.

Entran al portal adonde
la Palabra en carne habita,
y, haciendo lazos, comienzan
a decir a la parida:

"*A la dina dana,
reina soberana;
a la dana dina,
Señora divina.*

Reina de los cielos,
honesta Señora,
cuya blanca frente
estrellas adornan,
a quien los dos rayos
de la luna hermosa
sirven de chapines
a esos pies que adoran;

Virgen, que a Dios distes
carne y sangre sola,
por gracia divina
de aquella paloma
que viniendo en vos
os hizo tal sombra,
que del sol la lumbre
encerrastes toda:
a los gitanillos
nos dad en limosna
esa monedica
de gracia y de gloria,
medalla divina
de las tres personas,
aunque en ella vive
la segunda sola;
oiréis la ventura
que el cielo atesora
para vuestro Hijo,
Dios en carne humana.
A la dina, etc.

Vos, que sois la dina,
entre las mujeres,
de tener por hijo
al Rey de los reyes;
nuestra dina oíd,
pues lo fuistes siempre,
como siempre virgen,
madre dignamente.

A la dina digan
las aves celestes,
a la dina el mundo,
que por reina os tiene
también a la dana
por vuestros parientes,
pues por hija de Ana
esta dana os viene.
De Ana sois hija,

y dina que fuese
vuestro hijo Dios,
que tenéis presente.
Pues si dina y dana
sois, Virgen, bien puede
por dana y por dina
decir la gitana:
A la dina, etc.

Dad acá la mano,
dina de ser reina
por vuestras virtudes,
del cielo y la tierra.
Pero ¿qué ventura
mayor os espera
que la que os han dicho
reyes y profetas?
Toda se ha cumplido
en la dicha vuestra.
Si de Dios sois madre,
¿Qué otra dicha os queda?
Tiempo de alegría
no quiere tristezas,
pasarán los días,
en que muchas vengan:
ahora no es justo
que nadie se atreva;
gozad muchos años
el niño de perlas,
pues de las que llora
nuestro son le alegra,
viendo que os decimos,
divina mañana:
A la dina dana,
reina soberana;
a la dana dina,
Señora divina."

EL MEJOR ALCALDE, EL REY

. . . . . .

Elvira.	¡Ay, Dios! ¡Con cuántos enojos [*Aparte*
	teme amor y desconfía!
	Que la esperanza prendada,
	presa de un cabello está.
Sancho.	Tu padre dice que ya
	tiene la palabra dada
	a un criado de don Tello:
	¡Mira qué extrañas mudanzas!
Elvira.	No en balde mis esperanzas
	colgaba amor de un cabello.
	¿Que mi padre [me] ha casado,
	Sancho, con hombre escudero?
	Hoy pierdo la vida, hoy muero.
	Vivid, mi dulce cuidado;
	que yo me daré la muerte.
Sancho.	Paso, que me burlo, Elvira.
	El alma en los ojos mira;
	dellos la verdad advierte;
	que, sin admitir espacio,
	dijo mil veces que sí.
Elvira.	Sancho, no lloro por ti,
	sino por ir a palacio;
	que el criarme en la llaneza
	desta humilde casería,
	era cosa que podía
	causarme mayor tristeza.
	Y que es causa justa advierte.
Sancho.	¡Qué necio amor me ha engañado!
	Vivid, mi necio cuidado;
	que yo me daré la muerte.
	Engaños fueron de Elvira,
	en cuya nieve me abraso.
Elvira.	Sancho, que me burlo, paso.
	El alma en los ojos mira;
	que amor y sus esperanzas
	me han dado aquesta lección:

| | su propia definición |
| | es que amor todo es venganzas. |

Sancho. Luego ¿ya soy tu marido?

Elvira. ¿No dices que está tratado?

Sancho. Tu padre, Elvira, me ha dado
consejo, aunque no le pido;
que a don Tello, mi señor,
y señor de aquesta tierra,
poderoso en paz y en guerra,
quiere que pida favor;
y aunque yo contigo, Elvira,
tengo toda la riqueza
del mundo (que en tu belleza
el sol las dos Indias mira),
dice Nuño que es razón
por ser mi dueño; en efeto,
es viejo y hombre discreto,
y que merece opinión
por ser tu padre también.
Mis ojos, a hablarle voy.

Elvira. Y yo esperándote estoy.

Sancho. ¡Plegue al cielo que me den
él y su hermana mil cosas!

Elvira. Basta darle cuenta desto.

Sancho. La vida y el alma he puesto
en esas manos hermosas.
Dame siquiera la una.

Elvira. Tuya ha de ser: vesla aquí.

Sancho. ¿Qué puede hacer contra mí,
si la tengo, la fortuna?
Tú verás mi sentimiento
después de tanto favor;
que me ha enseñado el amor
a tener entendimiento.   [*Vanse*

.   .   .   .   .   .

Sancho. Noble, ilustrísimo Tello,
y tú, hermosa Feliciana,
señores de aquesta tierra,

que os ama por tantas causas,
dad vuestros pies generosos
a Sancho, Sancho el que guarda
vuestros ganados y huerta,
oficio humilde en tal casa.
Pero en Galicia, señores,
es la gente tan hidalga,
que sólo en servir al rico
el que es pobre no le iguala.
Pobre soy, y en este oficio
que os he dicho, cosa es clara
que no me conoceréis,
porque los criados pasan
de ciento y treinta personas,
que vuestra ración aguardan
y vuestro salario esperan;
pero tal vez en la caza
presumo que me habréis visto.

Don Tello. Sí he visto, y siempre me agrada
vuestra persona, y os quiero
bien.

Sancho.   Aquí, por merced tanta,
os beso los pies mil veces.

Don Tello. ¿Qué queréis?

Sancho.   Gran señor, pasan
los años con tanta furia,
que parece que con cartas
van por la posta a la muerte,
y que una breve posada
tiene la vida a la noche,
y la muerte a la mañana.
Vivo solo; fué mi padre
hombre de bien, que pasaba
sin servir, acaba en mí
la sucesión de mi casa.
He tratado de casarme
con una doncella honrada,
hija de Nuño de Aibar,
hombre que sus campos labra,

pero que aun tiene paveses
en las ya borradas armas
de su portal, y con ellas,
de aquel tiempo algunas lanzas.
Esto y la virtud de Elvira
(que así la novia se llama)
me han obligado: ella quiere,
su padre también se agrada;
mas no sin licencia vuestra:
que me dijo esta mañana
que el señor ha de saber
cuanto se hace y cuanto pasa
desde el vasallo más vil
a la persona más alta
que de su salario vive,
y que los reyes se engañan
si no reparan en esto,
que pocas veces reparan.
Yo, señor, tomé el consejo,
y vengo, como él lo manda,
a deciros que me caso.

Don Tello. Nuño es discreto, y no basta
razón a tan buen consejo.
Celio...

Celio.   Señor...

Don Tello.   Veinte vacas
y cien ovejas darás
a Sancho, a quien yo y mi hermana
habemos de honrar la boda.

Sancho. ¡Tanta merced!

Pelayo.   ¡Merced tanta!

Sancho. ¡Tan grande bien!

Pelayo.   ¡Bien tan grande!

Sancho. ¡Rara virtud!

Pelayo.   ¡Virtud rara!

Sancho. ¡Alto valor!

Pelayo.   ¡Valor alto!

Sancho. ¡Santa piedad!

Pelayo.   ¡Piedad santa!

Don Tello. ¿Quién es este labrador
   que os responde y acompaña?
Pelayo. Soy el que dice al revés
   todas las cosas que habra.
Sancho. Señor, de Nuño es criado.
Pelayo. Señor, en una palabra,
   el pródigo soy de Nuño.
Don Tello. ¿Quién?
Pelayo.   El que sus puercos guarda.
   Vengo también a pediros
   mercedes.
Don Tello.   ¿Con quién te casas?
Pelayo. Señor, no me caso ahora;
   mas, por si el diabro me engaña,
   os vengo a pedir terneros,
   para si después me faltan;
   que un astrólogo me dijo
   una vez en Masalanca
   que tenía peligro en toros,
   y en agua tanta desgracia,
   que desde entonces no quiero
   casarme ni beber agua,
   por excusar el peligro.
Feliciana. Buen labrador.
Don Tello.   Humor gasta.
Feliciana. Id, Sancho, en buen hora. Y tú,
   haz que a su cortijo vayan
   las vacas y las ovejas.
Sancho. Mi corta lengua no alaba
   tu grandeza.
Don Tello.   ¿Cuándo quieres
   desposarte?
Sancho.   Amor me manda
   que sea esta misma noche.
Don Tello. Pues ya los rayos desmaya
   el sol, y entre nubes de oro
   veloz al poniente baja,
   vete a prevenir la boda;
   que allá iremos yo y mi hermana.
   ¡Hola! Pongan la carroza.

Sancho.	Obligada llevo el alma
	y la lengua, gran señor,
	para tu eterna alabanza. *[Vase*

. . . . . .

Feliciana.	Hermano, hacedles favores,
	y ¡dichosos los señores
	que tales vasallos tienen!
Don Tello.	¡Por Dios, que tenéis razón!
	¡Hermosa moza!
Feliciana.	Y gallarda.
Elvira.	La vergüenza me acobarda
	como primera ocasión.
	Nunca vi vuestra grandeza.
Nuño.	Siéntense sus señorías:
	las sillas son como mías.
Don Tello.	No he visto mayor belleza. *[Aparte*
	¡Qué divina perfección!
	Corta ha sido su alabanza.
	¡Dichosa aquella esperanza
	Que espera tal posesión!
Pelayo.	Dad licencia que se siente
	Sancho.
Don Tello.	Sentaos.
Sancho.	No, señor.
Don Tello.	Sentaos.
Sancho.	¡Yo tanto favor,
	y mi señora presente!
Feliciana.	Junto a la novia os sentad;
	no hay quien el puesto os impida.
Don Tello.	No esperé ver en mi vida *[Aparte*
	tan peregrina beldad.
Pelayo.	Y yo, ¿adónde he de sentarme?
Nuño.	Allá en la caballeriza
	tú la fiesta solemniza.
Don Tello.	¡Por Dios, que siento abrasarme! *[Aparte*
	¿Cómo la novia se llama?
Pelayo.	Pelayo, señor.
Nuño.	¿No quieres
	callar? Habla a las mujeres,

          y cuéntaste tú por dama.
          Elvira es, señor, su nombre.
Don Tello. ¡Por Dios, que es hermosa Elvira,
          y digna, aunque serlo admira,
          de novio tan gentilhombre!
Nuño.   Zagalas, regocijad
          la boda.
Don Tello.   ¡Rara hermosura!   *[Aparte*
Nuño.   En tanto que viene el cura,
          a vuestra usanza bailad.
Juana.   El cura ha venido ya.
Don Tello. Pues decid que no entre el cura;
          que tan divina hermosura   *[Aparte*
          robándome el alma está.
Sancho.   ¿Por qué, señor?
Don Tello.   Porque quiero,
          después que os he conocido
          honraros más.
Sancho.   Yo no pido
          más honras, ni las espero,
          que casarme con mi Elvira.
Don Tello. Mañana será mejor.
Sancho.   No me dilates, señor,
          tanto bien; mis ansias mira,
          y que desde aquí a mañana
          puede un pequeño accidente
          quitarme el bien que presente
          la posesión tiene llana.
          Si sabios dicen verdades,
          bien dijo aquel que decía
          que era el sol el que traía
          al mundo las novedades.
          ¿Qué sé yo lo que traerá
          del otro mundo mañana?
Don Tello. ¡Qué condición tan villana!   *[Aparte*
          [Vanse D. Tello, Feliciana y criados

    •   •   •   •   •

Nuño (a los novios). No entiendo su voluntad
          ni lo que pretende hacer.

	Es señor. Ya me ha pesado
	de que haya venido aquí. *[Vase*
Sancho.	Harto más me pesa a mí
	aunque lo he disimulado.
Pelayo.	¿No hay boda esta noche?
Juana.	No.
Pelayo.	¿Por qué?
Juana.	No quiere don Tello.
Pelayo.	Pues don Tello, ¿puede hacello?
Juana.	Claro está, pues lo mandó. *[Vase*
Pelayo.	Pues ¡antes que entrase el cura
	nos ha puesto impedimento!

[Vase; y síguenle los demás villanos

   .   .   .   .

Nuño.	Pierdo el seso.
Sancho.	¿Quién va?
Nuño.	Un hombre.
Sancho.	¿Es Nuño?
Nuño.	¿Es Sancho?
Sancho.	Pues ¡tú en la calle! ¿Qué es esto?
Nuño.	¿Qué es esto dices?
Sancho.	Pues bien,
	¿Qué ha sucedido? que temo
	algún mal.
Nuño.	Y aun el mayor;
	que alguno ya fuera menos.
Sancho.	¿Cómo?
Nuño.	Un escuadrón de armados
	aquestas puertas rompieron,
	y se han llevado...
Sancho.	No más,
	que aquí dió fin mi deseo.
Nuño.	Reconocer con la luna
	los quise, mas no me dieron
	lugar a que los mirase,
	porque luego se cubrieron
	con mascarillas las caras,
	y no pude conocerlos.

Sancho. ¿Para qué, Nuño? ¿Qué importa?
Criados son de don Tello,
a quien me mandaste hablar.
¡Mal haya, amén, el consejo!
En este valle hay diez casas,
y todas diez de pecheros,
que se juntan a esta ermita:
no ha de ser ninguno dellos.
Claro está que es el señor,
que la ha llevado a su pueblo;
que él no me deja casar
es el indicio más cierto.
Pues ¡es verdad que hallaré
justicia fuera del cielo,
siendo un hombre poderoso
y el más rico deste reino!
¡Vive Dios, que estoy por ir...
a morir, que no sospecho
que a otra cosa!...

Nuño.   Espera, Sancho.

Pelayo. ¡Voto al soto, que si encuentro
sus cochinos en el prado,
que aunque haya guarda con ellos,
que los he de apedrear!

Nuño. Hijo, de tu entendimiento
procura valerte ahora.

Sancho. Padre y señor, ¿cómo puedo?
Tú me aconsejaste el daño,
aconséjame el remedio.

Nuño. Vamos a hablar al señor
mañana; que yo sospecho
que, como fué mocedad,
ya tendrá arrepentimiento.
Yo fío, Sancho, de Elvira,
que no haya fuerza ni ruegos
que la puedan conquistar.

·   ·   ·   ·   ·   ·

. . . . . .

Feliciana.   Llamad
        esos pobres labradores.
    (*a don Tello*)
        Trátalos bien, y no ignores
        que importa a tu calidad.

                    Nuño y Sancho.

Nuño.   Besando el suelo de tu noble casa
        (que de besar tus pies somos indinos),
        venimos a decirte lo que pasa,
        si bien con mal formados desatinos.
        Sancho, señor, que con mi Elvira casa,
        de quien los dos habíais de ser padrinos,
        viene a quejarse del mayor agravio
        que referirte puede humano labio.
Sancho. Magnánimo señor, a quien las frentes
        humillan estos montes coronados
        de nieve, que bajando en puras fuentes,
        besan tus pies en estos verdes prados:
        por consejo de Nuño y sus parientes,
        en tu valor divino confiados,
        te vine a hablar y te pedí licencia,
        y honraste mi humildad con tu presencia.
        Haber estado en esta casa, creo
        que obligue tu valor a la venganza
        de caso tan atroz, informe y feo,
        que a la nobleza de tu nombre alcanza.
        Si alguna vez amor algún deseo
        trujo la posesión a tu esperanza,
        y al tiempo de gozarla la perdieras,
        considera, señor, lo que sintieras.
        Yo, sólo labrador en la campaña,
        y en el gusto del alma caballero,
        y no tan enseñado a la montaña
        que alguna vez no juegue el limpio acero,
        oyendo nueva tan feroz y extraña,
        no fuí, ni pude, labrador grosero;

sentí el honor con no le haber tocado,
que quien dijo de sí, ya era casado.
Salí a los campos, y a la luz que excede
a las estrellas, que miraba en vano,
a la luna veloz, que retrocede
las aguas y las crece al Oceano,
"¡Dichosa," dije, "tú, que no te puede
quitar el sol ningún poder humano
con subir cada noche donde subes,
aunque vengan con máscaras las nubes!"
Luego, volviendo a los desiertos prados,
durmiendo con los álamos de Alcides
las yedras vi con lazos apretados,
y con los verdes pámpanos las vides.
"¡Ay!" dije, "¿cómo estáis tan descuidados?
Y tú, grosero, ¿cómo no divides,
villano labrador, estos amores,
cortando ramas y rompiendo flores?"
Todo duerme seguro. Finalmente,
me robaron, señor, mi prenda amada,
y allí me pareció que alguna fuente
lloró también y murmuró turbada.
Llevaba yo, ¡cuán lejos de valiente!
Con rota vaina una mohosa espada;
llegué al árbol más alto, y a reveses
y tajos le igualé a las bajas mieses.
No porque el árbol me robase a Elvira,
mas porque fué tan alto y arrogante,
que a los demás como a pequeños mira:
tal es la fuerza de un feroz gigante.
Dicen en el lugar (pero es mentira
siendo quien eres tú) que, ciego amante
de mi mujer, autor del robo fuiste,
y que en tu misma casa la escondiste.
"¡Villanos!" dije yo, "tened respeto:
Don Tello, mi señor, es gloria y honra
de la casa de Neira, y en efeto,
es mi padrino y quien mis bodas honra."
Con esto, tú piadoso, tú discreto,

         no sufrirás la tuya y mi deshonra;
         antes harás volver, la espada en puño,
         a Sancho su mujer, su hija a Nuño.

Don Tello. Pésame gravemente, Sancho amigo,
         de tal atrevimiento, y en mi tierra
         no quedará el villano sin castigo,
         que la ha robado y en su casa encierra.
         Solicita tú, y sabe qué enemigo,
         con loco amor, con encubierta guerra,
         nos ofende a los dos con tal malicia;
         que si se sabe, yo...te haré justicia...
         y a los villanos que de mí murmuran
         haré azotar por tal atrevimiento.
         Idos con Dios.

Sancho (*aparte a Nuño*). Mis celos se aventuran.

Nuño.   Sancho, tente, por Dios.

Sancho.   Mi muerte intento.

Don Tello. Sabedme por allá los que procuran
         mi deshonor.

Sancho.   ¡Extraño pensamiento!

Don Tello. Yo no sé dónde está, porque, a sabello,
         os la diera, por vida de don Tello.

Elvira.   Sí sabe, esposo, que aquí
         me tiene Tello escondida.

Sancho.   ¡Esposa, mi bien, mi vida!

Don Tello. ¿Esto has hecho contra mí?

Sancho.   ¡Ay, cuál estuve por ti!

Nuño.   ¡Ay, hija, cuál me has tenido!
         El juicio tuve perdido.

Don Tello. ¡Tenéos, apartaos, villanos!

Sancho.   Déjame tocar sus manos,
         mira que soy su marido.

Don Tello. ¡Celio, Julio! ¡Hola, criados,
         Estos villanos matad!

Feliciana. Hermano, con más piedad:
         mira que no son culpados.

Don Tello. Cuando estuvieran casados,
         fuera mucho atrevimiento.

Celio, Julio y criados.

Don Tello. ¡Matadlos!
Sancho.   Yo soy contento
          de morir y no vivir,
          aunque es tan fuerte el morir.
Elvira. Ni vida ni muerte siento.
Sancho. Escucha, Elvira, mi bien:
          yo me dejaré matar.
Elvira. Yo ya me sabré guardar
          aunque mil muertes me den.
Don Tello ¿Es posible que se estén
          requebrando? ¿Hay tal rigor?
          ¡Ah, Celio, Julio!
Julio.   Señor...
Don Tello. ¡Matadlos a palos!
Celio.   ¡Mueran!
          [*Los criados echan a palos a Nuño y Sancho*

          .   .   .   .   .   .

Nuño.   Hijo, vamos al remedio:
          el Rey, de Castilla, Alfonso,
          por sus valerosos hechos,
          reside agora en León;
          pues si es recto y justiciero,
          parte allá y informarásle
          deste agravio; que sospecho
          que nos ha de hacer justicia.
Sancho. ¡Ay, Nuño! Tengo por cierto
          que el Rey de Castilla, Alfonso,
          es un príncipe perfeto ;
          mas ¿por dónde quieres que entre
          un labrador tan grosero?
          ¿Qué corredor de Palacio
          osará mi atrevimiento
          pisar? ¿Qué portero, Nuño,
          permitirá que entre dentro?
          Allí, a la tela, al brocado,

al grave acompañamiento
abren las puertas, y tienen
razón, que yo lo confieso;
pero a la pobreza, Nuño,
sólo dejan los porteros
que miren las puertas y armas,
y esto ha de ser desde lejos.
Iré a León y entraré
en Palacio, y verás luego
cómo imprimen en mis hombros
de las cuchillas los cuentos.
Pues ¡andar con memoriales
que tome el Rey! ¡Santo y bueno!
Haz cuenta que, de sus manos,
en el olvido cayeron.
Volveréme habiendo visto
las damas y caballeros,
la iglesia, el palacio, el parque,
los edificios, y pienso
que traeré de allá mal gusto
para vivir entre tejos,
robles y encinas, adonde
canta el ave y ladra el perro.
No, Nuño, no aciertas bien.

Nuño. Sancho, yo sé bien si acierto.
Vete a hablar al rey Alfonso;
que si aquí te quedas, pienso
que te han de quitar la vida.

Sancho. Pues eso, Nuño, deseo.

Nuño. Yo tengo un rocín castaño
que apostará con el viento
sus crines contra sus alas,
sus clavos contra su freno.
Parte en él, e irá Pelayo
en aquel pequeño overo
que suele llevar al campo.

Sancho. Por tu gusto te obedezco.
Pelayo, ¿irás tú conmigo
a la corte?

Pelayo.   Y tan contento
            de ver lo que nunca he visto,
            Sancho, que los pies te beso.
            Dícenme acá de la corte,
            que con huevos y torreznos
            empiedran todas las calles,
            y tratan los forasteros
            como si fueran de Italia,
            de Flandes o de Marruecos.
            Dicen que es una talega
            donde junta los trebejos
            para jugar la fortuna,
            tantos blancos como negros.
            Vamos, por Dios, a la corte.
Sancho.   Padre, adiós; partirme quiero:
            échame tu bendición.
Nuño.   Hijo, pues eres discreto,
            habla con ánimo al Rey.
Sancho.   Tú sabrás mi atrevimiento.
            Partamos.
Nuño.   ¡Adiós, mi Sancho!
Sancho.   ¡Adiós, Elvira!
Pelayo.   ¡Adiós, puercos!   [*Vanse*

            .   .   .   .   .   .

*El Rey D. Alfonso VII, el conde D. Pedro,
   D. Enrique y acompañamiento.*

Rey.   Mientras que se apercibe
            mi partida a Toledo, y me responde
            el de Aragón, que vive
            ahora en Zaragoza, sabed, Conde,
            si están ya despachados
            todos los pretendientes y soldados;
            y mirad si hay alguno
            también que quiera hablarme.
Conde.   No ha quedado
            por despachar ninguno.
Don Enrique. Un labrador gallego he visto echado
            a esta puerta, y bien triste.

Rey.   Pues ¿quién a ningún pobre la resiste?
          Id, Enrique de Lara,
          y traedle vos mismo a mi presencia.

                                    [*Vase D. Enrique*

     .   .   .   .   .   .

Don Enrique. Dejad las azagayas.
Sancho.   A la pared, Pelayo, las arrima.
Pelayo.   Con pie derecho vayas.
Sancho.   ¿Cuál es el Rey, señor?
Don Enrique.   Aquel que arrima
          la mano agora al pecho.
Sancho.   Bien puede, de sus obras satisfecho;
          Pelayo, no te asombres.
Pelayo.   Mucho tienen los reyes del invierno,
          que hacen temblar los hombres.
Sancho.   Señor...
Rey.   Habla, sosiega.
Sancho.   Que el gobierno
          de España agora tienes....
Rey.   Dime, quién eres y de dónde vienes.
Sancho.   Dame a besar tu mano,
          porque ennoblezca mi grosera boca,
          príncipe soberano;
          que si mis labios, aunque indignos, toca,
          yo quedaré discreto.
Rey.   ¡Con lágrimas la bañas! ¿A qué efeto?
Sancho.   Mal hicieron mis ojos;
          mas propuso la boca su querella,
          y quieren darla enojos,
          para que, puesta vuestra mano en ella,
          diera justo castigo
          a un hombre poderoso, mi enemigo.
Rey.   Esfuérzate y no llores,
          que aunque en mí la piedad es muy propicia,
          para que no lo ignores,
          también doy atributo a la justicia.
          Di quién te hizo agravio;
          que quien al pobre ofende, nunca es sabio.
Sancho.   Son niños los agravios,
          y son padres los reyes: no te espantes

	que hagan con los labios, en viéndolos, pucheros semejantes.	
Rey.	Discreto me parece:	[*Aparte*
	primero que se queja me enternece.	
Sancho.	Señor, yo soy hidalgo,	

        si bien pobre: mudanzas de fortuna
porque con ellas salgo
desde el calor de mi primera cuna
con este pensamiento,
quise mi igual en justo casamiento;
mas como siempre yerra
quien de su justa obligación se olvida,
al señor desta tierra,
que don Tello de Neira se apellida,
con más llaneza que arte,
pidiéndole licencia, le di parte.
Liberal la concede,
y en las bodas me sirve de padrino;
mas el amor, que puede
obligar al más cuerdo a un desatino,
le ciega y enamora,
señor, de mi querida labradora.
No deja desposarme,
y aquella noche, con armada gente,
la roba, sin dejarme
vida que viva, protección que intente,
fuera de vos y el cielo,
a cuyo tribunal sagrado apelo.
Que habiéndola pedido
con lágrimas su padre y yo, tan fiero,
señor, ha respondido,
que vieron nuestros pechos el acero;
y siendo hidalgos nobles,
nuestros hombros las ramas de los robles.

Rey.	Conde...
Conde.	Señor...
Rey.	Al punto

        tinta y papel. Llegadme aquí una silla.

             [*Siéntase el Rey y escribe*

.   .   .   .   .   .

Rey.   Conde, esa carta cerrad.
         ¿Cómo es tu nombre, buen hombre?
Sancho. Sancho, señor, es mi nombre,
         que a los pies de tu piedad
         pido justicia de quien,
         en su poder confiado,
         a mi mujer me ha quitado,
         y me quitara también
         la vida, si no me huyera.
Rey.   ¿Que es hombre tan poderoso
         en Galicia?
Sancho.   Es tan famoso,
         que desde aquella ribera
         hasta la romana torre
         de Hércules es respetado;
         si está con un hombre airado
         sólo el cielo le socorre.
         Él pone y él quita las leyes;
         que éstas son las condiciones
         de soberbios infanzones
         que están lejos de los reyes.
Conde. La carta está ya cerrada.
Rey.   Sobrescribidla a don Tello
         de Neira.
Sancho.   Del mismo cuello
         me quitas, señor, la espada.
Rey.   Esta carta le darás,
         con que te dará tu esposa.
Sancho. De tu mano generosa,
         ¿Hay favor que llegue a más?
Rey.   ¿Viniste a pie?
Sancho.   No, señor;
         que en dos rocines vinimos
         Pelayo y yo.
Pelayo.   Y los corrimos
         como el viento, y aun mejor.
         Verdad es que tiene el mío
         unas mañas no muy buenas:
         déjase subir apenas,

	échase en arena o río,

échase en arena o río,
corre como un maldiciente,
come más que un estudiante,
y en viendo un mesón delante,
o se entra o se para enfrente.

Rey. Buen hombre sois.

Pelayo.   Soy, en fin,
quien por vos su patria deja.

Rey. ¿Tenéis vos alguna queja?

Pelayo. Sí, señor, deste rocín.

Rey. Digo que os cause cuidado.

Pelayo. Hambre tengo: si hay cocina
por acá...

Rey.   ¿Nada os inclina
de cuanto aquí veis colgado,
que a vuestra casa lleváis?

Pelayo. No hay allá donde ponello:
enviádselo a don Tello,
que tien desto cuatro o seis.

Rey. ¡Qué gracioso labrador!
¿Qué sois allá en vuestra tierra?

Pelayo. Señor, ando por la sierra,
cochero soy del señor.

Rey. ¿Coches hay allá?

Pelayo.   Que no;
soy quien guardo los cochinos.

Rey. ¡Qué dos hombres peregrinos   [*Aparte*
aquella tierra juntó,
aquél con tal discreción,
y éste con tanta ignorancia!
Tomad vos.   [*Dale un bolsillo*

Pelayo.   No es de importancia.

Rey. Tomadlos, doblones son.
     (*a Sancho*)
          Y vos, la carta tomad,
e id en buen hora.

Sancho.   Los cielos
te guarden.

[*Vanse el Rey, el Conde, D. Enrique y el acompañamiento*
     .   .   .   .

·   ·   ·   ·   ·   ·

Sancho.   Emperador soberano,
            invicto Rey de Castilla,
            déjame besar el suelo
            de tus pies, que por almohada
            han de tener a Granada
            presto con favor del cielo,
            y por alfombra a Sevilla,
            sirviéndoles de colores
            las naves y varias flores
            de su siempre hermosa orilla.
            ¿Conócesme?
Rey.   Pienso que eres
            un gallego labrador
            que aquí me pidió favor.
Sancho.   Yo soy, señor.
Rey.   No te alteres.
Sancho.   Señor, mucho me ha pesado
            de volver tan atrevido
            a darte enojos; no ha sido
            posible haberlo excusado.
            Pero si yo soy villano
            en la porfía, señor,
            tu serás emperador,
            tu serás César romano,
            para perdonar a quien
            pide a tu clemencia Real
            justicia.
Rey.   Dime tu mal,
            y advierte que te oigo bien;
            porque el pobre para mí
            tiene cartas de favor.
Sancho.   La tuya, invicto señor,
            a Tello en Galicia dí,
            para que, como era justo,
            me diese mi prenda amada.
            Leída y no respetada,
            causóle mortal disgusto;
            y no sólo no volvió,

señor, la prenda que digo,
pero con nuevo castigo
el porte della me dió;
que a mí y a este labrador
nos trataron de tal suerte,
que fué escapar de la muerte
dicha y milagro, señor.
Hice algunas diligencias
por no volver a cansarte;
pero ninguna fué parte
a mover sus resistencias.

  . . . . . .

Rey. Carta de mi mano escrita...
mas, qué ¿debió de rompella?

Sancho. Aunque por moverte a ira
dijera de sí algún sabio,
no quiera Dios que mi agravio
te indigne con la mentira.
Leyóla y no la rompió;
mas miento, que fué rompella
leella y no hacer por ella
lo que su Rey le mandó.
En una tabla su ley
escribió Dios; ¿no es quebrar
la tabla el no la guardar?
así es mandato de rey;
porque para que se crea
que es infiel, se entiende así;
que lo que se rompe allí,
basta que el respeto sea.

Rey. No es posible que no tengas
buena sangre, aunque te afligen
trabajos, y que de origen
de nobles personas vengas,
como muestra tu buen modo
de hablar y de proceder.
Ahora bien, yo he de poner
de una vez remedio en todo.
Conde....

Conde.   Gran señor....

Rey.   Enrique...
Don Enrique. Señor...
Rey.   Yo he de ir a Galicia,
          que me importa hacer justicia....
          Y aquesto no se publique.
Conde.   Señor...
Rey.   ¿Qué me replicáis?
          Poned del Parque a las puertas
          las postas.
Conde.   Pienso que abiertas
          al vulgo se las dejáis.
Rey.   Pues ¿cómo lo han de saber,
          si enfermo dicen que estoy
          los de mi cámara?
Don Enrique.   Soy
          de contrario parecer.
Rey.   Ésta es ya resolución:
          no me repliquéis.
Conde.   Pues sea
          de aquí a dos días, y vea
          Castilla la prevención
          de vuestra melancolía.
Rey.   Labradores...
Sancho.   Gran señor...
Rey.   Ofendido del rigor,
          de la violencia y porfía
          de don Tello, yo en persona
          le tengo de castigar.
Sancho.   ¡Vos, señor! Sería humillar
          al suelo vuestra corona.
Rey (a Sancho). Id delante, y prevenid
          de vuestro suegro la casa,
          sin decirle lo que pasa,
          ni a hombre humano, y advertid
          que esto es pena de la vida.
Sancho.   Pues ¿Quién ha de hablar, señor?
Rey (a Pelayo). Escuchad vos, labrador:
          aunque todo el mundo os pida
          que digáis quién soy, decid
          que un hidalgo castellano,

	puesta en la boca la mano

           puesta en la boca la mano
           desta manera... advertid...
           Porque no habéis de quitar
           de los labios los dos dedos.
Pelayo. Señor, los tendré tan quedos,
           que no osaré bostezar.
           Pero su merced, mirando
           con piedad mi suficiencia,
           me ha de dar una licencia
           de comer de cuando en cuando.
Rey.   No se entiende que has de estar
           siempre la mano en la boca.
Sancho. Señor, mirad que no os toca
           tanto mi bajeza honrar.
           Enviad, que es justa ley,
           para que haga justicia,
           algún alcalde a Galicia.
Rey.   *El mejor alcalde, el Rey.*   [*Vanse*

           ·   ·   ·   ·   ·   ·

Sancho.   ¡Señor mío!
Nuño.   Hijo, ¿cómo vienes?
Sancho.   Vengo
           más contento a tu servicio.
Nuño.   ¿De qué vienes más contento?
Sancho. Traigo un gran pesquisidor.
Pelayo. Un pesquisidor traemos,
           que tiene...
Sancho.   Advierte, Pelayo...
Pelayo. Olvidéme de los dedos   [*Aparte*
Nuño.   ¿Viene gran gente con él?
Sancho. Dos hombres.
Nuño.   Pues yo te ruego,
           hijo, que no intentes nada,
           que será vano tu intento;
           que un poderoso en su tierra,
           con armas, gente y dinero,
           o ha de torcer la justicia,
           o alguna noche, durmiendo
           matarnos en nuestra casa.

Pelayo.   ¿Matar? ¡O, qué bueno es eso!
           ¿Nunca habéis jugado al triunfo?
           Haced cuenta que don Tello
           ha metido la malilla;
           pues la espadilla traemos.
Sancho.   Pelayo, ¿tenéis juicio?
Pelayo.   Olvidéme de los dedos.   [*Aparte*
Sancho.   Lo que habéis de hacer, señor,
           es prevenir aposento,
           porque es hombre muy honrado.
Pelayo.   Y tan honrado, que puedo
           decir...
Sancho.   ¡Vive Dios, villano!
Pelayo.   Olvidéme de los dedos.   [*Aparte*
           Que no hablaré más palabra.
Nuño.   Hijo, descansa; que pienso
           que te ha de costar la vida
           tu amoroso pensamiento.
Sancho.   Antes voy a ver la torre
           donde mi Elvira se ha puesto;
           que, como el sol deja sombra,
           podrá ser que de su cuerpo
           haya quedado en la reja;
           y si, como el sol traspuesto,
           no la ha dejado, yo sé
           que podrá formarla luego
           mi propia imaginación.   [*Vase*

           ·   ·   ·   ·   ·   ·

*El Rey, el Conde, D. Enrique y Sancho, que aparecen
           al otro lado de la verja.*

Rey.   Entrad y haced lo que digo.
Celio.   ¿Qué gente es ésta?
Rey.   Llamad.

*Llaman: abre un criado, y pasan al patio el Rey,
el Conde, D. Enrique y Sancho.*

Sancho.   Éste, Señor, es criado
              de don Tello.
Rey.   ¡Ah, hidalgo! Oíd.
Celio.   ¿Qué me queréis?
Rey.   Advertid
              A don Tello que he llegado
              de Castilla, y quiero hablalle.
Celio.   Y ¿quien diré que sois?
Rey.   Yo.
Celio.   ¿No tenéis más nombre?
Rey.   No.
Celio.   ¡*Yo* no más, y con buen talle!
              ¡Puesto me habéis en cuidado!
              Yo voy a decir que *Yo*
              Está a la puerta.   [*Vase*
Enrique.   Ya entró.
Conde.   Temo que responda airado,
              y era mejor declararte.
Rey.   No era, porque su miedo
              le dirá que sólo puedo
              llamarme *Yo* en esta parte.   [*Vuelve Celio*
Celio.   A don Tello, mi señor,
              dije cómo *Yo* os llamáis,
              y me dice que os volváis,
              que él solo es *Yo* por rigor;
              que quien dijo *Yo*, por ley
              justa del cielo y del suelo,
              es sólo Dios en el cielo,
              y en el suelo sólo el Rey.
Rey.   Pues un alcalde decid
              de su casa y corte.
Celio (túrbase).   Iré,
              y ese nombre le diré.
Rey.   En lo que os digo advertid.   [*Vase Celio*
Conde.   Parece que el escudero
              se ha turbado.

Enrique. El nombre ha sido
la causa.
Sancho. Nuño ha venido;
licencia, señor, espero
para que llegue, si es gusto
vuestro.
Rey. Llegue, porque sea
en todo lo que desea
parte, de lo que es tan justo,
como del pesar lo ha sido.

Nuño, Pelayo, Juana y villanos, fuera de la verja.

Sancho. Llegad, Nuño, y desde afuera
mirad.
Nuño. Sólo ver me altera
la cara deste atrevido.
Estad todos con silencio.
Juana. Hable Pelayo, que es loco.
Pelayo. Vosotros veréis cuán poco
de un mármol me diferencio.
Nuño. ¡Que con dos hombres no más
viniese! ¡Extraño valor!

Don Tello, Feliciana y criados.

Feliciana. Mira lo que haces, señor...
tente, hermano, ¿dónde vas?
Don Tello (al Rey). ¿Sois por dicha, hidalgo, vos
el Alcalde de Castilla
que me busca?
Rey. ¿Es maravilla?
Don Tello. Y no pequeña, ¡por Dios!
Si sabéis quién soy aquí.
Rey. Pues ¿qué diferencia tiene
del Rey, quien en nombre viene
suyo?
Don Tello. Mucha contra mí.
Y vos, ¿adónde traéis
la vara?

Rey.   En la vaina está,
          de donde presto saldrá,
          y lo que pasa veréis.
Don Tello. ¿Vara en la vaina? ¡Oh, qué bien!
          No debéis de conocerme.
          Si el Rey no viene a prenderme,
          no hay en todo el mundo quién.
Rey.   ¡Pues yo soy el Rey, villano!
Pelayo.   ¡Santo Domingo de Silos!
Don Tello. Pues, señor, ¡tales estilos
          tiene el poder castellano!
          ¡Vos mismo! ¡Vos en persona!
          Que me perdonéis os ruego.
Rey.   Quitadle las armas luego.

Desarman a D. Tello: pasan la verja Nuño y los villanos.

          Villano, ¡por mi corona,
          que os he de hacer respetar
          las cartas del Rey!
Feliciana.   Señor,
          que cese tanto rigor
          os ruego.
Rey.   No hay que rogar.
          Venga luego la mujer.
          deste pobre labrador.   [*Vase un criado*
Don Tello. No fué su mujer, señor.
Rey.   Basta que lo quiso ser.
          Y ¿no está su padre aquí,
          que ante mí se ha querellado?
Don Tello. Mi justa muerte ha llegado.   [*Aparte*
          A Dios y al Rey ofendí.

          ·   ·   ·   ·   ·   ·

DIEGO DE HOJEDA

1570?—1615

DIEGO DE HOJEDA, a Sevillan, became a Dominican friar in 1591 and later prior of the monastery of Lima. He was deprived of this office and sent as a simple friar to Cuzco where he had been prior the year before. In 1611 he published *La Christiada*, a religious poem which will sustain comparison with Klopstock's *Messias*. Hojeda has little dramatic instinct and less natural feeling for style, so that in spite of certain passages of a stirring melody, his work has fallen into neglect.

LA CRISTIADA

Hay en el centro obscuro del averno
una casa de estigio mar cercada,
donde el monstruo mayor del crudo infierno
perpetua tiene su infeliz morada:
aquí las ondas con bramido eterno
la región ensordecen condenada,
y denegrido humo y gruesas nieblas
ciegas le infunden y hórridas tinieblas.

El edificio de rebelde acero
sobre una inculta roca se levanta,
y en su puerta mayor el Cancerbero
con tres en una voz la noche espanta:
Aleto, hija atroz del Orco fiero,
que de culebras ciñe su garganta,
con sus hermanas dos siempre despiertas,
ocupan las demás guardadas puertas.

Y dentro, en una silla pavorosa,
que unos dragones forman enroscados,
de dura piel y escama ponzoñosa,
con sus colas y cuellos enlazados,
se asienta la Impiedad, madre espantosa
de hijos mil, gravísimos pecados,
mirando al cielo con torcidos ojos,
y fulminando contra Dios enojos.

De hierro toda y de furor vestida,
cien espadas esgrime con cien manos,
y contra el mismo Ser que nos da vida
cien dardos vibra, pero todos vanos:
tiene a sus pies la bárbara homicida
de padres y de hijos y de hermanos,
cuerpos sin almas, bultos sin cabezas,
y cien mil corazones hechos piezas.

Repúblicas enteras destrozadas,
y destrozados ínclitos imperios:
ellas están entre sus pies holladas,
y ellos vueltos en viles vituperios:
conservan las paredes mal grabadas
en duros bronces hórridos misterios
de agravios, que celebra por victorias,
y hombres impios fingieron impias glorias.

Los ángeles allí desembrazando
armas se ven de osados pensamientos,
y contra Dios banderas tremolando
de vanos y pomposos ardimientos:
Nembrot, su enhiesta torre levantando,
robusto ultraje de enemigos vientos,
con arrogante pie por ella sube,
y atrás deja la más soberbia nube.

· · · · · ·

Y destos, y de llamas tenebrosas
en verdad y en dibujo rodeada,
y en lagunas de sangre caudalosas
hasta los duros pechos anegada;
y peinando las hebras ponzoñosas
de su frente, de víboras crinada,
estaba, cuando vino a su aposento
el rey atroz del infernal tormento.

Éste advertido había sagazmente
del Dios humano los azotes fieros,
y el pecho ilustre y ánimo paciente
en castigos tan viles y severos;

la poca fuerza de su obscura gente,
y botos ya y gastados sus aceros
en aquel muro de diamantes fino,
a quien da fortaleza el Ser divino.

Temió de acometer segunda empresa,
si bien acometerla deseaba;
mas el odio feroz, que en él no cesa,
de nuevo le encendió la mente brava:
buscó favor, cobarde, y vino apriesa,
y aquí pensó hallar lo que buscaba;
que solamente la Impiedad podía
acabar contra Dios lo que él pedía.

ALONSO DE AZEVEDO

ALONSO DE AZEVEDO was a canon of Plasencia, his birthplace. Later he went to Rome and published there in 1615 his *Creacion del Mundo*, founded partly on Du Bartas's *La Sepmaine* and partly on Tasso's *Il mondo creato*. There is little scope for originality in the subject itself, but the author has redeemed a worn theme by the vigour of his phraseology and his powers of picturesque description.

DE LA CREACIÓN DEL MUNDO

Cual la viuda que con negro manto
toda se cubre, y para más enojos
con los suspiros del continuo llanto
saca agua de las nubes de sus ojos;
pero olvidada del funesto canto,
vistiéndose después ricos despojos,
y compuesta de joyas con grande arte,
risueña a las segundas bodas parte;

deste modo la esfera seca y dura,
que se mostró con pálidos colores,
cubrió el cuerpo después con vestidura
recamada de yerbas y de flores;
y a trechos esmaltando en la verdura
diversas plantas grandes y menores,
las madejas pintadas y frondosas
rodeó con guirnaldas olorosas.

Y por cumplir de Dios las leyes ciertas,
los bosques y las selvas extendieron
las cumbres acopadas y cubiertas
con verde ornato, de que se vistieron;
y de repente en las montañas yertas
varias hileras de árboles se vieron,
que con primor diversas formas hechos,
adornan templos y reales techos.

El alto pino con airoso brío
en pie se puso y extendió la coma,
que varado en el mar hecho navío,
resistiendo a las ondas su ira doma;
y con el Bóreas entra en desafío,
cuando más fiero por el Norte asoma:
el chopo enderezó su amena alteza,
escondiendo en el aire la cabeza.

Haciendo opaca sombra el avellano,
en ancho los frondosos brazos tiende;
las plateadas hojas el manzano,
las ramas el espeso fresno extiende;
el fuerte roble, que del hielo insano
y vientos enojados se defiende,
hace demostración con vista fiera
de la espantosa y tosca cabellera.

El árbol, que las sienes levantadas,
según es fama, coronó de Alcides,
muestra de blanco y negro señaladas
las hojas respetadas en las lides;
y las varas del sauce acomodadas
para ligar las amorosas vides,
nacen, significando con los brazos
los vínculos de Dios y estrechos lazos.

Seguro de las llamas vengadoras
y de las nieves del invierno helado,
coronas a las sienes vencedoras
ofrece el lauro a Febo consagrado;

el cedro de las tarmas roedoras
exempto, sobre todos encumbrado,
suave olor de la una y otra rama,
de quien huyen los áspides, derrama.

Las quietas hojas extendió la oliva,
con inmortal esmalte matizadas,
a quien jamás el duro tiempo priva
del don hermoso de que son dotadas;
ni cuando el Bóreas con rigor derriba
las cimas de las selvas acopadas,
ni cuando aumenta el sol la rabia fiera
del Nemeo león desde su esfera.

Las tristes y funestas guerras doma,
y así, cuando hacer paces pretendía
con su enemigo la famosa Roma,
su blanco y verde ornato le ofrecía,
cuya excelencia muestra la paloma
cuando llevó a Noé y su compañía
desta planta el despojo deseado,
en señal de que Dios se había aplacado.

ALONSO LÓPEZ (EL PINCIANO)

d. 1627

ALONSO LOPEZ, who is more usually known under the name of Lopez Pinciano from the old form, *Pincia*, of Valladolid, his birthplace, was a doctor by profession. He published *El Pelayo* in 1605; this, in spite of its tardy publication, was really a juvenile work, but previously in 1596 appeared his *Philosophia antigua poetica*, which is a commentary in the form of a conversation on Aristotle. Lopez Pinciano was an ardent partisan of the classical tradition and inimical to the new movement initiated by Lope de Vega. In spite of the little influence he exercised, he has literary merit and his style, with its slightly archaic savour, harmonises well with the doctrines he expounds.

FILOSOFÍA ANTIGUA POÉTICA

Fadrique dijo entonces sonriendo: El Señor Hugo es un gran traidor que habiéndole favorecido en sus cosas antes, agora se ha puesto al bando contrario, pues yo espero que será de mi parte, y volveremos los dos contra el Pinciano, nuestro amigo común. Y sin ser yo Apolo, ni aun Edipo, desataré este ñudo tan intrincado. Y porque entendáis que he pasado por esos lugares digo, que Platón en el Nono de *República* dice que la Poética alborota y inquieta los ánimos de los hombres, y en el Décimo que es fullera y mentirosa y que dista de la verdad tres grados, y quiere y es su última voluntad y postrimera que, así por alborotadora como por embaucadora, salga de su santísima república. ¿Así no lo dice?

— Sí: dijo Hugo, y poniendo por ejemplo a un lecho, del cual dice, que el primero principal y verdadero autor es Dios, el segundo el carpintero, y el tercero el pintor que le pinta. Así que, el pintor dista tres grados de la verdad, lo cual hace el poeta como el pintor, porque la pintura es poesía muda, y la poesía pintura que habla; y pintores y poetas siempre andan hermanados, como artífices que tienen una misma arte.

Aquí dijo el Pinciano: — Pues ¿por qué, si por hacer cosa tercera de la verdad destierran a los poetas, no azotan a los pintores? los cuales de una imagen sacan otra, y de otra otra, hasta llegar a ciento, y otros tantos dista la última imagen de la verdadera y natural figura.

Fadrique respondió: — Los pintores no alborotan tanto los ánimos de los hombres como los poetas; por eso no son tan culpados acerca de Platón. Así que, aunque mienten, mienten sin daño tanto; pero un poeta que con una ficción que jamás pasó, y tan distante de la verdad, alborote los ánimos de los hombres, y que unas veces los haga reír de manera que se descompongan, y otras llorar, de suerte que les lastime el corazón y le perturben tanto, esto es, acerca de Platón, malo.

El Pinciano dijo entonces: — Y aun acerca de mí lo es también. Y en prueba de la opinión de Platón y mía, si no os enfada, contaré un caso que me aconteció los días pasados con un amigo mío, nombre Valerio, el cual y yo fuimos convidados cuatro leguas de nuestra casa a una boda: caminamos juntos, llegamos juntos y juntos fuimos recibidos muy bien. Al ponerse el sol, poco después nos sentamos a la tabla con los desposados y padres dellos, más de veinte personas que a la fiesta habíamos sido convidados. Alzados los manteles, mi compañero se alzó también y demandó luz para irse a la posada, y no le consintiendo salir de casa, le pusieron en un aposento honestamente aderezado, y adonde él me esperaba, aunque en diferente lecho. Valerio se fué a reposar, el cual, luego que fué dentro de la cama, pidió un libro para leer, porque tenía costumbre de llamar al sueño con alguna lectura; el libro se le fué dado, y él quedó leyendo mientras los demás estábamos en una espaciosa sala pasando el tiempo, agora con bailes, agora con danzas, agora con juegos honestos y deleitosos; al medio estaba nuestro regocijo, cuando entró por la sala una dueña que de turbada no acertaba a decir lo que quería y después dijo que Valerio era difunto; y yo me alboroté como era razón y los demás, así galanes como damas, que a gran priesa desembarazaban la sala y llenaban los corredores, y deseando cada uno ser el primero que al muerto resucitase, tropezamos unos con otros y caímos de manera los hombres y mujeres que, a no ir tan turbados, diéramos que reír. En suma, yo llegué antes y hallé a mi compañero como que había vuelto de un hondo desmayo; la causa le pregunté y qué había sentido? Él me respondió: Nada, señor, estaba leyendo en Amadís la nueva que de su muerte trujo Archelausa, y dióme tanta pena, que se me salieron las lágrimas: no sé lo que más pasó que yo no lo he sentido. La dueña dijo entonces: Tan muerto estaba como mi abuelo; que yo le llamé y le puse la uña del pulgar entre uña y carne del suyo; no sintió más que un muerto. Porque el caso no fuese entendido dije en alta voz: No es nada, señores, un desmayuelo es que le suele tomar otras veces al señor Valerio; y diciendo yo que convenía dejalle reposar solo en su aposento, al tiempo de mi salida dijo la dueña embajadora: Señor, por amor de Dios, que saque consigo aquel caballero que hizo el daño con su muerte que, si acierta a resucitar; no será mucho que traiga otro desmayo de gozo, como antes le trujo de pesar. Yo disimulé y pareciéndome decía bien la mujer, lleno de una secreta risa, saqué el libro de Amadís conmigo.

Este es el caso del cual se puede colegir fácilmente cuánto daño traigan consigo esas ficciones, pues no sólo alborotó la de Amadís al lector Valerio, mas a toda la gente que a la boda fué llamada y convidada.

"TIRSO DE MOLINA"
1571?—1648

Fray Gabriel Téllez, whose pseudonym *Tirso de Molina* has completely
superseded his birthname, was born in Madrid. He is said to have studied
at the University of Alcalá de Henares and to have professed in the order of
La Merced in 1601. In 1615 he went as missioner to Santo Domingo and was
named *definidor general* of Guadalajara, a title now extinct. In 1620 we find
him in Madrid, dedicating to Lope his play *La Villana de Vallecas*. The
relations, however, between the two great dramatists were never close.
Five years later he was appointed head of the monastery of Trujillo, a post
which he only occupied a few months. In 1632 he was named chronicler
of his order and then *definidor* of the province of Castile. In 1648 he died at
the monastery of Soria, of which he had been appointed superior three years
previously.

His plays were published in five parts in irregular sequence in the years
1627, 1634–1636, the third part anticipating the second by a year. The first
volume of his works, entitled *Cigarrales de Toledo* is a collection of short stories
and verse which contains also three plays, *Como han de ser los amigos, El
celoso prudente* and *El Vergonzoso en Palacio*. But the play on which Tirso
de Molina's fame rests as the creator of the type Don Juan is *El Burlador de
Sevilla y Combidado de Piedra*. Although there have been various re-incarna-
tions of the type, none imposes itself so strongly as Tirso de Molina's.

It is perhaps in tragedies and in historical plays that Tirso de Molina
manifests his most marked aptitude; his skilled portraiture of women—as
for instance Doña Molina in *La Prudencia en la Muger*—is unsurpassed, but
he shows a lighter vein in such plays as *Don Gil de las calzas verdes, Marta la
Piadosa* and *La Villana de Vallecas*.

Tirso de Molina is a great artist; unlike Calderón, he is interested in the
development of character and excels in humour, power and force.

LA PRUDENCIA EN LA MUJER

Don Juan (aparte).   Alegre espero
del Rey la agradable muerte.
¿Si habrá el veneno mortal
asegurado mi suerte?
¡Oh corona! ¡oh trono real!
¿Cuándo tengo de poseerte?

Reina.   Primo.

Don Juan.   Señora.

Reina.   Bien sé
que desde que os redujistes
a vuestro rev, y volvistes

por vuestra lealtad y fe,
a saber que algún rico hombre
a su corona aspirara,
y darle muerte intentara
a costa de un traidor nombre,
que pusiérades por él
vida y hacienda.

Don Juan.   Es así.
(¿Si dice aquesto por mí?)   [*Aparte*
Creed de mi pecho fiel,
gran señora, que prefiero
la vida, el ser y el honor
por el Rey nuestro señor.
Pero el propósito espero
a que me habléis desa suerte.

Reina.   Solos estamos los dos:
fiarme quiero de vos.

Don Juan (aparte). Angustias siento de muerte.

Reina.   Sabed que un grande, y tan grande
como vos...— ¿De qué os turbáis?

Don Juan. Témome que ocasionáis
que algún traidor se desmande
contra mí, y descomponerme
con vuestra Alteza procure.

Reina.   No hay contra vos quien murmure,
que el leal seguro duerme.
Digo, pues, que un grande intenta
(y por su honra el nombre callo)
subir a rey de vasallo,
y sus culpas acrecienta.
Quisiérale reducir
por algún medio discreto,
y porque tendréis secreto,
con vos le intento escribir;
que por querelle bien vos
mejor le reduciréis.

Don Juan. ¿Yo bien?

Reina.   Tan bien le queréis
como a vos mismo.

Don Juan.   Por Dios
          que el corazón me sacara
          a mí mismo, si supiera
          que en él tal traición cupiera.
Reina.   Eso, primo, es cosa clara;
          que a no teneros por tal,
          no os descubriera su pecho.
          El mío está satisfecho
          de si sois o no leal.
          Aquí hay recado: escribid.
Don Juan (aparte). ¿Qué enigmas, cielos, son éstas?
          ¡Ay, reino, lo que me cuestas!
Reina.   Tomad la pluma.
Don Juan.   Decid.
Reina.   Infante...
Don Juan.   Señora...
Reina.   Digo
          que así, *Infante*, escribáis.
Don Juan. Si por *infante* empezáis,
          claro está que habláis conmigo,
          pues si Don Enrique no,
          no hay en Castilla otro infante.
          Algún privado arrogante
          mi nobleza desdoró;
          y mentirá el desleal
          que me impute tal traición.
Reina.   ¿No hay infantes de Aragón,
          de Navarra y Portugal?
          ¿De qué escribiros servía
          estando juntos los dos?
          Haced más caso de vos.
Don Juan (aparte). ¡Qué traidor no desconfía!
     [*Paseándose la Reina, va dictando y Don Juan escribe*
Reina.   *Infante; como un rey tiene*
          dos ángeles en su guarda,
          poco en saber quién es tarda
          el que a hacelle traición viene.
          Vuestra ambición se refrene;
          que se acabará algún día

la noble paciencia mía;
y os cortará mi aspereza
esperanzas y cabeza.
La reina doña María.
Leedme agora el papel;
que no es de importancia poca,
y por la parte que os toca,
advertid, Infante, en él.   *[Léele Don Juan*
Cerralde y dalde después.

Don Juan. ¿A quién? Que sabello intento.
Reina.   Él que está en ese aposento
os dirá para quién es.   *[Vase*
Don Juan. "¡El que está en ese aposento
os dirá para quién es!"
Misterios me habla, despúes
que matar al Rey intento.
¡Escribe el papel conmigo,
y remite a otro el decirme
para quién es! Prevenirme
intenta con el castigo.
¿Si hay aquí gente cerrada,
para matarme en secreto?
Ea, temor indiscreto,
averiguad con la espada
la verdad desta sospecha.

          *[Saca la espada, abre la puerta del fondo
            y descubre al judío muerto con el vaso
            en la mano*

¡Ay cielo! mi daño es cierto:
el doctor está aquí muerto
y la esperanza deshecha
que en su veneno estribó.
Todo la Reina lo sabe;
que en un vil pecho no cabe
el secreto. Él le contó
la determinación loca
de mi intento depravado.
El veneno que ha quedado
he de aplicar a la boca.   *[Toma el vaso*

Pagaré ansí mi delito,
pues que colijo de aquí,
que sois, papel, para mí,
siendo un muerto el sobrescrito.
Si deste vano interés
duda vuestro pensamiento,
"El que está en este aposento,
os dirá para quién es."
Mudo dice que yo soy;
muerto está por desleal;
¡Quien fué en la traicion igual,
séalo en la muerte hoy!
Que por no ver la presencia
de quien ofendí otra vez,
a un tiempo verdugo y juez
he de ser de mi sentencia.

[*Quiere beber, sale la Reina, y quítale el vaso*

Reina.   Primo, Infante, ¿estáis en vos?
Tened la bárbara mano.
¿Vos sois noble? ¿vos cristiano?
Don Juan, ¿vos teméis a Dios?
¿Qué frenesí, qué locura
os mueve a desesperaros?

Don Juan. Si no hay para aseguraros
satisfacción más segura
sino es con que muerto quede;
quiero ponerlo por obra,
que quien mala fama cobra,
tarde restauralla puede.

Reina.   Vos no la perdéis conmigo;
ni aunque desleal os llame,
un hebreo vil e infame,
que no vale por testigo,
le he de dar crédito yo.
Él fué quien dar muerte quiso
al Rey. Tuve dello aviso,
y aunque la culpa os echó,
ni sus engaños creí,
ni a vos, Don Juan, noble primo,

menos que antes os estimo.
El papel que os escribí,
es para daros noticia
de que en cualquier yerro o falta
ve mucho, por ser tan alta,
la vara de la justicia;
y lo que su honra daña
quien fieles amigos deja,
con traidores se aconseja,
y a rüines acompaña.
De la amistad de un judío
¿Qué podía resultaros,
sino es, Infante, imputaros
tal traición, tal desvarío?
Escarmentad, primo, en él,
mientras que seguro os dejo;
y si estimáis mi consejo,
guardad mucho ese papel,
porque contra la ambición
sirva, si acaso os inquieta,
a la lealtad de receta,
de epítima al corazón;...
que siendo contra el honor
la traición mortal veneno,
no hay antídoto tan bueno,
Infante, como el temor.

Don Juan. No tengo lengua, señora,
para ensalzar al presente
la prudencia que en vos...

Reina.   Gente
viene: dejad eso agora.

FRANCISCO GÓMEZ DE QUEVEDO Y VILLEGAS

1580—1645

QUEVEDO had a brilliant university career at Alcalá de Henares and Valladolid. He was equally skilful with sword and pen, and his interference in the case of a lady led in 1611 to his wounding her insulter and having to flee to Sicily. Shortly after he was made Minister of Finance in Naples under the third duke of Osuna (1574–1624). He took part in the Venetian Conspiracy and, disguised as a beggar, escaped from hired assassins. On Osuna's fall, Quevedo was exiled to his estate at the Torre de Juan Abad, whence he was recalled to be secretary to the King—a purely nominal post. In 1630 he suffered exile again for opposing the selection of Santa Teresa as patron-saint of Spain with Santiago. His independent spirit, seen in the celebrated lines—

> " ¿No ha de haber un espíritu valiente?
> ¿Siempre se ha de sentir lo que se dice?
> ¿Nunca se ha de decir lo que se siente? "

brooked no patronage which was intended to buy his silence. He refused the post of ambassador at Genoa offered him by Olivares, who was so incensed by verses, apparently by Quevedo, found on the King's plate, urging him to dismiss his incompetent ministers, that Quevedo was imprisoned by order of Olivares in San Marcos de León. He was not released until Olivares's fall in 1643; his health, never very strong, was much undermined by his damp cell, and he died two years later. In his *Historia de la vida del Buscon o El gran Tacaño* he gives us the adventures of Pablos, a *pícaro*. The story is told with a cold cynicism, a deliberate emphasis on gross details that render the book repulsive, whilst its bitter sarcasm and ingenious trickeries enhance its extraordinary cleverness. In *Los Sueños*, of which there were originally five, we see Quevedo at his best. The *Sueños* are again informed with his misanthropical humour and his sceptical spirit, but the satire is brilliant and never flags. The book proves very difficult reading, both in matter and language, for Quevedo's style has suffered from his addiction to *conceptismo*, which he adopted in his contempt for the masses. Of his verse, the *letrilla* beginning *Poderoso caballero es don Dinero* is perhaps the best known piece, or the powerful diatribe to the Conde-Duque de Olivares—"No he de callar...." Quevedo's versatility was probably his undoing: he was tempted to try too many things and although eminent in all, he was supreme in none.

HISTORIA DE LA VIDA DEL BUSCON

De como fuy a vn Pupilage por criado de don Diego Coronel.

Determinò, pues, don Alonso de poner a su hijo en Pupilage: lo vno por apartarle de su regalo, y lo otro por ahorrar de cuydado.

Supo que auia en Segouia vn Licenciado Cabra que tenia por oficio de criar hijos de Caualleros, y embió allá el suyo, y a mi para que le acompañasse y siruiesse. Entramos primer Domingo despues de Quaresma en poder de la hambre biua, porque tal lazeria no admite encarecimiento. El era vn Clerigo cerbatana, largo solo en el talle; vna cabeça pequeña, pelo bermejo (no ay mas que dezir para quien sabe el refran que dize: ni gato ni perro de aquella color); los ojos, auezinados en el cogote, que parecia que miraua por cueuanos, tan hundidos y escuros, que era buen sitio el suyo para tiendas de mercaderes; la nariz, entre Roma y Francia, porque se le auia comido de vnas buas de resfriado (que aun no fueron de vicio, porque cuestan dinero); las baruas, descoloridas de miedo de la boca vezina, que, de pura hambre, parecia que amenazaua a comerselas; los dientes, le faltauan no sè quantos, y pienso que por holgazanes y vagamundos se los auian desterrado; el gaznate, largo como de auestruz, con vna nuez tan salida, que parecia se yua a buscar de comer, forçada de la necessidad; los braços, secos; las manos, como vn manojo de sarmientos cada vna; mirado de medio abaxo, parecia tenedor o compas, con dos piernas largas y flacas, su andar muy espacio; si se descomponia algo, le sonauan los güessos como tablillas de san Lazaro; la habla etica; la barua grande, que nunca se la cortaua por no gastar, y el dezia que era tanto el asco que le daua ver las manos del Baruero por su cara, que antes se dexaria matar que tal permitiesse; cortauale los cabellos vn muchacho de los otros. Traya vn bonete los dias de Sol, ratonado con mil gateras, y guarniciones de grassa; era de cosa que fue paño, con los fondos de caspa. La sotana, segun dezian algunos, era milagrosa, porque no se sabia de que color era; vnos, viendola tan sin pelo, la tenian por de cuero de rana, otros dezian que era ilusion; desde cerca parecia negra, y desde lexos entre azul; lleuauala sin ciñidor. No traya cuello ni puños; parecia, con los cabellos largos y la sotana misera y corta, lacayuelo de la muerte. Cada çapato podia ser tumba de vn Filisteo. Pues su aposento? aun arañas no auia en el; conjuraua los ratones, de miedo que no le royessen algunos mendrugos que guardaua; la cama tenia en el suelo, y dormia siempre de vn lado por no gastar las sabanas. Al fin era archipobre y protomiseria.

A poder, pues, deste vine, y en su poder estuue con D. Diego, y la noche que llegamos nos señaló nuestro aposento, y nos hizo vna platica corta, que, por no gastar tiempo, no durò mas; dixonos lo que auiamos de hazer; estuuimos ocupados en esto hasta la hora del comer. Fuymos allà; comian los amos primero, y seruiamos los criados; el refitorio era vn aposento como vn medio celemin: sentauanse a vna mesa hasta cinco Caualleros. Yo mirè lo primero por los gatos, y como no los vi, preguntè que como no los auia a vn criado antiguo, el qual, de flaco, estaua ya con la marca del Pupilage; començò a enternecerse, y dixo: "Como gatos? Pues quien os ha dicho a vos que los gatos son amigos de ayunos y penitencias? En lo gordo se os echa de ver que soys nueuo." Yo con esto me comencè a afligir, y mas me sustè quando aduerti que todos los que de antes biuian en el Pupilage estauan como leznas, con vnas caras que parecian se afeytauan con dia-quilon. Sentòse el Licenciado Cabra, y echò la bendicion; comieron vna comida eterna, sin principio ni fin; truxeron caldo en vnas escudillas de madera, tan claro, que en comer vnas dellas peligrara Narcisso mas que en la fuente. Notè con la ansia que los macilentos dedos se echauan a nado tras vn garuanço guerfano y solo que estaua en el suelo. Dezia Cabra a cada sorbo: "Cierto que no ay tal cosa como la olla, digan lo que dixeren; todo lo demas es vicio y gula." Acabando de dezillo, echòse su escudilla a pechos, diziendo: "Todo esto es salud, y otro tanto ingenio." "Mal ingenio te acabe!" dezia yo entre mi, quando vi vn moço medio espiritu, y tan flaco, con vn plato de carne en las manos, que parecia la auia quitado de si mismo. Venia vn nabo auenturero a bueltas, y dixo el Maestro: "Nabos ay? no ay para mi perdiz que se le yguale. Coman, que me huelgo de vellos comer." Repartio a cada vno tan poco carnero, que en lo que se les pegò a las vñas y se les quedò entre los dientes pienso que se consumio todo, dexando descomulgadas las tripas de participantes. Cabra los miraua, y dezia: "Coman, que moços son, y me huelgo de ver sus buenas ganas." Mire v.m. que buen aliño para los que bostezauan de hambre! Acabaron de comer, y quedaron vnos mendrugos en la mesa, y en el plato vnos pellejos y unos güessos, y dixo el Pupilero: "Quede esto para los criados, que tambien han de comer; no lo queramos todo." "Mal te haga Dios, y lo que has comido, lazerado, — dezia yo — que tal amenaza has hecho a mis tripas." Echò la bendicion, y dixo: "Ea, demos lugar a los criados, y vayanse hasta las dos a hazer exercicio, no les haga mal lo que han comido."

Entonces yo no pude tener la risa, abriendo toda la boca. Enojòse mucho, y dixome que aprendiesse modestia, y tres o quatro sentencias viejas, y fuese.

Sentamonos nosotros, y yo, que vi el negocio mal parado, y que mis tripas pedian justicia, como mas sano y mas fuerte que los otros, arremeti al plato, como arremetieron todos, y emboquème de tres mendrugos los dos y el vn pellejo. Començaron los otros a gruñir; al ruydo entrò Cabra diziendo: "Coman como hermanos, pues Dios les da con que; no riñan, que para todos ay." Boluiose al Sol, y dexònos solos. Certifico a v.m. que vi al vno dellos, que se llamaua Iurre, Vizcayno, tan oluidado ya de como y por donde se comia, que vna cortezilla que le cupo la lleuò dos vezes a los ojos, y entre tres no le acertaua a encaminar las manos a la boca. Y pedi yo de beuer (que los otros por estar casi ayunos no lo hazian), y dieronme vn vaso con agua, y no le huue bien llegado a la boca, quando, como si fuera lauatorio de comunion, me le quitò el moço esperitado que dixe.

JUAN RUÍZ DE ALARCÓN Y MENDOZA
1581?—1639

THE Mexican hunchback, Ruíz de Alarcón, had an original personality which, in spite of his comparatively small production, enables him to rank little below the greatest dramatists of his time. He studied at Salamanca from 1600 to 1604, and after an absence of three years in America returned to Spain in 1613. In 1626 he was appointed member of the *Consejo de Indias*. His private life was embittered by odious attacks from some of the leading literary men of the day on his personal appearance. Alarcón's reply was *Los Pechos Privilegiados*, in which he took vengeance on his enemies. His *comedias* which appeared in 1628 and 1634 are remarkable for their character-drawing and high moral tone, whilst the dialogue is witty and sparkling. This is especially evident in *La Verdad Sospechosa*, from which Corneille derived *Le Menteur*. Others of Alarcón's best plays are: *Las Paredes oyen, El Examen de Maridos* and *El Tejedor de Segovia*.

LA VERDAD SOSPECHOSA

. . . . . .

Don Beltrán.   ...¿Has andado con García, Tristán?

Tristán.   Señor, todo el día

D. Beltrán. Sin mirar en que es mi hijo,
si es que el ánimo fiel
que siempre en tu pecho he hallado
agora no te ha faltado,
me di lo que sientes de él.

Tristán. ¿Qué puedo yo haber sentido
en un término tan breve?

D. Beltrán. Tu lengua es quien no se atreve,
que el tiempo bastante ha sido,
y más a tu entendimiento.
Dímelo, por vida mía,
sin lisonja.

Tristán.   Don García,
mi señor, a lo que siento,
que he de decirte verdad,
pues que tu vida has jurado...

D. Beltrán. De esa suerte has obligado
siempre a mí tu voluntad.

Tristán. ... Tiene un ingenio excelente,
con pensamientos sutiles;
mas caprichos juveniles
con arrogancia imprudente.
De Salamanca reboza
la leche, y tiene en los labios
los contagiosos resabios
de aquella caterva moza.
Aquel hablar arrojado,
mentir sin recato y modo;
aquel jactarse de todo
y hacerse en todo extremado...
Hoy, en término de un hora,
echó cinco o seis mentiras.

D. Beltrán. ¡Válgame Dios!

Tristán.   ¿Qué te admiras?
pues lo peor falta agora:
que son tales, que podrá
cogerle en ellas cualquiera.

D. Beltrán. ¡Ah, Dios!

Tristán.   Yo no te dijera

	lo que tal pena te da
	a no ser de ti forzado.
D. Beltrán.	Tu fe conozco y tu amor.
Tristán.	A tu prudencia, señor,
	advertir será excusado
	el riesgo que correr puedo
	si esto sabe don García,
	mi señor
D. Beltrán.	De mí confía;
	pierde, Tristán, todo el miedo.
	Manda luego aderezar
	los caballos. [*Vase Tristán*

. . . . . .

D. Beltrán.	¿Qué os parece?
D. García.	Que animal
	no vi mejor en mi vida
D. Beltrán.	¡Linda bestia!
D. García.	Corregida
	de espíritu racional.
	¡Qué contento y bizarría!
D. Beltrán.	Vuestro hermano don Gabriel,
	que perdone Dios, en él
	todo su gusto tenía.
D. García.	Ya que convida, señor,
	de Atocha la soledad,
	declara tu voluntad.
D. Beltrán.	Mi pena, diréis mejor.
	¿Sois caballero, García?
D. García.	Téngome por hijo vuestro.
D. Beltrán.	¿Y basta ser hijo mío
	para ser vos caballero?
D. García.	Yo pienso, señor, que sí.
D. Beltrán.	¡Qué engañado pensamiento!
	Sólo consiste en obrar
	como caballero el serlo.
	¿Quién dió principio a las casas
	nobles? Los ilustres hechos
	de sus primeros autores.

Sin mirar sus nacimientos,
hazañas de hombres humildes
honraron sus herederos.
Luego en obrar mal o bien
está el ser malo o bueno.
¿Es así?

D. García. Que las hazañas
den nobleza, no lo niego;
mas no neguéis que sin ellas
también la da el nacimiento.

D. Beltrán. Pues si honor puede ganar
quien nació sin él, ¿no es cierto
que, por el contrario, puede,
quien con él nació, perdello?

D. García. Es verdad.

D. Beltrán. Luego si vos
obráis afrentosos hechos,
aunque seáis hijo mío,
dejáis de ser caballero;
luego si vuestras costumbres
os infaman en el pueblo,
no importan paternas armas,
no sirven altos abuelos.
¿Qué cosa es que la fama
diga a mis oídos mismos
que a Salamanca admiraron
vuestras mentiras y enredos?
¡Qué caballero y qué nada!
Si afrenta al noble y plebeyo
sólo el decirle que miente,
decid ¿qué será el hacerlo,
si vivo sin honra yo,
según los humanos fueros,
mientras de aquel que me dijo
que mentía no me vengo?
¿Tan larga tenéis la espada,
tan duro tenéis el pecho,
que penséis poder vengaros,
diciéndolo todo el pueblo?

¿Posible es que tenga un hombre
tan humildes pensamientos
que viva sujeto al vicio
más sin gusto y sin provecho?
El deleite natural
tiene a los lascivos presos;
obliga a los codiciosos
el poder que da el dinero;
el gusto de los manjares
al glotón; el pasatiempo
y el cebo de la ganancia
a los que cursan el juego;
su venganza al homicida;
al robador su remedio;
la fama y la presunción
al que es por la espada inquieto.
Todos los vicios, al fin,
o dan gusto o dan provecho;
mas de mentir, ¿qué se saca
sino infamia y menosprecio?

D. García. Quien dice que miento yo,
ha mentido.

D. Beltrán. También eso
es mentir, que aun desmentir
no sabéis sino mintiendo.

D. García. ¡Pues si dáis en no creerme...!

D. Beltrán. ¿No seré necio si creo
que vos decís verdad solo
y miente el lugar entero?
Lo que importa es desmentir
esta fama con los hechos,
pensar que éste es otro mundo,
hablar poco y verdadero;
mirar que estáis a la vista
de un Rey tan santo y perfeto,
que vuestros yerros no pueden
hallar disculpa en sus yerros;
que tratáis aquí con grandes,
títulos y caballeros,

> que, si os saben la flaqueza,
> os perderán el respeto;
> que tenéis barba en el rostro,
> que al lado ceñís acero,
> que nacistes noble al fin,
> y que yo soy padre vuestro.
> Y no he de deciros más,
> que esta sofrenada espero
> que baste para quien tiene
> calidad y entendimiento.
> Y agora, porque entendáis
> que en vuestro bien me desvelo,
> sabed que os tengo, García,
> tratado un gran casamiento.

D. García (aparte). ¡Ay, mi Lucrecia!

D. Beltrán.   Jamás
> pusieron, hijo, los Cielos
> tantas, tan divinas partes
> en un humano sujeto,
> como en Jacinta, la hija
> de don Fernando Pacheco,
> de quien mi vejez pretende
> tener regalados nietos.

D. García (aparte). ¡Ay, Lucrecia! Si es posible,
> tú sola has de ser mi dueño.

D. Beltrán. ¿Qué es esto? ¿No respondéis?

D. García (aparte). ¡Tuyo he de ser, vive el Cielo!

D. Beltrán. ¿Qué os entristecéis? Hablad;
> no me tengáis más suspenso.

D. García. Entristézcome porque es
> imposible obedeceros.

D. Beltrán. ¿Por qué?

D. García.   Porque soy casado.

D. Beltrán. ¡Casado! ¡Cielos! ¿Qué es esto?
> ¿Cómo, sin saberlo yo?

D. García. Fué fuerza, y está secreto.

D. Beltrán. ¡Ay padre más desdichado!

D. García. No os aflijáis, que, en sabiendo
> la causa, señor, tendréis

por venturoso el efeto.

D. Beltrán. Acabad, pues, que mi vida
pende sólo de un cabello.

D. García (aparte). Agora os he menester
sotilezas de mi ingenio.
En Salamanca, señor,
hay un caballero noble,
de quien es la alcuña Errera
y don Pedro el propio nombre.
A éste dió el Cielo otro cielo
por hija, pues, con dos soles,
sus dos purpúreas mejillas
hacen claros horizontes.
Abrevio, por ir al caso,
con decir que cuantos dotes
pudo dar naturaleza
en tierna edad, la componen.
Mas la enemiga fortuna,
observante en su desorden,
a sus méritos opuesta,
de sus bienes la hizo pobre;
que, demás de que su casa
no es tan rica como noble,
al mayorazgo nacieron,
antes que ella, dos varones.
A ésta, pues, saliendo al río,
la vi una tarde en su coche,
que juzgara el de Faetón
si fuese Erídano el Tormes.
No sé quién los atributos
del fuego en Cupido pone,
que yo, de un súbito hielo,
me sentí ocupar entonces.
¿Qué tienen que ver del fuego
las inquietudes y ardores
con quedar absorta un alma,
con quedar un cuerpo inmóvil?
Caso fué, verla, forzoso;
viéndola, cegar de amores;

pues, abrasado, seguirla,
júzguelo un pecho de bronce.
Pasé su calle de día,
rondé su puerta de noche;
con terceros y papeles,
le encarecí mis pasiones;
hasta que, al fin, condolida
o enamorada, responde,
porque también tiene Amor
jurisdicción en los dioses.

.   .   .   .   .   .

Mas en que tú no lo sepas
quedamos todos conformes,
por no ser con gusto tuyo
y por ser mi esposa pobre;
pero, ya que fué forzoso
saberlo, mira si escoges
por mejor tenerme muerto
que vivo y con mujer noble.

D. Beltrán. Las circunstancias del caso
son tales, que se conoce
que la fuerza de la suerte
te destinó esa consorte,
y así, no te culpo en más
que en callármelo.

D. García.   Temores
de darte pesar, señor,
me obligaron.

D. Beltrán.   Si es tan noble,
¿qué importa que pobre sea?
¿Cuánto es peor que lo ignore,
para que, habiendo empeñado
mi palabra, agora torne
con eso a doña Jacinta?
¡Mira en qué lance me pones!
Toma el caballo, y temprano,
por mi vida, te recoge,
porque de espacio tratemos
de tus cosas esta noche.   [*Vase*

D. García.   Iré a obedecerte al punto
que toquen las oraciones.

.   .   .   .   .   .

Dichosamente se ha hecho.
Persuadido el viejo va:
ya del mentir no dirá
que es sin gusto y sin provecho;
pues es tan notorio gusto
el ver que me haya creído,
y provecho haber huído
de casarme a mi disgusto.
¡Bueno fué reñir conmigo
porque en cuanto digo miento,
y dar crédito al momento
a cuantas mentiras digo!
¡Qué fácil de persuadir
quien tiene amor suele ser!
Y ¡qué fácil en creer
el que no sabe mentir!
Mas ya me aguarda don Juan.—[*Dirá adentro*
¡Ola! Llevad el caballo.—
Tan terribles cosas hallo
que sucediéndome van,
que pienso que desvarío:
vine ayer y, en un momento,
tengo amor y casamiento
y causa de desafío.

DIEGO SAAVEDRA FAJARDO

1584—1648

D<small>IEGO</small> S<small>AAVEDRA</small> F<small>AJARDO</small>, Knight of the order of Santiago, was born on May 6th, 1584, at Algezares, in the province of Murcia. He studied law at Salamanca for five years, and at twenty-two years of age began his ecclesiastical and political career by going to Rome as secretary to Cardinal Gaspar de Borja. In 1606 he accompanied his master to Naples. He always showed singular acumen and power over men, as in the outbreak at Besançon when his eloquence subdued the angry crowds, distracted by plague and privations, and gave time for the election of new governors. His advice to the Duke of Lorraine produced excellent results, and in this as in other matters, he was able to support his counsel by material aid. He was appointed Crown Minister to Spain at the Court of Bavaria, and was sent by the Diet of Ratisbon to the Emperor once, and later to the Swiss Cantons. At Munster, his activities found an ample field. Spain's situation was critical, and it was to Saavedra's influence that the alliance of Spain with Holland and Sweden is directly due. In 1646, after a brilliant and varied career in most of the Courts of Europe, Saavedra retired to Madrid and was appointed *camarista de Indias* in 1647. A year later he died in the monastery of Recoletos, where he was buried. His gifts of prose-style are evident in his *Idea de un príncipe político christiano* (1640?), but his most interesting work is the *República literaria*. The fact that Saavedra betrays no traces of *culteranismo* may be due to the circumstance that most of his life was spent out of Spain; the influence of this movement, however, was so widespread as to justify the view that his personality included strong resisting qualities.

REPÚBLICA LITERARIA

Habiendo discurrido entre mí del número grande de los libros y de lo que va creciendo cada día, así por el atrevimiento de los que escriben como por la facilidad de la emprenta, con que se han hecho ya trato y mercancía las letras, estudiando los hombres para escribir y escribiendo para granjear, me venció el sueño, y luego el sentido interior corrió el velo a las imágenes de aquellas cosas en que despierto discurría. Halléme a vista de una ciudad, cuyos capiteles de plata y oro bruñido deslumbraban la vista y se levantaban a comunicarse con el cielo. Su hermosura encendió en mí un gran deseo de vella; y ofreciéndoseme delante un hombre anciano que se encaminaba a ella, le alcancé; y trabando con él conversación, supe que se llamaba *Marco Varrón*, de cuyos estudios y erudición en todas materias, profanas y sagradas, tenía yo muchas noticias por testimonio de Cicerón y de otros. Y preguntando yo qué ciudad era aquella, me dijo con agrado y cortesía que era *la República literaria*; y ofreciéndose a mostrarme lo más curioso della, acepté la compañía y la oferta, y fuimos caminando en buena conversación. Por el camino fuí notando que aquellos campos vecinos llevaban más eléboro que otras yerbas; y preguntándole la causa, me respondió que la divina Providencia ponía siempre vecinos a los daños los remedios; y que así había dado a la mano aquella yerba para cura de los ciudadanos, los cuales con el continuo estudio padecían graves achaques de cabeza. Muchos buscaban el eléboro y anacardina para hacerse memoriosos, con evidente peligro del juicio. Poco me pareció que tenían los que le aventuraban por la memoria; porque, si bien es depósito de las ciencias, también lo es de los males; y fuera feliz el hombre si, como está en su mano el acordarse, estuviera también el olvidarse. La memoria de los bienes pasados nos desconsuela y la de los males presentes nos atormenta.

Habiendo llegado a la ciudad, reconocí sus fosos, los cuales estaban llenos de un licor obscuro. Las murallas eran altas, defendidas de cañones de ánsares y cisnes, que disparaban balas de papel. Unas blancas torres servían de baluartes, dentro de las cuales levantaba la fuerza del agua unas vigas, cuyas cabezas, batiendo en pilones de mármol gran cantidad de pedazos de lienzo, los reducían a menudos átomos; y recogidos estos en cedazos cuadrados de hilo de arambre, y enjutos entre fieltros, quedaban hechos pliegos de papel: ¡materia fácil de labrar y bien costosa a los hombres! ¡Qué ingeniosos somos en buscar nuestros daños! Escondió la naturaleza próvidamente la plata y el oro en las entrañas de la tierra, como a metales perturbadores de nuestro sosiego, y gran providencia los retiró a regiones más remotas, poniéndoles por foso el inmenso mar Océano, y por muros altas y peñascosas montañas; y el hombre industrioso busca artes y instrumentos con que navegar los mares, penetrar los montes, y sacar aquella materia que tantos cuidados, guerras y muertes causa al mundo. Están en los muladares los viles andrajos de que aun no pudo cubrirse la desnudez, y de entre aquella basura los saca nuestra diligencia, y labra con ellos nuestro desvelo y fatiga en aquellas hojas donde la malicia es maestra de la inocencia, siendo causa de infinitos pleitos y de la variedad de religiones y sectas.

LOCURAS DE EUROPA

Diálogo entre Mercurio y Luciano.

Luciano. ¿De dónde, oh Mercurio, bañados los talares, cubierto el cuerpo de polvo y de sudor la frente, no sin descrédito de la deidad, pues la verdadera no está sujeta a las congojas y afanes?

Mercurio. Tal está la tierra, que aun a los mismos dioses hace sudar.

Luciano. Descuido es dellos, si ya no es castigo, pues consienten a quien es autor de sus trabajos, calamidades y guerras; y culpa es de tu inquietud y desasosiego natural dejar el reposo del cielo y bajar a la tierra en tiempo que los que la habitan aborrecen la vida y desean librarse de las ligaduras del cuerpo.

Merc. A ella me bajó la curiosidad para averiguar de más cerca si son tan grandes las locuras de los hombres como nos han referido la *Justicia*, la *Verdad*, la *Fe* y la *Vergüenza*, que por no vivir entre ellos se han retirado a hacernos compañía en el cielo.

Luc. Luego ¿antes no estaban en él? Muy cortos de vista sois los dioses, pues fué menester bajar a la tierra para ver lo que en ella pasaba.

Merc. ¿Aun no has perdido, oh Luciano, el impío veneno de tu lengua maliciosa? Tan cubierta está de humo y de polvo la tierra con el tropel de los escuadrones y con el fuego de Marte, que aun a los ojos de los dioses se oculta.

Luc. Y también a su piedad, pues los pronósticos naturales de cometas y otras impresiones en el aire, que en otros tiempos prevenían vuestras futuras iras y nuestros castigos en la muerte de un príncipe o en la calamidad de una provincia particular, ahora en la de tantos príncipes muertos a hierro y de tantos reinos destruídos no se han aparecido.

Merc. Cuando la malicia es afectada o incrédula, no merece anuncios del cielo, ni sirven los avisos a quien ha perdido el respeto a la divinidad. Si tú hubieras visto como yo a Europa, y considerado las causas y efectos destas calamidades presentes, en unos de ambición y en otros de imprudencia y descuido, conocieras que en ellas los hombres solos, y no los dioses, han sido culpados.

Luc. Muchas cosas habrás visto.

Merc. Muchas, unas con lástima y otras con risa; aquellas por los trabajos de los súbditos, y estas por la ignorancia de quien los gobierna.

Luc. Si mi atención puede merecer la relación, te ruego, oh Mercurio, que la hagas brevemente de lo más notable que has visto y ponderado.

Merc. Condesciendo con tu ruego; oye pues: habiendo dado vuelta por Europa, me detuve, librado en la suprema región del aire, para comprenderla toda junta con la vista y con la consideración. En todas sus partes vi a Marte sangriento, batallando unas naciones con otras por el capricho y conveniencias de uno solo, que en ellas atizaba el fuego de la guerra. Consideraba su locura en dejar las felicidades de la paz, lo dulce de las patrias y los bienes de sus propios dominios por conquistar los ajenos; que buscasen nuevas poblaciones los que no eran bastantes a llenar las suyas; que destruyesen y abrasasen las mismas tierras, villas y ciudades que deseaban adquirir; que tantos expusiesen sus vidas, perdiendo con ellas sus mismas posesiones, porque esta o aquella corona tuviese un palmo más de tierra; que se ofreciesen los soldados a los peligros de expugnamento de una plaza donde no han de vivir ni aun de reposar un día después de la rendida; que ambición de los príncipes los hubiese cegado con el esplendor de la gloria y del honor; moneda con que temerariamente se venden a la muerte.

PEDRO CALDERÓN DE LA BARCA HENAO DE LA BARREDA Y RIAÑO

1600—1681

PEDRO CALDERÓN, Lope de Vega's successor as autocrat of the Spanish stage, was born at Madrid on January 17th, 1600. He lost both his parents when he was still a boy. Calderón studied with the Jesuits and later on read theology at Salamanca, intending to accept a living that was in the gift of his family. For some reason he abandoned this idea and took to literature instead. In 1636 he was made Knight of the order of Santiago by Philip IV, who liked and admired him. It was in this year also that the first volume of his plays was published under the editorship of his brother José, who brought out a supplementary volume in the following year. In 1640 the Catalonian rising took place, Calderón joined the army, acquitted himself well and was promoted. After two years' service at the front, he was discharged owing to ill-health and given a pension three years later. This pension was granted tardily and was paid unpunctually. Calderón's health grew worse, and he announced his intention of entering the church and of abandoning play-writing. He was ordained in 1651, but at the urgent entreaty of the Prime-Minister, Luis de Haro, he continued his literary work. This led to the cancelling of a piece of preferment about to be bestowed on him. Calderón wrote in protest to the Primate, reclaiming justice and making it plain that he would write no more *autos* until this were done. The Primate fully understood. Calderón was made Chaplain of the *Reyes Nuevos* at Toledo and thenceforward continued writing plays and *autos* in profusion. In 1663 he became chaplain to Philip IV, and was no less a favourite at Court during the next reign. On May 25th, 1681, he fell ill and died.

Calderón, like Lope, did not regard his plays as literature. In his secular plays he took little interest, although he felt differently about his religious plays, his *autos*. (An *auto* originally meant any kind of play, but an *auto sacramental* is a one-act piece, performed in the open air on the Feast of

LA RENDICIÓN DE BREDA
Velázquez

Corpus Christi, in which the mystery of the Eucharist is dramatically symbolised.)

Out of Spain, Calderón was long thought to be a greater dramatist than Lope. The explanation is simple. Lope suffered from his very copiousness. His plays filled a huge array of volumes; these were scattered about in different places and issued by different publishers. Calderón's plays were edited by Vera Tassis, a fairly competent man for the task. They were on sale everywhere, and acted everywhere. The Romantic leaders in Germany, Schlegel and Tieck, were ecstatic about Calderón's genius; they spoke with assurance and made a great impression. The exaggerated laudation spread to England, people even spoke of Calderón as a "poetical Melchisedec." Calderón's merits are now measured in their due proportion, and, compared with his mighty predecessor, Lope, he loses his miraculous halo. He had not the inventive genius of Lope, who found it always less trouble to create than to copy; he followed the conventions which Lope had imposed on the stage, the conventional presentation of loyalty and honour, and elaborated them still further. He is not less dexterous than Lope in dealing with a complicated plot, he utilises the mechanical resources of the stage even more skilfully than Lope, and he has an enviable gift of resplendent rhetoric, of enthralling diction.

Calderón handles patriotic themes as in *La Rendicion de Breda*. He is also brilliantly representative of the "cloak and sword" play—*comedias de capa y espada*—plays of intrigue, representing contemporary manners in the high comedy vein; such plays as: *Casa con dos puertas, A secreto agravio secreta venganza, El médico de su honra*. Of another and perhaps higher type are *La Vida es sueño, El Príncipe constante* and *El Mágico prodigioso*.

There is one form of drama, however, in which Calderón ranks supreme; in his *autos sacramentales*, of which he has left us over seventy, he is unapproached. He does not repeat himself unduly; even his weakest *auto* is a success. This is surely one of the greatest feats in literature, to impart a new artistic and poetic treatment seventy times to a most abstruse theme. In abstractions Calderón excels, he imposes them on us by virtue of his subtle and imaginative force, his sublime allegory, his "vision splendid" of the world invisible, and his loveliness of versification.

The pendulum of critical opinion has swung too far and Calderón is now in danger of being depreciated. This would be a mistake. He must always be regarded as the most stately and typical representative of the devout, patrician and picturesque society in which he moved. Calderón represents a temporary aspect of Spanish genius with unparalleled splendour and a most sumptuous scheme of decoration. Perhaps the most intuitive picture of his art is conveyed in Lowell's words:

> "Cloaked shapes, a twanging of guitars,
> A rush of feet and rapiers clashing,
> Then silence deep with breathless stress
> And overhead a white hand flashing."

It is the Spain of gallantry and romance, of passionate nationalism, which Calderón by his magic reveals to us with a brilliance often splendidly his own.

LA CENA DEL REY BALTASAR

*Jardín magnífico del palacio de Baltasar, con un cenador
y un muro a fondo.*

ESCENA PRIMERA

*Sale el Pensamiento vestido de loco, y de muchos colores,
y Daniel tras él, deteniéndole.*

Daniel.	Espera.
Pensamiento.	¿Qué he de esperar?
Daniel.	Advierte.
Pensamiento.	¿Qué he de advertir?
Daniel.	Óyeme.
Pensamiento.	No quiero oir.
Daniel.	Mira.
Pensamiento.	No quiero mirar.
Daniel.	¿Quién respondió dese modo

nunca a quien le preguntó?
Pensamiento. Yo, que sólo tengo yo
desvergüenza para todo.
Daniel. ¿Quién eres?
Pensamiento. Cuando esto ignores,
vengo a ser yo el ofendido.
¿No te lo dice el vestido
ajironado a colores,
que, como el camaleón,
no se conoce cuál es
la principal causa? Pues
oye mi definición.
Yo, de solos atributos
que mi ser inmortal pide,
soy una luz que divide
a los hombres de los brutos.
Soy el primero crisol
en que toca la fortuna,
más mudable que la luna
y más ligero que el sol.
No tengo fijo lugar
donde morir y nacer,

y ando siempre, sin saber
dónde tengo de parar.
La adversa suerte o la altiva
siempre a su lado me ve;
no hay hombre en quien yo no esté,
ni mujer en quien no viva.
Soy en el rey el desvelo
de su reino y de su estado;
soy en el que es su privado
la vigilancia y el celo;
soy en el reo la justicia,
la culpa en el delincuente,
virtud en el pretendiente,
y en el próvido malicia;
en la dama la hermosura.
en el galán el favor,
en el soldado el valor,
en el tahur la ventura,
en el avaro riqueza,
en el mísero agonía,
en el alegre alegría,
y en el triste soy tristeza;
y, en fin, inquieto y violento,
por dondequiera que voy
soy todo y nada, pues soy
el humano Pensamiento.
Mira si bien me describe
variedad tan singular,
pues quien vive sin pensar
no puede decir que vive.
Esto es si en común me fundo;
mas hoy en particular
soy el del rey Baltasar,
que no cabe en todo el mundo.
Andar de loco vestido
no es porque a solas lo soy,
sino que en público estoy
a la prudencia rendido;
pues ningún loco se hallara

que más incurable fuera,
si ejecutara y dijera
un hombre cuanto pensara;
y así lo parecen pocos,
siéndolo cuantos encuentro,
porque vistos hacia dentro,
todos somos locos,
los unos y los otros.
Y en fin, siendo loco yo,
no me he querido parar
a hablarte a ti, por mirar
que no es compatible, no,
que estemos juntos los dos;
que será una lid cruel,
porque, si tú eres Daniel
(que es decir Juicio de Dios),
mal ajustarse procura
hoy nuestra conversación,
si somos, en conclusión,
tú juicio, y yo locura.

Daniel. Bien podemos hoy un poco
hablar los dos con acuerdo,
tú, subiéndote a ser cuerdo,
sin bajarme yo a ser loco;
que aunque es tanta la distancia
de acciones locas y cuerdas,
tomando el punto a dos cuerdas,
hacen una consonancia.

Pensamiento. Responderte a todo intento,
y es consecuencia perfecta,
que lo que alcanza un profeta
se lo diga el Pensamiento.

Daniel. Dime, ¿de qué es el placer
que ahora vuelas celebrando?

Pensamiento. De la boda estoy pensando,
que hoy Babilonia ha de ver
el aplauso superior.

Daniel. Pues ¿quién, di, se ha de casar?

Pensamiento. Nuestro rey Baltasar,

	de Nabucodonosor
	hijo, en todo descendiente.
Daniel.	¿Quién es la novia feliz?
Pensamiento.	La gallarda emperatriz
	de los reinos del Oriente,
	cuna donde nace el día.
Daniel.	¿Ella es idólatra?
Pensamiento.	¡Pues!
	Y tan idólatra es,
	que es la misma Idolatría.
Daniel.	¿Él no estaba ya casado
	con la humana Vanidad
	de su imperio y majestad?
Pensamiento.	Su ley licencia le ha dado
	de dos mujeres, y aún mil;
	y aunque Vanidad tenía
	Vanidad e Idolatría
	le hacen soberbio y gentil;
	juicio de Dios, o Daniel,
	que todo es uno; que así
	lo dice el texto.
Daniel.	¡Ay de mí!
Pensamiento.	¿Habíais de casar con él,
	que tanto lo sentís vos?
	(Mal en decírselo hice.)
Daniel.	¡Ay de ti, reino infelice!
	¡Ay de ti, pueblo de Dios!
Pensamiento.	Si va a decir la verdad,
	vos estáis ahora pensando
	que él celebra bodas, cuando
	lloráis en cautividad
	vosotros; y es el dolor
	de que esta boda no sea
	con la Sinagoga hebrea,
	por quedar libres, y por...
	pero la música suena; [*Suenan chirimías*
	presto a otra cosa pasé.
	Mientras Babilonia ve
	que recibimiento ordena

	a su reina, que los dos
	nos retiremos nos dice.
Daniel.	¡Ay de ti, reino infelice!
	¡Ay de ti, pueblo de Dios! [*Retíranse*

. . . . .

ESCENA XI

Baltasar y el Pensamiento, dormidos.—La Muerte.

Muerte.	Descanso del sueño hace

el hombre. ¡ay Dios! sin que advierta
que cuando duerme y despierta,
cada día muere y nace;
que vivo cadáver yace
cada día, pues (rendida
la vida a un breve homicida)
que es su descanso, no advierte
una lición que la Muerte
le va estudiando a la vida.
Veneno es dulce que, lleno
de lisonjas, desvanece,
aprisiona y entorpece;
¡Y hay quién beba este veneno!
Olvido es, de luz ajeno,
que aprisionado ha tenido
en sí uno y otro sentido,
pues ni oyen, tocan ni ven,
informes todos; ¡y hay quién
no se acuerde deste olvido!
Frenesí, pues a sí
varias especies atray,
que goza inciertas; ¡y hay
quién ame este frenesí!
Letargo es, a quien le di
de mi imperio todo el cargo,
y con repetido embargo
del obrar y el discurrir,
enseña al hombre a morir;

¡Y hay quién busque este letargo!
Sombra es, que sin luz asombra,
que es su obscura fantasía
triste oposición del día;
¡Y hay quién descanse a esta sombra!
Imagen, al fin, se nombra
de la Muerte, sin que ultrajen,
sin que ofendan, sin que atajen,
los hombres su adoración,
pues es sola una ilusión;
¡Y hay quién adore esta imagen!...
Pues ya Baltasar durmió,
ya que el veneno ha bebido
y ha olvidado aquel olvido
ya que el frenesí pasó,
ya que el letargo sintió,
ya de horror y asombro lleno
vió la imagen, pues su seno
penetra horror, que se nombra
ilusión, letargo y sombra,
frenesí, olvido y veneno;
y pues Baltasar durmió,
duerma, a nunca despertar,
sueño eterno Baltasar
de cuerpo y alma.

　　　　　[*Saca la espada, y quiere matarle*

ESCENA XII

Dichos, Daniel.

Daniel.　　　　Eso no.　[*Detiene el brazo a la Muerte*
Muerte.　¿Quién tiene mi mano?
Daniel.　　　　　　　Yo,
porque el plazo no ha llegado.
Número determinado
tiene el pecar y el vivir,
y el número ha de cumplir
ese aliento, ese pecado.

　　　·　　·　　·　　·　　·

ESCENA XV

Baltasar, el Pensamiento.

Baltasar (despertándose). ¡Oye, espera, escucha, aguarda!
　　　　　¡Oh, no me niegues tan presto,
　　　　　tal Vanidad, tal ventura!

　　　　　　　　　　[Despierta el Pensamiento

Pensamiento. ¿De qué das voces? ¿Qué es esto?
Baltasar.　　¡Ay, Pensamiento! No sé;
　　　　　pues cuando deidad me miento,
　　　　　pues cuando señor me aclamo
　　　　　y de mi engaño recuerdo,
　　　　　solas tus locuras hallo,
　　　　　solas tus locuras veo.
Pensamiento. Pues ¿qué es lo que te ha pasado?
Baltasar.　　Yo vi en el pálido sueño
　　　　　donde estaba descansando,
　　　　　todo el aplauso que tengo.
　　　　　Subía mi Vanidad
　　　　　a dar con su frente al cielo;
　　　　　bajaba mi Idolatría
　　　　　desde su dorado imperio.
　　　　　Aquélla un templo me daba;
　　　　　ésta una estatua, y al tiempo
　　　　　que ésta y aquélla tenía
　　　　　hecha la estatua y el templo,
　　　　　una voz de bronce, una
　　　　　trompeta, que aun ahora tiemblo,
　　　　　de aquélla abrasó las plumas,
　　　　　désta deshizo el intento,
　　　　　quedando el templo y la estatua
　　　　　por despojos de los vientos...
　　　　　¡Ay de mí! la Vanidad
　　　　　es la breve flor de almendro,
　　　　　la Idolatría la rosa
　　　　　del sol; aquélla, al primero
　　　　　suspiro, se rinde fácil
　　　　　a las cóleras del cierzo;
　　　　　ésta, a la ausencia del día,

desmaya los rizos crespos;
¡Breve sol y breve rosa
de las injurias del tiempo!

ESCENA XVI

Baltasar, el Pensamiento, la Idolatría.

Idolatría. No ha de vencer mis glorias
una voz, ni un engaño mis victorias;
triunfe la pompa mía,
en esta noche, de la luz del día.—
Baltasar, soberano
príncipe, rey divino más que humano,
mientras que suspendido
diste al sueño la paz de tu sentido,
treguas del pensamiento,
mi amor, a tus aplausos siempre atento,
velaba en tus grandezas;
que no saben dormirse las finezas.
Una opulenta cena
de las delicias y regalos llena
que la gula ha ignorado,
te tiene prevenida mi cuidado,
adonde los sentidos
todos hallan sus platos prevenidos.
En los aparadores
la plata y oro brillan resplandores,
y con ricos despojos
hartan la hidropesía de los ojos.
Perfumes lisonjeros
son aromas de flores, en braseros
de verdes esmeraldas,
que Arabia la feliz cría en sus faldas;
para ti solo plato,
que el hambre satisface del olfato.
La música acordada,
ni bien cerca de ti, ni retirada,
en numeroso acento suspendido,
brinda a la sed con que nació el oído.
Los cándidos manteles,

bordados de azucenas y claveles,
a dibujos tan bellos,
que hace nuevo valor la nieve en ellos,
son al tacto suave
curiosidad, que lisonjearle sabe.
Néctares y ambrosías,
frías bebidas (basta decir frías),
destiladas de rosas y azahares,
te servirán a tiempo entre manjares,
porque con salva y aparato justo
alternen con las copas hoy al gusto;
y porque aquéstas sean
en las que más tus triunfos hoy se vean,
los vasos que al gran Dios de Israel sagrados
trujo Nabucodonosor robados
de aquella gran Jerusalén, el día
que al Oriente extendió su monarquía,
manda, señor, traellos;
hoy a los dioses brindarás con ellos,
profanando el tesoro
de tu templo los ídolos que adoro.
Postres serán mis brazos,
fingiendo redes y inventando lazos,
cifrando tus grandezas,
tus pompas, tus trofeos, tus riquezas,
este maná de amor, donde hacen plato
olfato, ojos y oídos, gusto y tacto.

Baltasar.   En viéndote, me olvido
de cuantos pensamientos he tenido,
y despierto a tu luz hermosa, creo
más que lo que imagino, lo que veo;
sólo tu luz podía
divertir la fatal melancolía
que mi pecho ocupaba.

Pensamiento. ¡Eso sí, vive el cielo! que esperaba,
según estás de necio,
que de tal cena habías de hacer desprecio;
haya fiesta, haya holgura;
deja el llanto esta noche: mi locura

	a borrachez se pasa...
	pero todo se cae dentro de casa.
Baltasar.	Los vasos que sirvieron en el templo,
	eterna maravilla sin ejemplo,
	a sacerdotes de Israel, esclavo,
	sírvanme a mí también.
Pensamiento.	Tu gusto alabo.
Baltasar.	Vayan por ellos.

ESCENA XVII

Baltasar, el Pensamiento, la Idolatría, la Vanidad.
Música, acompañamiento.

Vanidad.	Excusado ha sido
	que ya la Vanidad los ha traído.
Idolatría.	Sacad las mesas presto
	a aqueste cenador.
Pensamiento.	¿A mí? ¿Qué es esto?
Vanidad.	Pues ¿quién habla contigo?
Pensamiento.	Quien dice cenador ¿no habla conmigo?
	Pues si yo he de cenar, señora, es cierto
	que soy el cenador; y ahora advierto
	que por mí se haría
	aquella antigua copla que decía: [*Canta*
	¡ Para mí se hicieron cenas,
	para mí, que las tengo por buenas!
	¡para mí, para mí,
	que para cenar nací!
	[*Sacan la mesa con vasos de plata, y van*
	sirviendo platos de comida a su tiempo
Baltasar.	Sentaos las dos, y luego por los lados
	sentaos todos mis deudos y criados;
	que cena donde están por tales modos
	vasos del templo, es cena para todos;
	y las gracias que demos, celebrando
	hoy a los dioses, ha de ser cantando.
Música.	*Esta mesa es este día*
	altar de la Idolatría,
	de la Vanidad altar;

> *pues adornan sin ejemplo*
> *todos los vasos del templo*
> *la cena de Baltasar.*   [*Pónense a cenar todos*

ESCENA XVIII

Dichos, La Muerte, disfrazada.

Muerte (aparte). A la gran cena del Rey
disfrazado ahora vengo;
pues en esta cena estó
escondido y encubierto,
entre los criados suyos
que podré encubrirme creo.
Descuidado a Baltasar
de mis memorias le veo,
cercado de sus mujeres
y los grandes de su reino.
Los vasos que Salomón
consagró al Dios verdadero,
y donde sus sacerdotes
los sacrificios hicieron,
sus aparadores cubren...
¡Oh juicio de Dios eterno,
suelta ya tu mano, suelta
la mía, porque ya el peso
de sus pecados cumplió
con tan grande sacrilegio!
Baltasar.   Dadme de beber.
                    [*Toma el Pensamiento los platos y com*
Pensamiento (a la Muerte).   ¡Hola, aho,
Camarada! ¿no oís aquello?
Llevad de beber al Rey,
mientras que yo estoy comiendo.
Muerte (aparte). (Por criado me han tenido;
servirle la copa quiero,
pues no podrá conocerme
quien está olvidado y ciego.
Éste vaso del altar
la vida contiene, es cierto,

cuando a la vida le sirve
de bebida y de alimento;
mas la muerte encierra, como
la vida, que es argumento
de la muerte y de la vida,
y está su licor compuesto
de néctar y de cicuta,
de triaca y de veneno.)—
Aquí está ya la bebida.

[Llega a dar la bebida al Rey

Baltasar.   Yo de tu mano la acepto.
¡Qué hermoso vaso!

Muerte (aparte).   Ay de ti,
que no sabes lo que hay dentro.

Idolatría.   Él Rey bebe; levantaos
todos.   *[Levántanse todos*

Baltasar.   Glorias de mi imperio,
en este vaso del Dios
de Israel brindo a los nuestros.
¡Moloc, dios de los asirios,
Viva!   *[Bebe despacio*

Pensamiento.   La razón haremos;
sólo hoy me parecen pocos
treinta mil dioses, y pienso
hacer la razón a todos.

Idolatría.   Cantad mientras va bebiendo.

Música.   *Esta mesa es este día*
          altar de la Idolatría,
          de la Vanidad altar,
          pues le sirven sin ejemplo
          el cáliz, vaso del templo,
          en que bebe Baltasar....

                  [Suena un trueno muy grande

Baltasar.   ¡Qué extraño ruido! ¿Qué asombro
alborota con estruendo,
tocando al arma las nubes
la campana de los vientos?

Idolatría.   Como bebiste, será
salva que te hacen los cielos

con su horrible artillería.

Vanidad. De sombra y de horror cubiertos,
nos esconden las estrellas.

Muerte. ¡Cuánto las sombras deseo,
como padre de las sombras!

Baltasar. Caliginosos y espesos
cometas el aire vano
cruzan, pájaros de fuego;
bramidos da de dolor
preñada nube, gimiendo;
parece que está de parto,
y es verdad, pues de su seno
rompió ya un rayo, abrasado
embrión que tuvo dentro;
y siendo su fruto el rayo,
ha sido el bramido un trueno.

[*Da un gran trueno, y con un cohete de pasada sale
una mano, que vendrá a dar adonde habrá en un
papel escritas estas letras:* Mané, Techél, Farés
¿No veis? ¡ay de mí! ¿no veis
que rasgado, que rompiendo
el aire trémulo, sobre
mi cabeza está pendiendo
de un hilo que en la pared
toca? ¡y si su forma advierto,
una mano es, una mano,
que la nube al monstruo horrendo
le va partiendo a pedazos!
¿Quién vió, quién, rayo compuesto
de arterias? No sé, no sé
lo que escribe con el dedo;
porque en habiendo dejado
tres breves rasgos impresos,
otra vez sube la mano
a juntarse con el cuerpo...
Perdido tengo el color,
erizado está el cabello,
el corazón palpitando
y desmayado el aliento.

Los caracteres escritos,
ni los alcanzo ni entiendo,
porque hoy es Babel de letras
lo que de lenguas un tiempo.

Vanidad. Un monte de fuego soy.

Idolatría. Y yo una estatua de hielo.

Pensamiento. Yo no soy monte ni estatua,
mas tengo muy lindo miedo.

Baltasar. Idolatría, tu sabes
de los dioses los secretos.
¿Qué dicen aquellas letras?

Idolatría. Ninguna de ellas acierto,
ni aun el carácter conozco.

Baltasar. Tú, Vanidad, cuyo ingenio
ciencias comprendió profundas
en magos y en agoreros,
¿qué lees? di. ¿Qué lees?

Vanidad.   Ninguna
se da a partido a mi ingenio;
todas, todas las ignoro.

Baltasar. ¿Qué alcanzas tú, Pensamiento?

Pensamiento. ¡A buen sabio lo preguntas!
Yo soy loco, nada entiendo.

Idolatría. Daniel, un hebreo que ha sido
quien interpretó los sueños
del árbol y de la estatua,
lo dirá.

ESCENA XIX

Dichos.—Daniel.

Daniel.   Pues oíd atentos:
Mané dice que ya Dios
ha numerado tu reino;
Techél, y que en él cumpliste
el número, y que en el peso
no cabe una culpa más;
Farés, que será tu reino
asolado y poseído

de los persas y los medos.
Así la mano de Dios
tu sentencia con el dedo
escribió, y esta justicia
la remite por derecho
al brazo seglar; que Dios
la hace de ti, porque has hecho
profanidad a los vasos,
con baldón y con desprecio;
porque ningún mortal use
mal de los vasos del templo,
que son a la ley de gracia
reservado sacramento,
cuando se borre la escrita
de las láminas del tiempo.
Y si profanar los vasos
es delito tan inmenso,
oíd, mortales, oíd,
que hay vida y hay muerte en ellos,
pues quien comulga en pecado
profana el vaso del templo.

Baltasar. ¿Muerte hay en ellos?

Muerte.   Sí, cuando
yo los sirvo, que soberbio
hijo del pecado soy,
a cuyo mortal veneno,
que bebiste, has de morir.

Baltasar. Yo te creo, yo te creo,
a pesar de mis sentidos,
que torpes y descompuestos,
por el oído y la vista,
a tu espanto y a tu estruendo,
me están penetrando el alma,
me están traspasando el pecho.—
Ampárame, Idolatría,
deste rigor.

Idolatría.   Yo no puedo
porque a la voz temerosa
de aquel futuro misterio

que has profanado en los vasos
hoy en rasgos y bosquejos,
todo el valor he perdido,
postrado todo el aliento.

Baltasar. Socórreme, Vanidad.

Vanidad. Ya soy humildad del cielo.

Baltasar. Pensamiento....

Pensamiento.   Tu mayor
contrario es tu Pensamiento,
pues no quisiste creerle
tantos mortales acuerdos.

Baltasar. Daniel.

Daniel.   Soy juicio de Dios;
está ya dado el decreto,
está el número cumplido,
Baltasar.

Pensamiento.   *Nulla est redemptio.*

Baltasar. ¡Todos, todos me dejáis
en el peligro postrero!
¿Quién ampararme podrá
deste horror, deste portento?

Muerte. Nadie; que no estás seguro
en el abismo, en el centro
de la tierra.

Baltasar.   ¡Ay, que me abraso!

Muerte. Muere, ingrato.

[*Saca la espada y dale una estocada y luego
se abraza con él, como que luchan*

Baltasar.   ¡Ay que me muero!
¿El veneno no bastaba,
que bebí?

Muerte.   No; que el veneno
la muerte ha sido del alma,
y ésta es la muerte del cuerpo.

Baltasar. Con las ansias de la muerte,
triste, confuso y deshecho,
a brazo partido lucho,
el cuerpo y alma muriendo.

¡Oíd, mortales, oíd
el riguroso proverbio
del *Mané, Techél, Farés*,
del juicio de Dios Supremo!
¡Al que vasos profana
divinos postra severo,
y el que comulga en pecado
profana el vaso del templo!

[*Vanse luchando los dos, y tras ellos el
Pensamiento*

ESCENA XX

La Idolatría, la Vanidad, Daniel.—Luego la Muerte.

Idolatría.   De los sueños de mi olvido
como dormida despierto;
y pues a la Idolatría
Dios no excepta, según veo,
en la sábana bordada
de tantos brutos diversos,
como Cristo mandará
que mate y que coma Pedro.
¡Quién viera la clara luz
de la ley de gracia, cielos,
que ahora es la ley escrita!

[*Sale la Muerte, de galán, con espada y
daga, y el manto lleno de muertes*

Muerte.   Bien puedes verla en bosquejo
en la piel de Gedeón,
en el maná del desierto,
en el panal de la boca
del león, en el cordero
legal, en el pan sagrado
de proposición.

Daniel.   Y si esto
no lo descubre, descubra
en profecía este tiempo
esta mesa transformada
en pan y vino; estupendo

milagro de Dios, en quien
cifró el mayor Sacramento.
[*Descúbrese, con música, una mesa con pie*
de altar, y en medio un cáliz y una
hostia, y dos velas a los lados

Idolatría. Yo, que fuí la Idolatría,
que di adoración a necios
ídolos falsos, borrando
hoy el nombre de mí y de ellos,
seré Latría, adorando
este inmenso Sacramento.—
Y pues su fiesta celebra
Madrid, al humilde ingenio
de don Pedro Calderón
suplid los muchos defectos;
y perdonad nuestras faltas
y las suyas, advirtiendo
que nunca alcanzan las obras
donde llegan los deseos.

BALTASAR GRACIÁN Y MORALES

1601—1658

BALTASAR GRACIÁN entered the Company of Jesus in 1619; he became later professor and then rector of the College of Jesuits in Tarragona; he signed none of his books except the devotional *El Comulgatorio* (1655). Some of his other works were published by a friend under the title of "Lorenzo Gracián Infanzón," and in 1648 appeared anonymously *El Discreto*, whilst the first part of *El Criticon* came out with the anagram of "García de Marlones." *El Heroe* (1637) and *El Politico, Don Fernando el Catholico* (1640) are treatises on the art of governing, and their actual interest consists rather in subtle reflexions and well-chosen examples than in their matter. *El Discreto* and *El Arte de Ingenio* were dedicated to the prince Baltasar Carlos. *El Criticon* (1651–1657), which consists of three allegorical parts and which Gracián published without consulting his superiors, earned him confinement in his cell on a bread and water fare. In his *Oraculo Manual y Arte de Prudencia* Gracián gives us moral reflexions which seem an anticipation of La Rochefoucauld's *Maximes*. Although he was an opponent of gongorism, Gracián errs in another direction, and his meaning is frequently so occult that he is now read by few but scholars.

NO SER MARAVILLA

Sátira.

Achaque es todo lo muy bueno, que su mucho uso viene a ser abuso. Codícianlo todos por lo excelente, con que se viene a hacer común, y perdiendo aquella primera estimación de raro, consigue el desprecio de vulgar; y es lástima que su misma excelencia le cause su ruina. Truécase aquel aplauso de todos en un enfado de todos.

Ésta es la ordinaria carcoma de las cosas, muy plausibles en todo género de eminencia, que naciendo de su mismo crédito y cebándose en su misma ostentación, viene a derribar y aun a abatir la más empinada grandeza; basta a hacer una demasía de lucir, de los mismos prodigios, vulgaridades.

Gran defecto es ser un hombre para nada; pero también lo es ser para todo, o quererlo ser. Hay sujetos que sus muchas prendas los hacen ser buscados de todos. No hay negocio, aunque sea repugnante a su instituto y genio, que no se remita, o a su dirección o a su manejo; todos se pronostican la felicidad de cuanto ponen éstos mano, y aunque no sean entremetidos de sí, su misma excelencia los descubre, y la conveniencia ajena los busca y los placea; de suerte que en ellos su mucha opinión obra lo que en otros su mucho entretenimiento. Pero esto es ya azar, si no defecto, y una como sobra de valor, pues vienen a rozarse y aun perder por mucho ganar. ¡Oh, gran cordura la de un buen medio! Pero, ¿quién supo o pudo contenerse y caminar con esta seguridad?

Pensión es de las pinturas muy excelentes, de las tapicerías más preciosas, que en todas las fiestas hayan de salir, y como todo lo andan, reciben muchos encuentros, con que presto vienen a ser inútiles o comunes, que es peor.

Hay algunos, ni pocos ni cuerdos, sobresalidos, amigos de que todos los llamen y busquen; dejarán el dormir y aun el comer, por no parar; no hay presente para ellos como un negocio, ni mejor día que el más ocupado; y las más veces no aguardan a que los llamen, que ellos se ingieren en todo, y añadiendo al entretenimiento la audiencia, que es forzar la necedad, se exponen a grandes empeños; pero bien o mal consiguen que todos hablan de sus cabellos, que es lo mismo que quitarlos la lengua para la murmuración y desprecio.

Aunque no hubiese otro desaire que aquel continuo topar con ellos, oír siempre hablar de ellos causa un tan enfadoso hartazgo que vienen a ser después tan aborrecidos como fueron antes deseados.

No todo sale de sus manos con igual felicidad, y tal vez la que comenzó a ser una hazañosa vasija; deslizándose la rueda (ya sea de la suerte), viene a rematar en un bellísimo vaso de su ignomina y descrédito. Métense a querer dar gusto a todos, que es imposible, y vienen a disgustar a todos, que es más fácil.

No escapan los que mucho lucen de envidiados o de odiados, que a más lucimiento, más emulación. Tropiezan todos en el ladrillo que sobresale a los demás; de modo que no es aquella eminencia, sino tropiezo; así en muchos el querer campear no viene a ser realce, sino tope. Es delicado el decoro, y aún de vidrio, por lo quebradizo; y si muy placeado, se expone a más encuentros: mejor se conserva en su retiro, aunque sea en el hecho de su humildad.

Quieren algunos ser siempre los gallos de la publicidad, y cantan tanto que enfadan; bastaría una voz o un par, para consejo o desvelo; que lo demás es cantar mal y porfiar.

El manjar más delicioso, a la segunda vez pierde mucho de aquel primer agrado; a tres veces ya enfada; mejor fuera conservarse en las primicias del gusto, solicitando el deseo. Y si esto pasa en lo material, ¿cuánto más en el verdadero pasto del alma, delicias del entendimiento y del gusto? Y es éste delicado y mal contentadizo, cuanto mayor; más vale una excelente caridad, que siempre fué lo dificultoso estimado.

Al paso que un varón excelente, ya en valor, y ya en saber, o sea en entereza, o sea en prudencia, se retira, se hace codiciable; porque él a detenerse, y todos a desearle con mayor crédito y aún felicidad; toda templanza es saludable, y más de apariencia, que conserva la vida a la reputación.

Rózanse de estas malillas en todo género de eminencias. Las hay también de la belleza, cuyo ostentarse, además del riesgo, tiene luego el castigo de la desestimación, y más adelante el desprecio.

¡Qué bien conoció este vulgar riesgo, y qué bien supo prevenirlo la celebrada Popea de Nerón! La que mejor supo lograr la mayor belleza, siempre la brujuleaba, que nunca hartó, ni los ojos de ella, avara con todos, envidiándolo a sí misma. Franqueaba un día los ojos y la frente, y en otro la boca y las mejillas, sin echar jamás todo el resto de su hermosura, y ganó con esto la mayor estimación.

Gran lección es ésta del saberse hacer estimar, de saber vender una eminencia, afectando el encubrirla, para conservarla, y aún aumentarla con el deseo, que en los *Avisos al varón atento* se discurrirá con enseñanza. Célebre confirmación la de las esmeraldas del indiano, y que declara esta sotileza con buen gusto. Traía gran cantidad de ellas en calidad igual. Expuso la primera al aprecio de un perito lapidario, que la pagó en admiración. Sacó la segunda, aventajada en todo, guardando el orden de agradar: pero bajóle éste por mitad la estimación, y con esta proporción fué prosiguiendo con la tercera y con la cuarta; al paso que ellas iban excediéndose en quilates, iba cediendo el aprecio. Admirado el dueño de semejante desproporción, oyó la causa con enseñanza nuestra; que la misma abundancia de preciosidad se hacía daño a sí misma, y al paso que se perdía la raridad, se disminuía la estimación.

Oh, pues, el varón discreto, si quisiere ganar la inmortal reputación, juegue antes del basto que de la malilla. Sea un extremo en la perfección; pero guarde un medio en el lucimiento.

FRANCISCO MANUEL DE MELLO

1608—1666?

UNDER the pseudonym of *Clemente Libertino*, Francisco Manuel de Mello has given us a sound piece of historical work in his *Historia de los movimientos y separacion de Cataluña* (1645). Mello's life is an interesting one. A Portuguese, after the annexation of his country to Spain in 1580, he served in the Spanish Army, but left it in 1640 (when Portugal as well as Catalonia rose in revolt) to fight in the Portuguese ranks. Four years later he was imprisoned in Portugal as the successful rival in love of John IV and was only released in 1653. In 1659 he was exiled to Brazil on a charge of murder for which there seems to have been little foundation. Mello has a tendency to *culteranismo* and *conceptismo*, but this defect apart, he has positive merits of a very high order. He has a faculty of dramatic narrative, an exceptional acquaintance with the inner side of events and an almost uncanny gift of impartiality. Mello takes rank as an excellent writer both in Portuguese and in Spanish and is unquestionably a leading personality of his time.

GUERRA DE CATALUÑA

Son los catalanes, por la mayor parte, hombres de durísimo natural; sus palabras pocas, a que parece les inclina también su propio lenguaje, cuyas cláusulas y dicciones son brevísimas; en las injurias muestran gran sentimiento, y por eso son inclinados a venganza; estiman mucho su honor y su palabra; no menos su exención, por lo que entre las más naciones de España son amantes de su libertad. La tierra, abundante de asperezas, ayuda y dispone su ánimo vengativo a terribles efectos con pequeña ocasión; el quejoso o agraviado deja los pueblos y se entra a vivir en los bosques, donde en continuos asaltos fatigan los caminos; otros, sin más ocasión que su propia insolencia, siguen a estotros; estos y aquellos se mantienen por la industria de sus insultos. Llaman comúnmente andar en trabajo, aquel espacio de tiempo que gastan en este modo de vivir, como en señal de que le conocen por desconcierto; no es acción entre ellos reputada por afrentosa, antes al ofendido ayudan siempre sus deudos y amigos. Algunos han tenido por cosa política fomentar sus parcialidades por hallarse poderosos en los acontecimientos civiles: con este motivo, han conservado siempre entre sí los dos famosos bandos de narros y cadells, no menos celebrados y dañosos a su patria que los Güelfos y Gibelinos de Milán, los Pafos y Médicis de Florencia, los beamonteses y agramonteses de Navarra, y los gamboínos y oñasinos de la antigua Vizcaya.

Todavía se conservan en Cataluña aquellas diferentes voces, bien que espantosamente unidas y conformes en el fin de su defensa: cosa asaz digna de notar, que siendo ellos entre sí tan varios en las opiniones y sentimiento, se hayan ajustado de tal suerte en un propósito, que jamás esta diversidad y antigua contienda les dió ocasión de dividirse; buen ejemplo para enseñar o confundir en orgullo y disparidad de otras naciones, en aquellas obras cuyo acierto pende de la unión de los ánimos.

Habitan los quejosos por los boscajes y espesuras, y entre sus cuadrillas hay uno que gobierna, a quien obedecen los demás. Ya de este pernicioso mando han salido para mejores empleos Roque Guinart, Pedraza y algunos famosos capitanes de bandoleros, y últimamente, D. Pedro de Santa Cilia y Paz, caballero de nación mallorquín, hombre cuya vida hicieron notable en Europa las muertes de trescientas y veinticinco personas, que por sus manos o industria hizo morir violentamente, caminando veinticinco años tras la venganza de la injusta muerte de un hermano. Ocúpase estos tiempos D. Pedro sirviendo al Rey Católico en honrados puestos de la guerra, en que ahora le da el mundo satisfacción del escándalo pasado.

Es el hábito común acomodado a su ejercicio; acompáñanse siempre de arcabuces cortos llamados pedreñales, colgados de una ancha faja de cuero, que dicen charpa, atravesada desde el hombro al lado opuesto. Los más desprecian las espadas como cosa embarazosa a sus caminos: tampoco se acomodan a sombreros, mas en su lugar usan bonetes de estambre listados de diferentes colores, cosa que algunas veces traen como para señal, diferenciándose unos de otros por las listas; visten larguísimas capas de jerga blanca, resistiendo gallardamente al trabajo, con que se reparan y disimulan; sus calzados son de cáñamo tejido, a que llaman sandalias; usan poco el vino, y con agua sola, de que se acompañan, guardada en vasos rústicos, y algunos panes ásperos que se llevan, siempre pasados del cordel con que se ciñen, caminan y se mantienen los muchos días que gastan sin acudir a los pueblos.

Los labradores y gente del campo, a quien su ejercicio en todas provincias ha hecho llanos y pacíficos, también son oprimidos de esta costumbre; de tal suerte, que unos y otros, todos viven ocasionados a la venganza o discordia por su natural, por su habitación y por el ejemplo. El uso antiguo facilitó tanto el escándalo común, que, templando el rigor de la justicia, o por menos atenta o por menos poderosa, tácitamente permite su entrada y conservación en los lugares comarcanos, donde ya los reciben como vecinos.

No por esto se debe entender que toda la provincia y sus moradores vivan pobres, sueltos y sin policía; antes, por el contrario, es la tierra, principalmente en las llanuras, abundantísima de toda suerte de frutos, en cuya fertilidad compite con la gruesa Andalucía, y vence cualquiera otra de las provincias de España; ennoblécenla muchas ciudades, algunas famosas en antigüedad y lustre; tiene gran número de villas y lugares, algunos buenos puertos y plazas fuertes; su cabeza y corte, Barcelona, está llena de nobleza, letras, ingenios y hermosura; y esto mismo se reparte con más que medianía a los otros lugares del Principado. Fabricó la piedad de sus príncipes, señalados en la religión, famosos templos consagrados a Dios. Entre ellos luce, como el sol entre las estrellas, el santuario de Monserrate, célebre en todas las memorias cristianas del universo. Reconocen el valor de sus naturales las historias antiguas y modernas en el Asia y Europa; ¿África también no se lo confiesa? Es, en fin, Cataluña y los catalanes una de las provincias y gentes de más primor, reputación y estima que se halla en la grande congregación de estados y reinos de que se formó la monarquía española.

ANTONIO DE SOLÍS

1610—1686

Solís as a dramatist was a disciple of Calderón. It is not, however, as the author of *Euridice y Orfeo* or *El Amor al uso* that his name is best known, but as the writer of the *Historia de la conquista de Mexico, poblacion y progressos de la America septentrional conocida por el nombre de Nueva España* (1684). His facts are not as reliable as those of Bernal Díaz del Castillo, although he professes to take a golden mean between what he terms that author's jealousy of Cortés and the exaggerated picture of Cortés's merits given by López de Gómara. Whatever were his intentions, he was not perhaps as well qualified to judge of Cortés's aims and actions in the field as Díaz, who actually served under him. The merit of Solís's work is rather to be sought in his fluent style, which, although apt to verge almost on artificiality, still finds its admirers, especially among foreigners. Solís has produced in his *Historia* a creditable piece of work, full of life and local colour, which will be read with interest by those who still cling to such legends as the burning by Cortés of his ships.

CONQUISTA DE MÉJICO

Pasóse bien la noche, y la gente acudió con agrado y sencillez al agasajo de los españoles: sólo se reparó en que hablaban ya en este lugar con otro estilo de las cosas de Montezuma, porque alababan todos su gobierno, y encarecían su grandeza; o tuviéselos de aquella opinión el parentesco del cacique, o menos atrevidos la cercanía del tirano. Había dos leguas de calzada que pasar hasta Méjico, y se tomó la mañana, porque deseaba Cortés hacer su entrada, y cumplir con la primera función de visitar a Montezuma, quedando con alguna parte del día para reconocer y fortificar su cuartel. Siguióse la marcha con la misma orden: y dejando a los lados la ciudad de Magicalzingo en el agua, y la de Cuyoacán en la ribera, sin otras grandes poblaciones que se descubrían en la misma laguna, se dió vista desde más cerca, y no sin admiración, a la gran ciudad de Méjico, que se levantaba con exceso entre las demás, y al parecer, se le conocía el predominio hasta en la soberbia de sus edificios. Salieron a poco menos que la mitad del camino más de cuatro mil nobles y ministros de la ciudad a recibir el ejército, cuyos cumplimientos detuvieron largo rato la marcha, aunque sólo hacían reverencia, y pasaban delante para volver acompañando. Estaba poco antes de la ciudad un baluarte de piedra con dos castillejos a los lados, que ocupaba todo el plano de la calzada: cuyas puertas desembocaban sobre otro pedazo de calzada, y ésta terminaba en una puente levadiza, que defendía la entrada con segunda fortificación. Luego que pasaron de la otra parte los magnates del acompañamiento, se fueron desviando a los lados para franquear el paso al ejército, y se descubrió una calle muy larga y espaciosa, de grandes casas edificadas con igualdad y correspondencia, cubiertos de gente los miradores y terrados; pero la calle totalmente desocupada: y dijeron a Cortés, que se había despejado cuidadosamente, porque Montezuma estaba en ánimo de salir a recibirle para mayor demostración de su benevolencia.

Poco después se fué dejando ver la primera comitiva real, que serían hasta doscientos nobles de su familia, vestidos de librea con grandes penachos conformes en la hechura y el color. Venían en dos hileras con notable silencio y compostura, descalzos todos, y sin levantar los ojos de la tierra: acompañamiento con apariencias de procesión. Luego que llegaron cerca del ejército, se fueron arrimando a las paredes en la misma orden; y se vió a lo lejos una gran tropa de gente mejor adornada y de mayor dignidad, en cuyo medio venía Montezuma sobre los hombros de sus favorecidos en unas andas de oro bruñido, que brillaba con proporción entre diferentes labores de pluma sobrepuesta, cuya primorosa distribución procuraba obscurecer la riqueza con el artificio. Seguían el paso de las andas cuatro personajes de gran suposición, que le llevaban debajo de un palio hecho de plumas verdes entretejidas y dispuestas de manera que formaban tela, con algunos adornos de argentería: y poco delante iban tres magistrados con unas varas de oro en las manos, que levantaban en alto sucesivamente, como avisando que se acercaba el rey, para que se humillasen todos, y no se atreviesen a mirarle: desacato que se castigaba como sacrilegio. Cortés se arrojó del caballo poco antes que llegase, y al mismo tiempo se apeó Montezuma de sus andas, y se adelantaron algunos indios que alfombraron el camino para que no pusiese los pies sobre la tierra que, a su parecer, era indigna de sus huellas.

Previnose a la función con espacio y gravedad; y puestas las dos manos sobre los brazos del señor de Iztacpalapa, y el de Tezcuco sus sobrinos, dió algunos pasos para recibir a Cortés. Era de buena presencia: su edad hasta cuarenta años, de mediana estatura, más delgado que robusto: el rostro aguileño, de color menos obscuro que el natural de aquellos indios: el cabello largo hasta el estremo de la oreja, los ojos vivos, y el semblante majestuoso, con algo de intención: su traje un manto de sutilísimo algodón, anudado sin desaire sobre los hombros, de manera que cubría la mayor parte del cuerpo, dejando arrastrar la falda. Traía sobre sí diferentes joyas de oro, perlas y piedras preciosas en tanto número, que servía más al peso que al adorno. La corona, una mitra de oro ligero, que por delante remataba en punta, y la mitad posterior algo más obtusa se inclinaba sobre la cerviz; y el calzado unas suelas de oro macizo, cuyas correas tachonadas de lo mismo, ceñían el pie, y abrazaban parte de la pierna, semejante a las cáligas militares de los romanos.

Llegó Cortés apresurando el paso sin desautorizarse, y le hizo una profunda sumisión; a que respondió poniendo la mano cerca de la tierra, y llevándola después a los labios: cortesía de inaudita novedad en aquellos príncipes, y más desproporcionada en Montezuma, que apenas doblaba la cerviz a sus dioses, y afectaba la soberbia, o no la sabía distinguir de la majestad: cuya demostración, y la de salir personalmente al recibimiento, se reparó mucho entre los indios, y cedió en mayor estimación de los españoles: porque no se persuadían a que fuese inadvertencia de su rey, cuyas determinaciones veneraban sujetando el entendimiento. Habíase puesto Cortés sobre las armas una banda o cadena de vidrio, compuesta vistosamente de varias piedras que imitaban los diamantes y las esmeraldas, reservada para el presente de la primera audiencia, y hallándose cerca en estos cumplimientos, se la echó sobre los hombros a Montezuma. Detuviéronle, no sin alguna destemplanza, los dos braceros, dándole a entender que no era lícito el acercarse tanto a la persona del rey; pero él los reprendió, quedando tan gustoso del presente, que la miraba y celebraba entre los suyos como presea de inestimable valor: y para desempeñar su agradecimiento con alguna liberalidad, hizo traer, entretanto que llegaban a darse a conocer los demás capitanes, un collar, que tenía la primera estimación entre sus joyas. Era de unas conchas carmesíes de gran precio en aquella tierra, dispuestas y engarzadas con tal arte, que de cada una de ellas pendían cuatro gámbaros o cangrejos de oro, imitados prolijamente del natural. Y él mismo con sus manos se le puso en el cuello a Cortés: humanidad y agasajo que hizo segundo ruido entre los mejicanos. El razonamiento de Cortés fué breve y rendido, como lo pedía la ocasión, y su respuesta de pocas palabras, que cumplieron con la discreción, sin faltar a la decencia. Mandó luego al uno de aquellos dos príncipes sus colaterales que se quedase para conducir y acompañar a Hernán Cortés hasta su alojamiento, y arrimado al otro volvió a tomar sus andas, y se retiró a su palacio con la misma pompa y gravedad.

AGUSTÍN MORETO Y CAVANA

1618—1669

MORETO has not the creative power of Lope de Vega, the brilliant colouring of Calderón, the sombre force of Tirso de Molina, and the ethical measure of Ruíz de Alarcón. None the less, he equals most of these great predecessors on the stage in charm and is not inferior to any of them in verbal music. Deficient in invention, he was too prone to be content with remodelling the works of those who had written before him. All was fish that came to his net. He did not hesitate to recast the more or less hasty dramatic sketches of less prominent playwrights like Mira de Amescua, Guillén de Castro and Vélez de Guevara. Tirso de Molina was not safe from his pilfering hand. But he takes material most freely from Lope de Vega, and the brilliance of the result often justifies these predatory sallies. The most celebrated of Moreto's plays, *El desdén con el desdén*, is an amalgam of three—perhaps of four—pieces by Lope de Vega; the combination is executed with consummate skill, and undoubtedly the plagiary surpasses each and all of his originals in seductive grace and persuasiveness. Molière strove to repeat Moreto's feat in *La Princesse d'Élide*, and Gozzi likewise made the attempt in *La principessa filosofa*. The disastrous failure of these eminent playwrights is an indirect tribute to Moreto's uncanny dexterity; his dramatic gift was early recognized in France by Thomas Corneille and in England by John Crowne; it appears also to have exercised an influence in Denmark on Ludwig Holberg. Moreto took minor orders in 1642 and published a volume of plays in 1654. Between this date and 1659 Moreto became a priest. He was appointed chaplain by Cardinal Baltasar de Moscoso y Sandoval, settled in

Toledo and ministered zealously to the poor in the Toledo hospital. He is
styled by Gracián the "Terence of Spain," and the description is not undeserved.

EL DESDÉN CON EL DESDÉN

JORNADA PRIMERA. ESCENA VI.

(Sale el Conde con los tres Príncipes.)

Conde.   Príncipes, entrad conmigo.
Carlos (aparte). Sin alma a sus ojos vengo;
         no sé si tendré valor
         para fingir lo que intento.
         Siempre la hallo más hermosa.—
Diana (aparte). ¡Cielos! ¿Qué puede ser esto?—
Conde.   ¡Hija! ¿Diana?
Diana.   ¿Señor?
Conde.   Yo, que a tu decoro atiendo
         y a la deuda en que me ponen
         los Condes con sus festejos,
         habiendo dellos sabido
         que del retiro que has hecho
         de su vista, están quejosos....
Diana.   Señor, que me des te ruego
         licencia, antes que prosigas
         ni tu palabra haga empeño
         de cosa que te esté mal,
         de prevenirte mi intento.
         Lo primero es, que contigo
         ni voluntad tener puedo,
         ni la tengo, porque sólo
         mi albedrío es tu precepto.
         Lo segundo es, que el casarme,
         señor, ha de ser lo mismo
         que dar la garganta a un lazo
         y el corazón a un veneno.
         Casarme y morir es uno;
         mas tu obediencia es primero
         que mi vida. Esto asentado,
         venga ahora tu decreto.

Conde.   Hija, mal has presumido,
que yo casarte no intento,
sino dar satisfacción
a los príncipes, que han hecho
tantos festejos por ti,
y el mayor de todos ellos
es pedirte por esposa,
siendo tan digno su aliento,
ya que no de tus favores,
de mis agradecimientos.
Y, no habiendo de otorgallo,
debe atender mi respeto
a que ninguno se vaya
sospechando que es desprecio,
sino aversión que tu gusto
tiene con el casamiento.
Y también que esto no es
resistencia a mi precepto,
cuando yo no te lo mando,
porque el amor que te tengo
me obliga a seguir tu gusto;
y pues tú en seguir tu intento
ni a mí me desobedeces
ni los desprecias a ellos,
dales la razón que tiene
para esta opinión tu pecho,
que esto importa a tu decoro
y acredita mi respeto.   [*Vase.*

ESCENA VII.

(*Diana, Cintia, Laura, Damas; el Príncipe, Don Gastón,
Carlos, Polilla, Músicos.*)

Diana.   Si eso pretendéis no más,
oíd, que dárosla quiero.
D. Gast.   Sólo a ese intento venimos.
Príncipe.   Y no extrañéis el deseo,
que más extraña es en vos
la aversión al casamiento.

Carlos. Yo, aunque a saberlo he venido,
sólo ha sido con pretexto,
sin extrañar la opinión
de saber el fundamento.

Diana. Pues oíd, que ya le digo.

Polilla (aparte). ¡Vive Dios, que es raro empeño!
¿Si hallará razón bastante?
Porque será bravo cuento
dar razón para ser loca.

Diana. Desde que al albor primero
con que amaneció al discurso
la luz de mi entendimiento
vi el día de la razón,
fué de mi vida el empleo
el estudio y la lección
de la historia, en quien da el tiempo
escarmiento a los futuros
con los pasados ejemplos.
Cuantas ruinas y destrozos,
tragedias y desconciertos
han sucedido en el mundo
entre ilustres y plebeyos,
todas nacieron de Amor.
Cuanto los sabios supieron,
cuanto a la filosofía
moral liquidó el ingenio,
gastaron en prevenir
a los siglos venideros
el ciego error, la violencia,
el loco, el tirano imperio
de esa mentida deidad
que se introduce en los pechos
con dulce voz de cariño,
siendo un volcán allá dentro.
¿Qué amante jamás al mundo
dió a entender de sus efectos
sino lástimas, desdichas,
lágrimas, ansias, lamentos,
suspiros, quejas, sollozos,

sonando con triste estruendo
para lastimar las quejas,
para escarmentar los ecos?
Si alguno correspondido
se vió, paró en un despeño,
que al que no su tiranía
se opuso el poder del Cielo.
Pues si quien se casa va
a amar por deuda y empeño,
¿cómo se puede casar
quien sabe de amor el riesgo?
Pues casarse sin amor
es dar causa sin efecto,
¿cómo puede ser esclavo
quien no se ha rendido al dueño?
¿Puede hallar un corazón
más indigno cautiverio
que rendirle su albedrío
quien no manda su deseo?
Él obedecerle es deuda,
pues ¿cómo vivirá un pecho
con una obediencia fuera
y una resistencia adentro?
Con amor o sin amor,
yo, en fin, casarme no puedo:
con amor, porque es peligro;
sin amor, porque no quiero.

Príncipe. Dándome los dos licencia,
responderé a lo propuesto.
D. Gast. Por mi parte yo os la doy.
Carlos. Yo que responder no tengo,
pues la opinión que yo sigo
favorece aquel intento.
Príncipe. La mayor guerra, señora,
que hace el engaño al ingenio,
es estar siempre vestido
de aparentes argumentos.
Dejando las consecuencias
que tiene Amor contra ellos,

que en un discurso engañado
suelen ser de menosprecio,
la experiencia es la razón
mayor que hay para venceros,
porque ella sola concluye
con la prueba del efecto.
Si vos os negáis al trato,
siempre estaréis en el yerro,
porque no cabe experiencia
donde se excusa el empeño.
Vos váis contra la razón
natural, y el propio fuero
de nuestra naturaleza
pervertís con el ingenio.
No neguéis vos el oído
a las verdades del ruego,
porque si es razón no amar,
contra la razón no hay riesgo;
y si no es razón, no es fuerza,
que os ha de vencer el tiempo,
y entonces será victoria
publicar el vencimiento.
Vos defendéis el desdén,
todos vencerle queremos;
vos decís que esto es razón;
permitíos al festejo;
haced escuela al desdén,
donde, en nuestro galanteo,
los intentos de obligaros
han de ser los argumentos.
Veamos quién tiene razón,
porque ha de ser nuestro empeño
inclinaros al cariño,
o quedar vencidos ellos.

Diana. Pues para que conozcáis
que la opinión que yo llevo
es hija del desengaño
y del error vuestro intento,
festejad, imaginad

cuantos caminos y medios
de obligar una hermosura
tiene Amor, halla el ingenio,
que desde aquí me permito
a lisonjas y festejos
con el oído y los ojos,
sólo para convenceros
de que no puedo querer,
y que el desdén que yo tengo,
sin fomentarle el discurso,
es natural en mi pecho.

D. Gast.   Pues si argumento ha de ser
desde hoy nuestro galanteo,
todos vamos a argüir
contra el desdén y despego.—
Príncipes, de la razón
y de amor es ya el empeño;
cada uno un medio elija
de seguir este argumento.
Veamos, para concluir,
quién elige mejor medio.   [*Vase.*

Príncipe. Yo voy a escoger el mío,
y de vos, señora, espero
que habéis de ser contra vos
el más agudo argumento.   [*Vase.*

ESCENA VIII.

(*Diana, Cintia, Laura, Damas; Carlos, Polilla, Músicos.*)

Carlos.   Pues yo, señora, también,
por deuda de caballero,
proseguiré en festejaros,
mas será sin ese intento.

Diana.   Pues ¿por qué?

Carlos.   Porque yo sigo
la opinión de vuestro ingenio;
mas aunque es vuestra opinión,
la mía es con más extremo.

Diana.   ¿De qué suerte?

Carlos.   Yo, señora,
no sólo querer no quiero,
mas ni quiero ser querido.

Diana.   Pues ¿en ser querido hay riesgo?

Carlos.   No hay riesgo, pero hay delito:
no hay riesgo, porque mi pecho
tiene tan establecido
el no amar en ningún tiempo,
que si el Cielo compusiera
una hermosura de extremos
y ésta me amara, no hallara
correspondencia en mi afecto.
Hay delito, porque cuando
sé yo que querer no puedo,
amarme y no amar sería
faltar mi agradecimiento.
Y así yo, ni ser querido
ni querer, señora, quiero,
porque temo ser ingrato
cuando sé yo que he de serlo.

Diana.   Luego ¿vos me festejáis
sin amarme?

Carlos.   Eso es muy cierto.

Diana.   Pues ¿para qué?

Carlos.   Por pagaros
la veneración que os debo.

Diana.   ¿Y eso no es amor?

Carlos.   ¡Amor!
No, señora, esto es respeto.

Polilla (aparte a Carlos). ¡Cuerpo de Cristo! ¡Qué lindo!
¡Qué bravo botón de fuego!
Échala de ese vinagre
y verás, para su tiempo,
qué bravo escabeche sale.

Diana (aparte a Cintia). Cintia, ¿has oído a este necio?
¿No es graciosa su locura?

Cintia.   Soberbia es.

Diana.   ¿No será bueno
enamorar a este loco?

Cintia.	Sí, mas hay peligro en eso.
Diana.	¿De qué?
Cintia.	Que tú te enamores
	si no logras el empeño.
Diana.	Ahora eres tú más necia,
	pues ¿cómo puede ser eso?
	¿No me mueven los rendidos
	y ha de arrastrarme el soberbio?
Cintia.	Esto, señora, es aviso.
Diana.	Por eso he de hacer empeño
	de rendir su vanidad.
Cintia.	Yo me holgaré mucho dello.—

Diana (a Carlos). Proseguid la bizarría,
que yo ahora os la agradezco
con mayor estimación,
pues sin amor os la debo.

Carlos.	¿Vos agradecéis, señora?
Diana.	Es porque con vos no hay riesgo.
Carlos.	Pues yo iré a empeñaros más.
Diana.	Y yo voy a agradecerlo.
Carlos.	Pues mirad que no queráis,
	porque cesaré en mi intento.
Diana.	No me costará cuidado.
Carlos.	Pues siendo así, yo lo acepto.
Diana.	Andad.—Venid, Caniquí.
Carlos.	¿Qué decís?
Polilla.	Soy ya ese lienzo.

Diana (aparte a Cintia). Cintia, rendido has de verle.

Cintia.	Sí será; pero yo temo
	que se te trueque la suerte.—
(aparte)	Y eso es lo que yo deseo.— [*Vanse.*
Diana.	Mas ¿oís?
Carlos.	¿Qué me queréis?
Diana.	Que si acaso os muda el tiempo....
Carlos.	¿A qué, señora?
Diana.	A querer.
Carlos.	¿Qué he de hacer?
Diana.	Sufrir desprecios.
Carlos.	¿Y si en vos hubiese amor?

Diana.	Yo no querré.
Carlos.	Así lo creo.
Diana.	Pues ¿qué pedís?
Carlos.	Por si acaso....
Diana.	Ese acaso está muy lejos.
Carlos.	¿Y si llega?
Diana.	No es posible.
Carlos.	Supongo.
Diana.	Yo lo prometo.
Carlos.	Eso pido.
Diana.	Bien está.
	Quede así.
Carlos.	Guárdeos el Cielo.
Diana (aparte).	Aunque me cueste un cuidado,
	he de rendir a este necio.— [*Vase.*
Polilla.	Señor, buena va la danza.
Carlos.	Polilla, yo estoy muriendo;
	todo mi valor ha habido
	menester mi fingimiento.
Polilla.	Señor, llévalo adelante,
	y verás si no da fuego.
Carlos.	Eso importa.
Polilla.	Ven, señor,
	que ya yo estoy acá dentro.
Carlos.	¿Cómo?
Polilla.	Con lo Caniquí
	me he hecho lienzo casero.

JOSÉ FRANCISCO DE ISLA

1703—1781

José Francisco de Isla, a Jesuit, gave in his *Triunfo del Amor y de la lealtad, Día grande de Navarra* (1746) a description of the celebrations held at Pamplona in honour of Ferdinand VI. The chief personages concerned were at first delighted and only later discovered the writer's burlesque intentions. So great was their annoyance on this disclosure that Isla had to leave Pamplona. He rapidly became the fashionable preacher of the day, following, as we may see in his six volumes of sermons, the bombastical and gongoristical methods of preaching introduced by Paravicino. Isla's good sense stayed him on this false path, and in 1758 he made a complete *volte-face* when he published under the name of Francisco I.obón de Salazar his *Historia del famoso Predicador Fray Gerundio de Campazas, alias Zotes,* the ecclesiastical type of the picaresque novel and a satire on the preaching of the day. The book created a great stir especially in religious circles and in 1760 it was prohibited by the Inquisition. In 1767 when the Jesuits were expelled from Spain, Isla shared their fate. His letters to his sister during his exile are quite natural, interesting and singularly uncomplaining. All through, his correspondence with her is marked by a great and almost fatherly affection. In 1783, Isla's posthumous translation of *Gil Blas,* under the pseudonym of *Joaquín Federico Is-salps,* gave colour to Voltaire's theory that Le Sage had plagiarized a Spanish original, more particularly as Isla mischievously alleged that he was restoring the book *"a su patria y a su lengua nativa,"* and many did not see his joke. Although not a great writer of fiction, Isla is the only novelist of note in his time.

CARTA

Escrita en Villagarcía a 18 de enero de 1755, a su hermana.

Hija mía: me dice Nicolás que no me escribes porque el día del correo te hizo quedar en cama para repararte de un constipado con que te regaló la precisión de pagar tus visitas de novia a cuerpo patente; y añade que seguirás esta tarea por todo el mes que corre: en lo que no sé si me querrá decir también que tampoco debo esperar carta tuya en todo este mes, porque quizá serán los constipados dije preciso de la gala. Esta relación no puede ser más natural; pero también puede ser muy natural que en ella no haya otra cosa de verdad sino que no me escribes porque estás mala. Si el accidente es constipado o es otra cosa, sábelo Dios y vosotros. Sea lo que fuere, me resigno en la voluntad del que no lo puede errar, sin que la conformidad se oponga a los efectos de la naturaleza, ni pueda tampoco embarazar los primeros. Estos fueron los que corresponden a quien tiene una sangre extremamente volátil, un corazón de fuego y una imaginación de alquitrán: juntándose a eso el haberme cogido la noticia con una violenta fluxión a la mitad de la cara, garganta y pecho, que se irritó de repente, y me ha dado los días y las noches que se dejan discurrir. Esta fluxión no la cogí yo por pagar las visitas de novio en traje de ceremonia; porque desde que vine de Santa Eufemia solo he salido de mi celdilla a lo que no puedo hacer en ella, que es a decir misa y a comer, revocando el ánimo que había hecho de salir a recibir al Provincial, a vista del rigor del tiempo, que de quince días a esta parte no puede estar más furioso de nieve, heladas y aires frigidísimos, que parecen afilados en la Laponia. Al fin, veremos qué nos dicen las cartas del próximo correo, aunque ya tengo hecho casi el ánimo de que no llegarán, por ser experiencia constante que cuanto más las deseo, entonces es cuando puntualmente se detienen o se extravían. Eso más tendrá que hacer la resignación, y se le añadirá de mérito al dolor todo lo que se le añadiere de cuidado.

No te puedo ponderar las expresiones que me ha hecho tu tío y mi prelado el Padre Osorio. Parece que me está convidando con todas sus facultades para que use de ellas a mi arbitrio, y estoy persuadido a que sentirá mucho que no las disfrute. Pero este sentimiento es el que yo no le podré excusar; porque, estimándole mucho como debo sus finezas, y creyendo que le nacen muy de corazón, no veo por ahora en qué puedo aprovecharme de ellas. Estoy donde más gusto, vivo con el descanso con que nunca he vivido, trabajando más de lo que jamás he trabajado: el único consuelo que apetezco en esta vida, le lograré cuando Dios fuere servido; y si no le lograre hasta la otra, tendré el mérito de la paciencia y la satisfacción del dolor, pues en las circunstancias presentes solo me serviría para acortarme la vida, o acortársela a otro, que importa más que la mía; con que no descubro cosa en que pueda valerme de la bizarría de mi jefe; pero esto nada disminuye mi estimación y mi sumo reconocimiento. Basta de conversación; porque si estás constipada, también fatiga el leer: si es otra cosa peor, te fatigará mucho más. A Dios, que te me guarde cuanto quiero.—Tu amante hermano y padrino, *José Francisco* de su María Francisca.—Jitana mía.

FRAY GERUNDIO DE CAMPAZAS

A todo esto estaba muy atento el niño Gerundio, y no le quitaba ojo al Religioso. Pero como la conversacion se iba alargando, y era algo tarde, vínole el sueño, y comenzó a llorar. Acostóle su madre; y á la mañana, como se havia quedado dormido con las especies que havia oído al Padre, luego que dispertó, se puso de pies y en camisa sobre la cama, y comenzó á predicar con mucha gracia el Sermon, que havia oído por la noche, pero sin atar ni desatar, y

14—2

repitiendo no mas que aquellas palabras mas fáciles, que podia pronunciar su tiernecita lengua, como *fuego*, *agua*, *Campanas*, *Saquistan*, Tio Lázaro, y en lugar de Picinelo, Pagnino, y Vatablo, decia *pañuelo*, *pollino* y *buen nabo*, porque aún no tenia fuerza para pronunciar la *l*. Anton Zotes y su muger quedaron aturdidos: diéronle mil besos, dispertaron al Padre Colegial, llamaron al Cura, dijeron al niño, que repitiesse el Sermon delante de ellos; y él lo hizo con tanto donayre y donosura, que el Cura le dió un ochavo para avellanas, el Fraile seis chochos, su madre un poco de turron de Villada, que havia trahido de una Romería; y contando la buena de la Catanla la profecía del bendito Lego (assí le llamaba ella), todos convinieron en que aquel niño havia de ser gran Predicador, y que sin perder tiempo, era menester ponerle a la Escuela de Villaornate, donde havia un Maestro muy famoso.

Eralo un Cojo, el qual, siendo de diez años, se havia quebrado una pierna por ir á coger un nido. Havia sido discípulo en Leon de un Maestro famoso, que de un rasgo hacia una pájara, de otro un pavellon, y con una A ó con una M al principio de una Carta, cubria toda aquella primera llana de garambaynas. Hacia Carteles, que dedicaba á grandes personages, los quales por lo comun se los pagaban bien; y, aunque le llamaban por esto el Maestro socaliñas, á él se le daba poco de los murmuradores, y no por esso dexaba de hacer sus ridículos cortejos. Sobre todo era eminente en dibujar aquellos Carteles, que llaman de letras de humo, y con efecto pintaba un *Alabado*, que podia arder en un candil. De este insigne Maestro fué discípulo el Cojo de Villaornate; y era fama, que por lo ménos havia salido tan primoroso garambaynista, como su mismo Maestro.

Siendo cosa averiguada que los cojos por lo comun son ladinos y avisados, este tal Cojo, de quien vamos hablando, no era lerdo, aunque picaba un poco en presumido y en extravagante. Como salió tan buen pendolista, desde luego hizo ánimo á seguir la carrera de las Escuelas, esto es, á ser Maestro de Niños: y para soltarse en la letra, se acomodó por dos ó tres años de Escribiente con el Notario de la vicaría de San Millan, el qual era hombre curioso, y tenia algunos Libros romancistas, unos buenos, y otros malos. Entre estos havia tres libritos de Ortographía, cuyos Autores seguian rumbos diferentes, y aún opuestos, queriendo uno que se escribiesse segun la etymología ó derivacion de las voces; otro defendiendo, que se havia de escribir como se pronunciaba; y otro, que se debia seguir en esso la costumbre. Cada uno alegaba por su parte razones, exemplos, autoridades, citando Academias, Diccionarios, Lexicones, *ex omni lingua, tribu, populo & natione*; y cada qual esforzaba su partido con el mayor empeño, como si de este punto dependiera la conservacion, ó el trastornamiento y ruina universal de todo el Orbe Literario, conviniendo todos tres en que la Ortographía era la verdadera *clavis scientiarum*, el fundamento de todo el buen saber, la puerta principal del Templo de Minerva, y que, si alguno entraba en él sin ser buen Orto-graphista, entraba por la puerta falsa; no haviendo en el mundo cosa mas lastimosa, que el que se llamassen Escritores los que no sabian escribir. Sobre este pié metia cada Autor una zambra de todos los diantres en defensa de su particular opinion. Al Ety-mologista y Derivativo, se le partia el corazon de dolor, viendo á innumerables Españoles indignos, que escribian *España* sin H, en gravíssimo deshonor de la gloria de su misma patria, siendo assí que se deriva de *Hispania*, y esta de *Hispaan*, aquel Heroe, que hizo tantas proezas en la casa de conejos, de donde en lengua *Púnica* se vino á llamar *Hispania* toda tierra, donde havia mucha gazapina. Y, si se quiere que se derive de *Hespero*, aún tiene orígen y cuna mas brillante, pues no viene ménos que del Lucero vespertino, que es Ayuda de Cámara del Sol quando se acuesta, y le sirve el gorro para dormir, el qual á ojos vistos se ve, que está en el territorio celestial de nuestra amada patria; y quitándola á esta la H con sacrílega impiedad, obscurecióse todo el esplendor de su claríssimo orígen. Y los que hacen esto se han de llamar Españoles! O indignidad! O indecencia!

Pero donde perdia todos los estrivos de la paciencia, y aún de la razon, era en la torpe, en la bárbara, en la escandalosa costumbre ó corruptela de haver introducido la Y Griega, quando servia de conjuncion, en lugar de la I Latina, que, sobre ser mas pulida y mas pelada, tenia mas parentesco con el *et* de la misma lengua, de donde tomamos nosotros nuestra *i*. Fuera de que la *y* Griega tiene una figura basta rústica, y grossera, pues se parece á la horquilla con que los Labradores cargan los haces en el carro; y aunque no fuera mas que por esta gravissima razon, debia desterrarse de toda escritura culta y asseada. "Por esto, decia dicho Etymologista, siempre que leo en algun Autor *y Pedro, y Juan, y Diego*, en lugar de *i Diego, i Pedro, i Juan,* se me revuelven las tripas, se me commueven de rabia las entrañas, y no me puedo contener.... I al contrario, no me harto de echar mil bendiciones á aquellos celebérrimos Autores, que saben qual es su I derecha, i entre otros á dos Cathedráticos de dos famosas Universidades, ambos immortal honor de nuestro Siglo, i envidia de los futuros, los quales, en sus dos importantíssimos Tratados de Ortographía, han trabajado con glorioso empeño en restituir la I Latina al trono de sus antepassados; por lo qual digo y diré mil veces, que son benditos entre todos los benditos."

No le iba en zaga el otro Autor, que, despreciando la etymología y la derivacion, pretendia, que en las lenguas vivas se debia escribir como se hablaba, sin quitar ni añadir letra alguna, que no se pronunciasse. Era gusto ver como se encendia, como se irritaba, como se enfurecia contra la introduccion de tantas *hh, nn, ss,* y otras letras impertinentes, que no suenan en nuestra pronunciacion. "Aquí de Dios y del Rey (decia el tal Autor, que no parecia sino Portugués en lo fanfarron y en lo arrogante): si pronunciamos *ombre, onra, ijo,* sin aspiracion, ni alforjas, á qué ton emos de pegar á estas palabras aquella *h* arrimadiza, que no es letra ni calabaza, sino un recuerdo, ó un punto aspirativo? Y si se debe aspirar con la *h* siempre que se pone, por qué nos reímos del Andaluz, quando pronuncia *jijo, jonra, jombre*? Una de dos: ó él jabla bien ó nosotros escribimos mal. Pues que diré de las nn, ss, rr, pp, y demas letras dobles, que desperdiciamos lo mas lastimosamente del mundo? Si suena lo mismo *pasion* con una *s* que con dos; *inocente* con una *n* que con dos; *Philipo* con una *p* que con dos, *ut quid perditio hæc?* Que doblemos las letras en aquellas palabras en que se pronuncian con particular fortaleza, ó en las quales, si no se doblan, se puede confundir su significado con otro, como en *perro* para distinguirle de *pero,* en *parro* para diferenciarle de *paro,* y en *cerro* para que no se equivoque con *cero,* vaya; pero en *buro,* que ya se sabe lo que es, y no puede equivocarse con otro algun significado, para qué emos de gastar una *r* mas, que despues puede acernos falta para mil cosas? Es esto mas que gastar tinta, papel, y tiempo contra todas las buenas reglas de la buena economía."

No digo nada de la prodigalidad con que malvaratamos un prodigioso caudal de *uu,* que para nada nos sirven a nosotros, y con las quales se podian remediar muchíssimas pobres Naciones, que no tienen una *u* que llegar a la boca. V. gr. *en qué* en *por qué*, en *para qué*, en *quiero*, & *reliquia*, no me dirán ustedes qué falta nos ace la *u*, puesto que no se pronuncia? Estaria peor escrito qiero, qé, por qé, para qé, &c.? Añado, que, como la misma *q* lleva envuelta en su misma pronunciacion la *u*, podiamos aorrar muchíssimo caudal de *uu* para una urgencia, aún en aquellas voces en que claramente suena esta letra; porqe, qé inconveniente tendria, qe escribiéssemos *qerno, qando, qales* para pronunciar *querno, quando, quales*? Aún hay mas en la materia: puesto que la K tiene la misma fuerza que la *q*, todas las veces que la *u* no se declara, distingamos de tiempos, y concordaremos derechos; quiero decir, desterremos la *q* de todas aquellas palabras, en que no se pronuncia la *u*, y valgámonos de la K, pues, aunque assí se parecerá la escritura á los Kyries de la Missa, no perderá nada por esso. Vaya un verbi gracia de toda esta Ortographía."

"El ombre ke kiera escribir coretamente, uya qanto pudiere de escribir akellas letras, ke no se egspresan en la pronunciacion; porke es disonra de la pluma, ke debe ser buena ija de la lengua, no aprehender lo ke la enseña su madre, &c. Cuéntense las *uu* que se aorran en solo este período, y por aquí se sacará las que se podian aorrar al cabo del año en Libros, Instrumentos, y Cartas: y luego estrañarán que se haya encarecido el papel."

Por el contrario, el Ortographista, que era de opinion, que en esto de escribir se havia de seguir la costumbre, no se metia en dibujos; y haciendo gran burla de los que gastaban el calor natural en estas vagatelas, decia, que, en escribiendo como havian escrito nuestros Abuelos, se cumplia bastantemente: y mas quando en esto de Ortographía hasta ahora no se havian establecido principios ciertos y generalmente admitidos, mas que unos pocos, y que en lo restante cada uno fingia los que se le antojaba. El Cojo, que, como ya diximos, era un sí es no es muchíssimo extravagante, leyó todos los tres Tratados; y, como vió que la materia tenia mucho de arbitraria, y que cada qual discurria segun los senderos de su corazon, le vino á la imaginacion un extraño pensamiento. Parecióle, que él tenia tanto caudal como qualquiera para ser Inventor, Fundador, y Patriarca de un nuevo Systema ortográphico; y aún se lisonjeó su vanidad, que acaso daria con uno, jamas oído ni imaginado, que fuesse mas racional y mas justo, que todos los descubiertos; figurándosele, que, si acertaba con él, se haria el

Maestro de niños mas famoso, que havia havido en el mundo.... Con estas disparatadas consideraciones se enamoró tanto el extravagante Cojo de su ideada Ortographía, que resolvió seguirla, entablarla, y enseñarla. Y haviendo vacado por aquel tiempo la Escuela de Villaornate, por ascenso del Maestro actual á Fiel de Fechos de Cojezes de abajo, la pretendió, y la logró á dos paletadas; porque ya havia cobrado mucha fama en toda la tierra, con ocasion de los Litigantes que acudian á la Vicaría. Llovian niños como paja de todo el contorno á la fama de tan estupendo Maestro; y Anton Zotes y su muger resolvieron enviar allá á su Gerundico, para que no se malograsse la viveza que mostraba.

JOSÉ CADALSO Y VÁZQUEZ

1741—1782

José CADALSO was educated in Paris and returned to Spain in 1761 after travelling through England, Germany and Italy. From 1771 to 1774 he was stationed at Salamanca and it is to him and to Diego Tadeo González, the author of *El Murciélago alevoso*, that the founding of the Salamancan School of Poetry is ascribed. His *Don Sancho García, Conde de Castilla* (1771) is interesting only because he illustrates in it the theories of the French classical school, but Cadalso had no dramatic merit and his other plays are forgotten. The influence of Young's *Night Thoughts* is evident in his *Noches lúgubres,* and the *Cartas Marruecas* (1793) remind us infallibly of Montesquieu's *Lettres Persanes*. His best production is *Los eruditos a la violeta*, a satire ridiculing pedants. Cadalso was killed at the siege of Gibraltar and left a very attractive memory to his contemporaries, whom his endearing personality probably influenced more than his talents.

CARTAS MARRUECAS

De Gazel a Ben-Beley.

Por la última tuya veo cuan extraña te ha parecido la diversidad de las provincias que componen esta monarquía. Después de haberlas visitado, hallo ser muy verdadero el informe que me había dado Nuño de esta diversidad.

En efecto; los cántabros, entiendo por este nombre todos los que hablan el idioma vizcaíno, son unos pueblos sencillos y de notoria probidad. Fueron los primeros marineros de Europa, y han mantenido siempre la fama de excelentes hombres de mar. Su país, aunque sumamente áspero, tiene una población numerosísima, que no parece disminuirse con las continuas colonias que envía a la América. Aunque un vizcaíno se ausente de su patria, siempre se halla en ella como se encuentre un paisano suyo. Tienen entre sí tal unión, que la mayor recomendación que puede uno tener para con otro es el mero hecho de ser vizcaíno, sin más diferencia entre varios de ellos para alcanzar el favor de poderoso que la mayor o menor inmediación de los lugares respectivos. El señorío de Vizcaya, Guipúzcoa, Álava y el reino de Navarra tienen tal pacto entre sí, que algunos llaman a estos países las provincias unidas de España.

Los de Asturias y las Montañas hacen sumo aprecio de su genealogía, y de la memoria de haber sido aquel país el que produjo la reconquista de España con la expulsión de nuestros abuelos. Su población, demasiada para la miseria y estrechez de la tierra, hace que un número considerable de ellos se emplee continuamente en Madrid en la librea, que es la clase inferior de criados; de modo que si yo fuese natural de este país, y me hallara con coche en la corte, examinaría con mucha madurez los papeles de mis cocheros y lacayos, por no tener algún día la mortificación de ver a un primo mío echar cebada a mis mulas, o a uno de mis tíos limpiarme los zapatos. Sin embargo de todo esto, varias familias respetables de esta provincia se mantienen con el debido lustre; son acreedoras a la mayor consideración, y producen continuamente oficiales del más alto mérito en el ejército y marina.

Los gallegos, en medio de la pobreza de su tierra, son robustos; se esparcen por toda España a emprender los trabajos más duros, para llevar a sus casas algún dinero físico a costa de tan penosa industria. Sus soldados, aunque carecen de aquel lucido exterior de otras naciones, son excelentes para la infantería por su subordinación, dureza de cuerpo y hábito de sufrir incomodidades de hambre, sed y cansancio.

Los castellanos son de todos los pueblos del mundo los que merecen la primacía en línea de lealtad. Cuando el ejército del primer rey de España de la casa de Francia quedó arruinado en la batalla de Zaragoza, la sola provincia de Soria dió a su soberano un ejército nuevo y numeroso con que salir a campaña, y fué el que ganó las victorias, de que resultó la destrucción del ejército y bando austriaco. El ilustre historiador que refiere las revoluciones del principio de este siglo con todo el rigor y verdad que pide la historia para distinguirse de la fábula, pondera tanto la fidelidad de estos pueblos, que dice será eterna en la memoria de los reyes. Esta provincia aun conserva cierto orgullo nacido de su antigua grandeza, que hoy no se conserva sino en las ruinas de sus ciudades, y en la honradez de sus habitantes.

Extremadura produjo los conquistadores del nuevo mundo, y ha continuado siendo madre de insignes guerreros. Sus pueblos son poco afectos a las letras; pero los que entre ellos las han cultivado, no han tenido menos sucesos que sus patriotas en las armas.

Los andaluces, nacidos y criados en un país abundante, delicioso y ardiente, tienen fama de ser algo arrogantes; pero si este defecto es verdadero, debe atribuirse a su clima, siendo tan notorio el influjo de lo físico sobre lo moral. Las ventajas con que naturaleza dotó a aquellas provincias, hacen que miren con desprecio la pobreza de Galicia, la aspereza de Vizcaya y la sencillez de Castilla; pero, como quiera que todo esto sea, entre ellos ha habido hombres insignes que han dado mucho honor a toda España; y en tiempos antiguos los Trajanos, Sénecas y otros semejantes, que pueden envanecer el país en que nacieron. La viveza, astucia y atractivo de las andaluzas las hace incomparables. Te aseguro que una de ellas sería bastante para llenar de confusión el imperio de Marruecos, de modo que todos nos matásemos unos a otros.

Los murcianos participan del carácter de los andaluces y valencianos. Estos últimos están tenidos por hombres de sobrada ligereza, atribuyéndose este defecto al clima y suelo, pretendiendo algunos que hasta en los mismos alimentos falta aquel jugo que se halla en los de otros países. Mi imparcialidad no me permite someterme a esta preocupación, por general que sea; antes debo observar que los valencianos de este siglo son los españoles que más progresos hacen en las ciencias positivas y lenguas muertas.

Los catalanes son los pueblos más industriosos de España. Manufacturas, pescas, navegación, comercio, asientos, son cosas apenas conocidas en otras provincias de la península, respecto de los catalanes. No sólo son útiles en la paz, sino del mayor servicio en la guerra. Fundición de cañones, fábricas de armas, vestuario y monturas para ejército, conducción de artillería, municiones y víveres, formación de tropas ligeras de excelente calidad, todo esto sale de Cataluña. Los campos se cultivan, la población se aumenta, los caudales crecen y, en suma, parece estar aquella nación mil leguas de la gallega, andaluza y castellana. Pero sus genios son poco tratables, únicamente dedicados a su propia ganancia e interés, y así los llaman algunos los holandeses de España. Mi amigo Nuño me dice que esta provincia florecerá mientras no se introduzca en ella el lujo personal y la manía de ennoblecer los artesanos: dos vicios que hasta ahora se oponen al genio que la ha enriquecido.

Los aragoneses son hombres de valor y espíritu, honrados y tenaces en su dictamen, amantes de su provincia y notablemente preocupados a favor de sus paisanos. En otros tiempos cultivaron con suceso las ciencias y manejaron con mucha gloria las armas contra los franceses en Nápoles y contra nuestros abuelos en España. Su país, como todo lo restante de la península, fué sumamente poblado en la antigüedad, y tanto, que es común tradición entre ellos que en las bodas de uno de sus reyes entraron en Zaragoza diez mil infanzones con un criado cada uno, montados los veinte mil en otros tantos caballos de la tierra.

Por causa de los muchos siglos que todos estos pueblos estuvieron divididos, guerrearon unos con otros, hablaron diversos idiomas, se gobernaron por diferentes leyes, llevaron distintos trajes y, en fin, fueron naciones separadas, se mantuvo entre ellos cierto odio, que sin duda ha minorado, y aun llegado a aniquilarse; pero aun se mantiene cierto despego entre los de provincias lejanas; y si esto puede dañar en tiempo de paz, porque es obstáculo considerable para la perfecta unión, puede ser muy ventajoso en tiempo de guerra por la mutua emulación de unos con otros. Un regimiento todo de aragoneses no mirará con frialdad la gloria adquirida por una tropa castellana, y un navío tripulado de vizcaínos no se rendirá al enemigo mientras se defienda otro montado por catalanes.

GASPAR MELCHOR DE JOVELLANOS
1744—1811

JOVELLANOS originally intended to enter the church but at the instance of his uncle, the Duke of Losada, he abandoned a clerical career and took up law. In 1768 he was appointed magistrate in Seville and in 1778 occupied the same post at Madrid. Two years later he became *Consejero de las Órdenes Militares*; at the fall of Cabarrús, however, in 1789 he was exiled to Asturias. In 1797 he was made minister of Justice but only held the post a year and owing to cabals was exiled to Gijón. A prisoner in Majorca from 1801 to 1808, he returned from the Castillo del Bellver to Spain to find it under the yoke of France. Jovellanos has written verse, drama, and prose; the latter vehicle is most suitable to his talents. His *Defensa de la Junta Central* (1810) is a strikingly good performance in its kind. His merits as a dramatist concern us chiefly because of their influence on the Salamancan School; his versified *Epístola de Fabio a Anfriso* dedicated to the Duke of Veragua, is a delicate piece of inspiration illustrative of this great man's serene and noble character.

MEMORIA EN DEFENSA DE LA JUNTA CENTRAL

1. Cerrado este artículo de mi defensa, que ya se hacía tan molesto a mi pluma como era repugnante y penoso a mi corazón, entraré con paso más libre y rápido a desvanecer las calumnias inventadas para denigrar la reputación de los que compusimos la Junta Gubernativa. Impugnando a los ministros del Consejo reunido, la pluma marchó lentamente, detenida a cada paso por el respeto del tribunal a cuyo nombre hablaron, y por el concepto de sabiduría que es inseparable de su profesión. Deteníala también la consideración que naturalmente inspiraban unos contrarios que sólo pretendían atacar con las armas de la razón y se cubrían con el escudo de las leyes. No era por lo mismo posible rechazarlos sino con sus mismas armas, y esto pedía un miramiento que sólo se pudo perder de vista cuando el desliz de la pluma nacía del dolor de la ofensa. Pero a unos enemigos, a quienes ningún respeto protege, por lo mismo que se encubren; a unos enemigos, que atacan en asechanza, y disparando desde sus emboscadas, sólo emplean las armas prohibidas de la mentira y la calumnia, es preciso cargarlos de recio, tratarlos sin el menor miramiento, atacarlos con toda la vehemencia de la justicia y oprimirlos con todo el peso de la verdad, que tan infamemente han ultrajado.

2. Es posible que falte a mi pluma el calor que fuera necesario para tan rudo ataque, pero yo se le pediré a la indignación que excita en mi alma la fealdad de los delitos que nos han imputado, y en que fuí envuelto con los demás centrales. El cargo de *usurpación de la autoridad soberana*, aunque gravísimo por su naturaleza, podía a lo menos dorarse con aquella especie de oropel que suele engalanar los proyectos de la ambición; pero *los de robo de la fortuna pública* y de *infelidad a la patria*, imputados al cuerpo que estaba encargado de defenderla y salvarla, llevan consigo tan abominable y asquerosa fealdad, que a ser ciertos, dejarían impresa en los nombres de sus autores una de aquellas eternas manchas, que según la frase de Cicerón, *ni se pueden desvanecer con el largo curso del tiempo, ni lavarse con todas las aguas de los ríos.*

3. De aquí es que en la imputación de tan hediondos delitos, es mucho más de admirar la torpe necedad que la maligna osadía de nuestros calumniadores, porque costándoles tan poco forjar alguna acusación que tuviese visos de verosimilitud, forjaron unos cargos, no sólo improbables por su falsedad, sino imposibles por su naturaleza. Cegábalos tanto su ambición, que los hizo hocicar al primer paso. Era su objeto apoderarse del mando; mas como para despojar de él a los que le recibieron de la nación era preciso imputarles culpas que fuesen a los ojos de la nación bastante horribles y enormes, he aquí que echaron mano de las primeras que su loca fantasía creyó más propias para excitar su odio y nuestro descrédito. Se esforzaron, aunque en vano, en hacerlas correr. Cien bocas alquiladas para repetirlas las divulgaron por todas partes; el vulgo las oyó con más espanto que asenso; nuestros émulos se valieron de ellas para completar nuestra ruina, pero la nación no se dejó engañar. Los centrales, aunque perseguidos, insultados y amenazados de muerte por los sediciosos en su tránsito a la isla de León, siguieron su camino sin otra protección que la de su inocencia, se reunieron tranquilamente allí, acabaron de arreglar la organización de las Cortes, que habían convocado para allí; acordaron unánimes allí la formación de un consejo de regencia, y le nombraron y le instituyeron, y, frustrando la ambición de sus enemigos, hicieron a su patria el último y más recomendable servicio, salvando la autoridad suprema de las ruines manos que habían querido arrebatarla, y confiándola a otras que creyeron más fieles, más fuertes y más felices. Así fué como los mismos que

conspiraron contra nosotros, y por los mismos medios que emplearon para infamarnos y arruinarnos, vinieron a labrar nuestra gloria y su propia infamia.

4. Pero pasando ya al examen del primero de estos cargos forjados contra nosotros, se hallará en él mismo la demostración de su futilidad. Si el delito de *peculato* se hubiese imputado a tal cual individuo de la Junta Central, y fingido el modo y supuesto los medios por que se había aprovechado de los fondos públicos, se hubiera a lo menos dado alguna verosimilitud a la calumnia. Pero imputar a un cuerpo entero, compuesto de más de treinta individuos, un delito tan feo, tan difícil de cometer y tanto más de ocultar aún por uno solo, e imputarle a trompón y a bulto, sin determinación de personas, de tiempos, de casos ni de sumas, ¿no hace ver demasiado a las claras que solo se trataba de hacer ruido y alborotar con el estampido de una gran calumnia, sin considerar que acabada la vibración de su sonido, se desvanecería por sí misma, y descubriría el punto de donde venía el tiro, y la torpeza con que se había errado el golpe?

5. Porque se puede asegurar que los mismos que fraguaron el cargo, sentían allá en su corazón que era del todo contrario y repugnante a la opinión pública, pues que lo era también a la suya; que tal es el carácter de la calumnia, que ella es la que primero se desmiente a sí misma. En medio del odio indistinto que profesaban a todos los centrales, porque ninguno era favorable a sus designios, ¿cómo ignorarían que entre ellos había muchos a quienes, aunque mal de su grado, debían respetar por la rectitud y noble pureza de su conducta? Yo no he menester citar los nombres de tantos ilustres calumniados; pero apostaré mi cabeza a que, si se presenta su lista a mis lectores, para que señalen con el dedo los que crean capaces de cometer tan grave y ruin delito, resultará de este criterio que la más considerable parte de nosotros queda exceptuada y libre de tan infame presunción. Y no temo añadir que si toda la junta sevillana, a cuya envidiosa vista ejercimos la soberana autoridad por un año entero, y los mismos que la movieron a insurrección, y sus satélites, y sus emisarios, y sus diaristas, y sus trompeteros y fautores pudiesen ser sinceros por un solo instante, vendrían también a subscribir a esta tan numerosa como justa y gloriosa excepción.

LEANDRO FERNÁNDEZ DE MORATÍN

1760—1828

FERNÁNDEZ DE MORATÍN, son of the luckless author of *Hormesinda*, inherited his father's instinct for academic correctness, but had infinitely more dramatic talent. The details of his private life are not stimulating. He was an unscrupulous enemy, as is evident from the cruel caricature he gives of Eleuterio Crispín de Andorra in *La Comedia Nueva*, and he showed a lack of courage when he went into hiding during the Napoleonic invasion, then passed over to the enemy and finally, when he found himself on the losing side, fled to Italy and later to France, pursued by a phalanx of imaginary murderers. However, there is no question as to his literary gifts. In *El Sí de las Niñas*, *La Comedia Nueva* and *El Viejo y la Niña*, Moratín proves himself an accomplished man of letters and a master of brilliant dialogue.

EL SÍ DE LAS NIÑAS

Doña Francisca. Ya estamos acá.

Doña Irene. ¡Ay qué escalera!

Don Diego. Muy bien venidas, señoras.

Dª. Irene. ¿Conque V., a lo que parece, no ha salido?

[*Se sientan doña Irene y don Diego.*

D. Diego. No, señora. Luego, más tarde, daré una vueltecilla por ahí....He leído un rato. Traté de dormir, pero en esta posada no se duerme.

Dª. Francisca. Es verdad que no...¡Y qué mosquitos! Mala peste en ellos. Anoche no me dejaron parar....Pero, mire V., mire V. (*Desata el pañuelo y manifiesta algunas cosas de las que indica el diálogo.*) cuantas cosillas traigo. Rosarios de nácar, cruces de ciprés, la regla de San Benito, una pililla de cristal.... mire V. qué bonita, y dos corazones de talco....¡Qué sé yo cuánto viene aquí! ¡Tantas cosas!

Dª. Irene. Chucherías que la han dado las madres. Locas estaban con ella.

Dª. Francisca. ¡Cómo me quieren todas! ¡Y mi tía, mi pobre tía lloraba tanto!...Es ya muy viejecita.

Dª. Irene. Ha sentido mucho no conocer a V.

Dª. Francisca. Sí, es verdad. Decía, ¿por qué no ha venido aquel señor?

Dª. Irene. El pobre capellán y el rector de los Verdes nos han venido acompañando hasta la puerta.

Dª. Francisca. Toma, (*Vuelve a atar el pañuelo y se le da a Rita, la cual se va con él y con las mantillas al cuarto de doña Irene.*) guárdamelo todo allí, en la escusabaraja. Mira, llévalo así de las puntas...Válgate Dios! Eh! ya se ha roto la santa Gertrudis de alcorza!

Rita. No importa, yo me la comeré.

(*Doña Irene, Doña Francisca, Don Diego.*)

Dª. Francisca. ¿Nos vamos adentro, mamá, o nos quedamos aquí?

Dª. Irene. Ahora, niña, que quiero descansar un rato.

D. Diego. Hoy se ha dejado sentir el calor enforma.

Dª. Irene. ¡Y qué fresco tienen aquel locutorio! Está hecho un cielo...(*Siéntase doña Francisca junto a doña Irene.*) Mi hermana es la que sigue siempre bastante delicadita. Ha padecido mucho este invierno...Pero vaya, no sabía qué hacerse con su sobrina la buena señora...Está muy contenta de nuestra elección.

D. Diego. Yo celebro que sea tan a gusto de aquellas personas a quienes debe V. particulares obligaciones.

Dª. Irene. Sí, la tía de acá está muy contenta; y en cuanto á la de allá, ya lo ha visto V. La ha costado mucho despegarse de ella; pero ha conocido que siendo para su bienestar, es necesario pasar por todo...Ya se acuerda V. de lo espresiva que estuvo, y...

D. Diego. Es verdad. Sólo falta que la parte interesada tenga la misma satisfacción que manifiestan cuantos la quieren bien.

Dª. Irene. Es hija obediente, y no se apartará jamás de lo que determine su madre.

D. Diego. Todo eso es cierto, pero....

Dª. Irene. Es de buena sangre, y ha de pensar bien, y ha de proceder con el honor que la corresponde.

D. Diego. Sí, ya estoy; pero ¿no pudiera sin faltar a su honor ni a su sangre?....

Dª. Francisca. ¿Me voy, mamá?

[*Se levanta y vuelve a sentarse.*

Dª. Irene. No pudiera, no señor. Una niña bien educada, hija de buenos padres, no puede menos de conducirse en todas ocasiones como es conveniente y debido. Un vivo retrato es la chica, ahí donde V. la ve, de su abuela que Dios perdone, doña Gerónima de Peralta....En casa tengo el cuadro, que le habrá V. visto. Y le hicieron, según me contaba su merced, para enviársele a su tío carnal el electo obispo de Mechoacán.

D. Diego. Ya.

Dª. Irene. Y murió en el mar el buen religioso, que fué un quebranto para toda la familia...Hoy es, y todavía estamos sintiendo su muerte: particularmente mi primo don Cucufate, regidor perpetuo de Zamora, no puede oir hablar de su ilustrísima sin deshacerse en lágrimas.

Dª. Francisca. Válgate Dios qué moscas tan....

Dª. Irene. Pues murió en olor de santidad.

D. Diego. Eso bueno es.

Dª. Irene. Sí señor; pero como la familia ha venido tan a menos... ¿Qué quiere V.? Donde no hay facultades...Bien que por lo que puede tronar, ya se le está escribiendo la vida, y ¿quién sabe que el día de mañana no se imprima con el favor de Dios?

D. Diego. Sí, pues ya se ve. Todo se imprime.

Dª. Irene. Lo cierto es que el autor, que es sobrino de mi hermano político el canónigo de Castrogeriz, no la deja de la mano; y a la hora de ésta lleva ya escritos nueve tomos en folio, que comprenden los nueve años primeros de la vida del santo obispo.

D. Diego. ¿Conque para cada año un tomo?

Dª. Irene. Sí señor, ese plan se ha propuesto.

D. Diego. ¿Y de qué edad murió el venerable?

Dª. Irene. De ochenta y dos años, tres meses y catorce días.

Dª. Francisca. ¿Me voy, mamá?

Dª. Irene. Anda, vete. ¡Válgate Dios, qué prisa tienes!

Dª. Francisca. ¿Quiere V. (*Se levanta, y después, al acabarse la escena, hace una graciosa cortesía a don Diego, da un beso a doña Irene y se va al cuarto de ésta.*) que le haga una cortesía a la francesa, señor don Diego?

D. Diego. Sí, hija mía. A ver.

Dª. Francisca. Mire V., así.

D. Diego. ¡Graciosa niña! Viva la Paquita, viva.

Dª. Francisca. Para V. una cortesía, y para mi mamá un beso.

CARTA

A D. Antonio Melón.

Burdeos, 27 de junio.

Querido Juan: Llegó en efecto Goya, sordo, viejo, torpe y débil, y sin saber una palabra de francés, y sin traer un criado (que nadie más que él lo necesita), y tan contento y tan deseoso de ver mundo. Aquí estuvo tres días; dos de ellos comió con nosotros en calidad de joven alumno: le he exhortado a que se vuelva para Septiembre, y no se enlodacine en París y se deje sorprender del invierno, que acabaría con él. Lleva una carta para que Arnao vea en dónde acomodarle, y tome con él cuantas precauciones se necesitan, que son muchas, y la principal de ellas, a mi entender, que no salga de casa sino en coche; pero no sé si él se prestará a esta condición. Allá veremos si el tal viaje le deja vivo. Mucho sentiría que le sucediese algún trabajo.

¿Qué me cuentas de la pobre Luisa? ¿Conque llevó el susto que me cuentas, y se vió atacada y robada por la pobre gente? Lo siento de veras; pero *¿que diable allait-elle faire dans cette galère?* Vosotros no sabéis todavía en qué tierra vivís. Dala mis finas memorias.

Dáselas al señor Marqués de A., y dile que no hace seis años todavía que reside en Madrid; a ti te sucede lo mismo y a otros muchos lo propio: con que, no hay sino echar la barba en remojo, y tal vez tendrás que ponerte en camino sin haber podido recoger el último alfiler. ¿Por qué diablos no vendes esa casa, y pones ese capital aquí, en donde le tendrás enterito para regalársele a tus herederos, o donde, si quieres perderle, atendida tu juvenil edad, te darán un 12 por 100, y podrás vivir como un sátrapa?

Haz lo que quieras, y Dios te ilumine y te guarde de mal. Da mis encomiendas al tío Juan, y dile que en cuanto al buen Ceán, no me parece bien que se le hable de los años que tiene, porque es una desvergüenza; lo que yo digo es que no me parece viejo, sino que es un sujeto de cierta edad, y si es necesario, lo juraré y firmaré de mi puño y letra.

No ocurre más; me aguarda la onza y media de chocolate, y voy a despachar esta obligación. Pásalo bien, y adiós, hasta otro día.

Hazme gusto de ver a esas señoras de la casa de los Basilios, y dame noticias de ellas, dándolas de mi parte muchas expresiones.

JOSÉ MARIA HEREDIA

1803—1839

José María Heredia, the Cuban, is one of the group of poets—including Zenea and Gutiérrez González—who although American by birth belong to the Spanish literary tradition. In *El Niágara*, the most famous of his poems, Heredia sings an ardent paean to Liberty, as represented by the tumultuous rush of the Falls.

NIÁGARA

Dadme mi lira, dádmela: que siento
en mi alma estremecida y agitada
arder la inspiración. ¡Oh! ¡cuánto tiempo
en tinieblas pasó, sin que mi frente
brillase con su luz!...Niágara undoso,
sola tu faz sublime ya podría
tornarme el don divino, que ensañada
me robó del dolor la mano impía.

Torrente prodigioso, calma, acalla
tu trueno aterrador: disipa un tanto
las tinieblas que en torno te circundan,
y déjame mirar tu faz serena,
y de entusiasmo ardiente mi alma llena.
Yo digno soy de contemplarte: siempre,
lo común y mezquino desdeñando,
ansié por lo terrífico y sublime.
Al despeñarse el huracán furioso,
al retumbar sobre mi frente el rayo,
palpitando gocé: vi al Oceano
azotado del austro proceloso
combatir mi bajel, y ante mis plantas
sus abismos abrir, y amé el peligro,
y sus iras amé: mas su fiereza
en mi alma no dejara
la profunda impresión que tu grandeza.

Corres sereno y majestuoso, y luego
en ásperos peñascos quebrantado,
te abalanzas violento, arrebatado,
como el destino irresistible y ciego.

¿Qué voz humana describir podría
de la sirte rugiente
la aterradora faz? El alma mía
en vagos pensamientos se confunde,
al contemplar la férvida corriente,
que en vano quiere la turbada vista
en su vuelo seguir al borde obscuro
del precipicio altísimo: mil olas,
cual pensamiento rápidas pasando,
chocan y se enfurecen,
y otras mil y otras mil ya las alcanzan,
y entre espuma y fragor desaparecen.
Más llegan...saltan...el abismo horrendo
devora los torrentes despeñados;
crúzanse en él mil iris, y asordados
vuelven los bosques el fragor tremendo.
Al golpe violentísimo en las peñas
rómpese el agua y salta, y una nube
de revueltos vapores
cubre el abismo en remolinos, sube,
gira en torno, y al cielo
cual pirámide inmensa se levanta,
y por sobre los bosques que le cercan
al solitario cazador espanta.

Mas ¿qué en ti busca mi anhelante vista
con inútil afán? ¿Por qué no miro
alrededor de tu caverna inmensa
las palmas ¡ay! las palmas deliciosas,
que en las llanuras de mi ardiente patria
nacen del sol a la sonrisa, y crecen,
y al soplo de la brisa del Océano
bajo un cielo purísimo se mecen?

Este recuerdo a mi pesar me viene....
Nada ¡oh Niágara! falta a tu destino,
ni otra corona que el agreste pino
a tu terrible majestad conviene.
La palma y mirto, y delicada rosa,
muelle placer inspiren y ocio blando
en frívolo jardín: a ti la suerte

guarda más digno objeto y más sublime.
El alma libre, generosa y fuerte,
viene, te ve, se asombra,
el mezquino deleite menosprecia
y aun se siente elevar cuando te nombra.
 ¡Dios, Dios de la verdad! en otros climas
vi monstruos execrables
blasfemando tu nombre sacrosanto,
sembrar error y fanatismo impío,
los campos inundar con sangre y llanto,
de hermanos atizar la infanda guerra
y desolar frenéticos la tierra.
Vilos, y el pecho se inflamó a su vista
en grave indignación. Por otra parte
vi mentidos filósofos que osaban
escrutar tus misterios, ultrajarte,
y de impiedad al lamentable abismo
a los míseros hombres arrastraban:
por eso siempre te buscó mi mente
en la sublime soledad: ahora
entera se abre a ti; tu mano siente
en esta inmensidad que me circunda,
y tu profunda voz baja a mi seno
de este raudal en el eterno trueno.
 ¡Asombroso torrente!
¡Cómo tu vista mi ánimo enajena
y de terror y admiración me llena!
¿Dó tu origen está? ¿Quién fertiliza
por tantos siglos tu inexhausta fuente?
¿Qué poderosa mano
hace que al recibirte
no rebose en la tierra el Oceano?
 Abrió el Señor su mano omnipotente,
cubrió tu faz de nubes agitadas,
dió su voz a tus aguas despeñadas
y ornó con su arco tu terrible frente.
 Miro tus aguas que incansables corren,
como el largo torrente de los siglos
rueda en la eternidad: así del hombre

pasan volando los floridos días
y despierta el dolor...¡Ay! ya agotada
siento mi juventud, mi faz marchita,
y la profunda pena que me agita
ruga mi frente de dolor nublada.
    Nunca tanto sentí como este día
mi mísero aislamiento, mi abandono,
mi lamentable desamor....¿Podría
una alma apasionada y borrascosa
sin amor ser feliz?...¡Oh! ¡Si una hermosa
digna de mí me amase
y de este abismo al borde turbulento
mi vago pensamiento
y mi andar solitario acompañase!
¡Cuál gozara al mirar su faz cubrirse
de leve palidez, y ser más bella
en su dulce terror, y sonreírse
al sostenerla en mis amantes brazos!...
¡Delirios de virtud!...¡Ay! desterrado,
sin patria, sin amores,
sólo miro ante mí llanto y dolores.
    ¡Niágara poderoso!
Oye mi última voz: en pocos años
ya devorado habrá la tumba fría
a tu débil cantor. ¡Duren mis versos
cual tu gloria inmortal! Pueda piadoso,
al contemplar tu faz algún viajero,
dar un suspiro a la memoria mía.
Y yo, al hundirse el sol en Occidente,
vuele gozoso do el Criador me llama,
y al escuchar los ecos de mi fama
alce en las nubes la radiosa frente.

JOSÉ IGNACIO XAVIER ORIOL ENCARNACIÓN DE ESPRONCEDA Y LARA

1808—1842

ESPRONCEDA (the usual abbreviation for what M. Paul Bourget would call his "nom copieux") is the typical romantic poet of the nineteenth century. His life too reads like a romance. Wherever trouble was brewing, Espronceda, like a stormy petrel, was sure to be found. Whilst still a schoolboy, he attempted to dethrone Ferdinand VII and later had to flee to Lisbon to escape the consequences of the plots he was constantly forging. It was in Lisbon that he met Teresa Mancha, famous through his *Canción a Teresa*. He took part in the revolution of 1830 in Paris, he next tried to organize an expedition to Poland and finally sought to stir up the Northern provinces of Spain. Returning to Spain on the occasion of the amnesty, he was given a commission in the army; he was cashiered, however, owing to an indiscreet speech. His career till his early death in 1842 continued to be one of ceaseless agitation and disturbance.

Espronceda's model was Byron. He considered Byron to be one of the great elemental literary forces in the world and his affinities with the English poet have somewhat injured him in Spain, where the reaction against Espronceda at the time of his first centenary was really due to excessive nationalism. There is however no chord in Byron so impassioned and sincere as in Espronceda's *Canción a Teresa* and the roving, swinging lilt of the *Canción del Pirata* is an effective variant on *The Corsair*. Espronceda strikes a note of poignant realism in *A Jarifa, en una orgía* and in *El Mendigo* and *El Verdugo*. With all his limitations, he is a great poet, full of poignant passion and rebellious fire.

EL CANTO DEL COSACO

Donde sienta mi caballo los pies,
no vuelve a nacer hierba.

(Palabras de Atila.)

Coro.

¡Hurra! cosacos del desierto! ¡Hurra!
La Europa os brinda espléndido botín:
Sangrienta charca sus campiñas sean,
De los grajos su ejército festín.

¡Hurra! a caballo, hijos de la niebla!
Suelta la rienda, a combatir volad:
¿Veis esas tierras fértiles? las puebla
Gente opulenta, afeminada ya.

Casas, palacios, campos y jardines,
Todo es hermoso y refulgente allí:
Son sus hembras celestes serafines,
Su sol alumbra un cielo de zafir.
¡Hurra! cosacos del desierto....

Nuestros sean su oro y sus placeres,
Gocemos de ese campo y de ese sol;
Son sus soldados menos que mujeres,
Sus reyes, viles mercaderes son.
Vedlos huir para esconder su oro,
Vedlos cobardes lágrimas verter....
¡Hurra! volad...sus cuerpos, su tesoro
Huellen nuestros caballos con sus pies.

¡Hurra! cosacos del desierto....

Dictará allí nuestro capricho leyes,
Nuestras casas alcázares serán,
Los cetros y coronas de los reyes
Cual juguetes de niños rodarán.
¡Hurra! volad a hartar nuestros deseos:
Las más hermosas nos darán su amor,
Y no hallarán nuestros semblantes feos,
Que siempre brilla hermoso el vencedor.

¡Hurra! cosacos del desierto....

Desgarraremos la vencida Europa
Cual tigres que devoran su ración;
En sangre empaparemos nuestra ropa
Cual rojo manto de imperial señor.
Nuestros nobles caballos relinchando
Regias habitaciones morarán;
Cien esclavos, sus frentes inclinando,
Al mover nuestros ojos temblarán.

¡Hurra! cosacos del desierto....

Venid, volad, guerreros del desierto,
Como nubes en negra confusión,
Todos suelto el bridón, el ojo incierto,
Todos atropellándose en montón.

Id, en la espesa niebla confundidos,
Cual tromba que arrebata el huracán,
Cual témpanos de hielo endurecidos
Por entre rocas despeñados van.

¡Hurra! cosacos del desierto....

Nuestros padres un tiempo caminaron
Hasta llegar a una imperial ciudad;
Un sol más puro es fama que encontraron,
Y palacios de oro y de cristal.
Vadearon el Tibre sus bridones,
Yerta a sus pies la tierra enmudeció;
Su sueño con fantásticas canciones
La fada de los triunfos arrulló.

¡Hurra! cosacos del desierto....

¡Que! ¿no sentís la lanza estremecerse,
Hambrienta en vuestras manos de matar?
¿No veis entre la niebla aparecerse
Visiones mil que el parabién nos dan?
Escudo de esas míseras naciones
Era ese muro que abatido fué;
La gloria de Polonia y sus blasones
En humo y sangre convertidos ved.

¡Hurra! cosacos del desierto....

¿Quién en dolor trocó sus alegrías?
¿Quién sus hijos triunfante encadenó?
¿Quién puso fin a sus gloriosos días?
¿Quién en su propia sangre los ahogó?
¡Hurra, cosacos! ¡gloria al más valiente!
Esos hombres de Europa nos verán:
¡Hurra! nuestros caballos en su frente
Hondas sus herraduras marcarán.

¡Hurra! cosacos del desierto....

A cada bote de la lanza ruda,
A cada escape en la abrasada lid,
La sangrienta ración de carne cruda
Bajo la silla sentiréis hervir.

Y allá después, en templos suntuosos,
Sirviéndonos de mesa algún altar,
Nuestra sed calmarán vinos sabrosos,
Hartará nuestra hambre blanco pan.
¡Hurra! cosacos del desierto....

Y nuestras madres nos verán triunfantes,
Y a esa caduca Europa a nuestros pies,
Y acudirán de gozo palpitantes,
En cada hijo a contemplar un rey.
Nuestros hijos sabrán nuestras acciones,
Las coronas de Europa heredarán,
Y a conquistar también otras regiones
El caballo y la lanza aprestarán.

¡Hurra, cosacos del desierto! ¡Hurra!
La Europa os brinda espléndido botín:
Sangrienta charca sus campiñas sean,
De los grajos su ejército festín.

EL VERDUGO

De los hombres lanzado al desprecio,
De su crimen la víctima fuí,
Y se evitan de odiarse a sí mismos,
Fulminando sus odios en mí.
Y su rencor
Al poner en mi mano, me hicieron
Su vengador;
Y se dijeron:
"Que nuestra vergüenza común caiga en él;
Se marque en su frente nuestra maldición;
Su pan amasado con sangre y con hiel,
Su escudo con armas de eterno baldón
Sean la herencia
Que legue al hijo,
El que maldijo
La sociedad."
¡Y de mí huyeron,
De sus culpas el manto me echaron,
Y mi llanto y mi voz escucharon
Sin piedad!!!

Al que a muerte condena le ensalzan....
¿Quién al hombre del hombre hizo juez?
¿Que no es hombre ni siente el verdugo
Imaginan los hombres tal vez?
¡Y ellos no ven
Que yo soy de la imagen divina
Copia también!
Y cual dañina
Fiera a que arrojan un triste animal
Que ya entre sus dientes se siente crujir,
Así a mí, instrumento del genio del mal,
Me arrojan el hombre que traen a morir.
Y ellos son justos,
Yo soy maldito;
Yo sin delito
Soy criminal:
Mirad al hombre
Que me paga una muerte; el dinero
Me echa al suelo con rostro altanero,
¡A mí, su igual!

El tormento que quiebra los huesos,
Y del reo el histérico ¡ay!
Y el crujir de los nervios rompidos
Bajo el golpe del hacha que cae,
Son mi placer.
Y al rumor que en las piedras rodando
Hace, al caer,
Del triste saltando
La hirviente cabeza de sangre en un mar,
Allí entre el bullicio del pueblo feroz
Mi frente serena contemplan brillar,
Tremenda, radiante con júbilo atroz.
Que de los hombres
En mí respira
Toda la ira,
Todo el rencor:
Que a mí pasaron
La crueldad de sus almas impía,

Y al cumplir su venganza y la mía
Gozo en mi horror.

Ya más alto que el grande que altivo
Con sus plantas hollara la ley
Al verdugo los pueblos miraron,
Y mecido en los hombros de un rey:
Y en él se hartó,
Embriagado de gozo aquel día
Cuando espiró;
Y su alegría
Su esposa y sus hijos pudieron notar;
Que en vez de la densa tiniebla de horror,
Miraron la risa su labio amargar,
Lanzando sus ojos fatal resplandor.

Que el verdugo
Con su encono
Sobre el trono
Se asentó:
Y aquel pueblo
Que tan alto le alzara bramando,
Otro rey de venganzas, temblando,
En él miró.

En mí vive la historia del mundo
que el destino con sangre escribió,
Y en sus páginas rojas Dios mismo
Mi figura imponente grabó.
La eternidad
Ha tragado cien siglos y ciento,
Y la maldad
Su monumento
En mí todavía contempla existir;
Y en vano es que el hombre do brota la luz
Con viento de orgullo pretenda subir:
¡Preside el verdugo los siglos aún!
Y cada gota
Que me ensangrienta,
Del hombre ostenta
Un crimen más.

Y yo aun existo,
Fiel recuerdo de edades pasadas,
A quien siguen cien sombras airadas
Siempre detrás.

¡Oh! ¿por qué te ha entregado el verdugo,
Tú, hijo mío, tan puro y gentil?
En tu boca la gracia de un ángel
Presta gracia a tu risa infantil.
¡Ay! tu candor,
Tu inocencia, tu dulce hermosura
Me inspira horror.
¡Oh! ¿tu ternura,
Mujer, a qué gastas con ese infeliz?
¡Oh! muéstrate madre piadosa con él;
Ahógale y piensa será así feliz.
¿Qué importa que el mundo te llame cruel?
¿Mi vil oficio
Querrás que siga,
Que te maldiga
Tal vez querrás?
Piensa que un día
Al que hoy miras jugar inocente,
Maldecido cual yo y delincuente
También verás!!!

MARIANO JOSÉ DE LARRA

1809—1837

MARIANO JOSÉ DE LARRA, the son of a doctor, was born in Madrid but spent the first eight years of his life at Bordeaux. He studied law but his want of taste for it drove him into journalism. An unhappy marriage accentuated his naturally pessimistic tendencies and, robbed of all his illusions, he exposes with frank crudity the foibles and baseness of men. His two plays *No más mostrador* (1831) and *Macías* (1834) had little success, but though Larra could not create characters, his shrewd powers of observation and mordant sarcasm helped to inform his delineation of human character. Under various pseudonyms such as *Andrés Niporesas*, *Fígaro*, etc. Larra wrote in *El Pobrecito hablador* (1832-1833) and *La Revista española* (1834). All his articles are characterized by brilliant clearness of judgement and mocking melancholy. Larra committed suicide at the age of twenty-eight.

ARTÍCULOS DE COSTUMBRES
Vuelva usted mañana.

*   *   *   *   *   *   *   *

Un extranjero de estos fué el que se presentó en mi casa, provisto de competentes cartas de recomendación para mi persona. Asuntos intrincados de familia, reclamaciones futuras, y aun proyectos vastos concebidos en París de invertir aquí sus cuantiosos caudales en tal cual especulación industrial o mercantil eran los motivos que a nuestra patria le conducían.

Acostumbrado a la actividad en que viven nuestros vecinos, me aseguró formalmente que pensaba permanecer aquí muy poco tiempo, sobre todo, si no encontraba pronto objeto seguro en que invertir su capital. Parecióme el extranjero digno de alguna consideración, trabé presto amistad con él, y lleno de lástima traté de persuadirle a que se volviese a su casa cuanto antes, siempre que seriamente trajese otro fin que no fuese el de pasearse. Admiróle la proposición, y fué preciso explicarme más claro.—Mirad, le dije, monsieur Sans-délai, que así se llamaba; vos venís decidido a pasar quince días, y a solventar en ellos vuestros asuntos.—Ciertamente, me contestó. Quince días, y es mucho. Mañana por la mañana buscamos un genealogista para mis asuntos de familia; por la tarde revuelve sus libros, busca mis ascendientes, y por la noche ya sé quién soy. En cuanto a mis reclamaciones, pasado mañana las presento fundadas en los datos que aquel me dé, legalizadas en debida forma; y como será una cosa clara y de justicia innegable (pues sólo en este caso haré valer mis derechos), al tercer día se juzga el caso y soy dueño de lo mío. En cuanto a mis especulaciones, en que pienso invertir mis caudales, al cuarto día ya habré presentado mis proposiciones. Serán buenas o malas, y admitidas o desechadas en el acto; y son cinco días; en el sexto, séptimo y octavo, veo lo que hay que ver en Madrid; descanso el noveno; el décimo, tomo mi asiento en la diligencia, si no me conviene estar más tiempo aquí, y me vuelvo a mi casa; aun me sobran de los quince cinco días.—Al llegar aquí monsieur Sans-délai, traté de reprimir una carcajada que me andaba retozando ya hacía rato en el cuerpo, y si mi educación logró sofocar mi inoportuna jovialidad, no fué bastante a impedir que se asomase a mis labios una suave sonrisa de asombro y de lástima que sus planes ejecutivos me sacaban al rostro mal de mi grado.—Permitidme M. Sans-délai, le dije entre socarrón y formal, permitidme que os convide a comer para el día en que lleguéis quince meses de estancia en Madrid. —¿Cómo?—Dentro de quince meses estáis aquí todavía.—¿Os burláis?—No por cierto.—¿No me podré marchar cuando quiera? ¡Cierto que la idea es graciosa!—Sabed que no estáis en vuestro país activo y trabajador.—¡Oh! los españoles que han viajado por el extranjero han adquirido la costumbre de hablar mal de su país por hacerse superiores a sus compatriotas.—Os aseguro que en los quince días con que contáis no habréis podido hablar siquiera a una sola de las personas cuya cooperación necesitáis.—¡Hipér-boles! Yo les comunicaré a todos mi actividad.—Todos os comu-nicarán su inercia.

Conocí que no estaba el Sr. de Sans-délai muy dispuesto a dejarse convencer sino por la experiencia, y callé por entonces, bien seguro de que no tardarían mucho los hechos en hablar por mí.

Amaneció el día siguiente, salimos, entrambos, a buscar un genealogista, lo cual sólo se pudo hacer preguntando de amigo en amigo y de conocido en conocido: encontrámosle por fin, y el buen señor, aturdido de ver nuestra precipitación, declaró franca-mente que necesitaba tomarse algún tiempo, instósele, y por mucho favor nos dijo definitivamente que nos diéramos una vuelta por allí dentro de unos días. Sonreíme y marchámonos. Pasaron tres días; fuimos.—Vuelva usted mañana, nos respondió la criada, porque el señor no se ha levantado todavía.—Vuelva usted mañana, nos dijo al siguiente día, porque el amo acaba de salir.—Vuelva usted mañana, nos respondió el otro, porque el amo está durmiendo la siesta.

Vuelva usted mañana, nos respondió el lunes siguiente, porque hoy ha ido a los toros. ¿Qué día, a qué hora se ve a un español? Vímosle por fin, y vuelva usted mañana, nos dijo, porque se me ha olvidado. Vuelva usted mañana, porque no está en limpio. A los quince días ya estuvo; pero mi amigo le había pedido una noticia del apellido Diez, y él había entendido Díaz, y la noticia no servía. Esperando nuevas pruebas, nada dije a mi amigo, desesperado ya de dar jamás con sus abuelos.

Es claro que faltando este principio no tuvieron lugar las re-clamaciones.

Para las proposiciones que acerca de varios establecimientos y empresas utilísimas pensaba hacer, había sido preciso buscar un traductor; por los mismos pasos que el genealogista nos hizo pasar el traductor; de mañana en mañana nos llevó hasta el fin del mes. Averiguamos que necesitaba dinero diariamente para comer, con la mayor urgencia; sin embargo, nunca encontraba momento oportuno para trabajar. El escribiente hizo después otro tanto con las copias, sobre llenarlas de mentiras, porque un escribiente que sepa escribir no le hay en este país.

No paró aquí; un sastre tardó veinte días en hacerle un frac, que había mandado llevarle en veinticuatro horas; el zapatero le obligó con su tardanza a comprar botas hechas; la planchadora necesitó quince días para plancharle una camisola, y el sombrerero, a quien le había enviado su sombrero a variar el ala, le tuvo dos días con la cabeza al aire y sin salir de casa.

Sus conocidos y amigos no le asistían a una sola cita, ni avisaban cuando faltaban, ni respondían a sus esquelas. ¡Qué formalidad y qué exactitud!—¿Qué os parece de esta tierra, M. Sans-délai? le dije al llegar a estas pruebas.—Me parece que son hombres singulares....—Pues así son todos. No comerán por no llevar la comida a la boca.

Presentóse con todo, yendo y viniendo días, una proposición de mejoras para un ramo que no citaré, quedando recomendada eficacísimamente.

A los cuatro días volvimos a saber el éxito de nuestra pretensión. —Vuelva usted mañana, nos dijo el portero. El oficial de la mesa no ha venido, dije yo entre mí. Fuímonos a dar un paseo, y nos encontramos ¡qué casualidad! al oficial de la mesa en el Retiro, ocupadísimo en dar una vuelta con su señora al hermoso sol de los inviernos claros de Madrid.

Martes era al día siguiente, y nos dijo el portero: Vuelva usted mañana, porque el señor oficial de la mesa no da audiencia hoy.— Grandes negocios habrán cargado sobre él, dije yo: como soy el diablo y aun he sido duende, busqué ocasión de echar una ojeada por el agujero de una cerradura. Su señoría estaba echando un cigarrito al brasero, y con una charada del *Correo* entre manos que le debía costar trabajo el acertar.—Es imposible verle hoy, le dije a mi compañero; su señoría está en efecto ocupadísimo.

Diónos audiencia el miércoles inmediato, y ¡qué fatalidad! el expediente había pasado a informe, por desgracia a la única persona enemiga indispensable de M. y de su plan, porque era quien debía salir en él perjudicado.

Vivió el expediente dos meses en informe, y vino tan informado como era de esperar. Verdad es que nosotros no habíamos podido encontrar empeño para una persona muy amiga del informante. Esta persona tenía unos ojos muy hermosos, los cuales sin duda alguna le hubieran convencido en sus ratos perdidos de la justicia de nuestra causa.

Vuelto el informe se cayó en la cuenta en la sección de nuestra bendita oficina de que el tal expediente no correspondía a aquel ramo; era preciso rectificar este pequeño error; pasóse al ramo, establecimiento y mesa correspondientes, y hétenos caminando, después de tres meses, a la cola siempre de nuestro expediente, como hurón que busca el conejo, y sin poderlo sacar muerto ni vivo de la huronera. Fué el caso, al llegar aquí, que el expediente salió del primer establecimiento y nunca llegó al otro.—De aquí se remitió con fecha tantos, decían en uno.—Aquí no ha llegado nada, decían en otro.—¡Voto va! dije yo a monsieur Sans-délai; ¿sabéis que nuestro expediente se ha quedado en el aire como el alma de Garibay, y que debe de estar ahora posado como una paloma sobre algún tejado de esta activa población?

Hubo que hacer otro. ¡Vuelta a los empeños! ¡Vuelta a la prisa! ¡Qué delirio!—Es indispensable, dijo el oficial con voz campanuda, que esas cosas vayan por sus trámites regulares.—Es decir, que el toque estaba como el toque del ejercicio militar, en llevar nuestro expediente tantos o cuantos años de servicio.

Por último, después de cerca de medio año de subir y bajar, y estar a la firma, o al informe, o a la aprobación, o al despacho, o debajo de la mesa, y de volver siempre mañana, salió con una notita al margen, que decía: "A pesar de la justicia y utilidad del plan del exponente, negado."—¡Ah, ah! M. de Sans-délai, exclamé riéndome a carcajadas: este es nuestro negocio. Pero monsieur de Sans-délai se daba a todos los oficinistas, que es como si dijéramos a todos los diablos.—¿Pues para esto he echado yo mi viaje tan largo? ¿Después de seis meses no habré conseguido sino que me digan en todas partes diariamente: *Vuelva V. mañana*, y cuanto este dichoso *mañana* llega, en fin, nos dicen redondamente que no? ¿Y vengo a darles dinero? ¿Y vengo a hacerles favor? Preciso es que la intriga más enredada se haya fraguado para

oponerse a nuestras miras.—¿Intriga, M. Sans-délai? No hay
hombre capaz de seguir dos horas una intriga. La pereza es la
verdadera intriga; os juro que no hay otra: esa es la gran causa
oculta: es más fácil negar las cosas que enterarse de ellas.

*   *   *   *   *   *   *   *

Concluída esta filípica, fuíme en busca de mi Sans-délai.—Me
marcho, señor Fígaro, me dijo: en este país no hay tiempo para
hacer nada; sólo me limitaré a ver lo que haya en la capital de más
notable.—¡Ay! mi amigo, le dije, idos en paz, y no queráis acabar
con vuestra poca paciencia: mirad que la mayor parte de nuestras
cosas no se ven.—¿Es posible?—¿Nunca me habéis de creer?
Acordaos de los quince días....Un gesto de M. Sans-délai me indicó
que no le había gustado el recuerdo.

Vuelva V. mañana, nos decían en todas partes, porque hoy no
se ve.—Ponga usted un memorialito para que le den a usted un
permiso especial.—Era cosa de ver la cara de mi amigo al oir lo
del memorialito: representábasele en la imaginación el informe, y
el empeño, y los seis meses, y...contentóse con decir: *soy extranjero.*
¡Buena recomendación entre los amables compatriotas míos!
Aturdíase mi amigo cada vez más, y cada vez nos comprendía
menos. Días y días tardamos en ver las pocas rarezas que tenemos
guardadas. Finalmente, después de medio año largo, si es que puede
haber un medio año más largo que otro, se restituyó mi recomendado a su patria maldiciendo de esta tierra, y dándome la razón
que yo ya antes me tenía, y llevando al extranjero noticias excelentes de nuestras costumbres, diciendo, sobre todo, que en seis
meses no había podido hacer otra cosa si no volver siempre mañana,
y que a la vuelta de tanto mañana, enteramente futuro, lo mejor,
o más bien lo único que había podido hacer bueno, había sido
marcharse.

¿Tendrá razón, perezoso lector (si es que has llegado ya a esto
que estoy escribiendo), tendrá razón el buen M. Sans-délai en
hablar mal de nosotros y de nuestra pereza? ¿Será cosa de que
vuelva el día de mañana a visitar nuestros hogares? Dejemos esta
cuestión para mañana, porque ya estarás cansado de leer hoy:
si mañana u otro día no tienes, como sueles, pereza de volver a
la librería, pereza de sacar tu bolsillo y pereza de abrir los ojos
para hojear las hojas que tengo que darte todavía, te contaré
como a mí mismo que todo esto veo, y conozco y callo mucho más,

me ha sucedido muchas veces, llevado de esta influencia, hija
del clima y de otras causas, perder de pereza más de una conquista
amorosa, abandonar más de una pretensión empezada, las esperanzas de más de un empleo, que me hubiera sido acaso, con
más actividad, poco menos que asequible; renunciar, en fin,. por
pereza de hacer una visita justa o necesaria, a relaciones sociales
que hubieran podido valerme de mucho en el trascurso de mi vida;
te confesaré que no hay negocio que no pueda hacer hoy que no
deje para mañana; te referiré que me levanto a las once y duermo
siesta, que paso haciendo quinto pie de la mesa de un café, hablando
o roncando como buen español, las siete y las ocho horas seguidas;
te añadiré que cuando cierran el café me arrastro lentamente a
mi tertulia diaria (porque de pereza no tengo más que una), y
un cigarrito tras otro me alcanzan clavado en un sitial, y boste-
zando sin cesar, las doce o la una de la madrugada; que muchas
noches no ceno de pereza, y de pereza no me acuesto; en fin, lector
de mi alma, te declararé que de tantas veces como estuve en esta
vida desesperado, ninguna me ahorqué, y siempre fué de pereza.
Y concluyo por hoy confesándote que ha más de tres meses que
tengo, como la primera entre mis apuntaciones, el título de este
artículo, que llamé *Vuelva usted mañana*; que todas las noches y
muchas tardes he querido, durante todo este tiempo escribir algo
en él, y todas las noches apagaba mi luz, diciéndome a mí mismo
con la más pueril credulidad en mis propias resoluciones: ¡Eh!
¡mañana le escribiré! Da gracias a que llegó por fin esta mañana,
que no es del todo malo; pero ¡ay de aquel mañana que no ha de
llegar jamás!

RAMÓN DE CAMPOAMOR
Y CAMPOOSORIO
1819—1901

Ramón de Campoamor, an Asturian, early abandoned his intention of
becoming a Jesuit and took up medicine; but, having independent means, he
was able to devote himself to politics and literature. He was an adroit versifier
and had moreover an extensive knowledge of the world. His wit, ingenuity
and sympathy with human emotion have made him popular both in and out
of Spain. As will be seen in his *Humoradas* there is a constant tart flavour in
Campoamor, but no corrosive bitterness. He mocks lightly—rarely cynically—

at human life, regarding it rather as a comedy of errors than a tragedy of feeling. Campoamor's more ambitious poems are not as a rule successful. They contain much ingenious reflexion, some philosophic interest and are marked often by high technical accomplishment, but they rarely seize on the imagination. It was by his *Doloras* (1846), *Pequeños Poemas* (1872–74), and *Humoradas* (1886–88) that Campoamor established his title to popularity; some of the simpler pieces, such as "*¿Quién supiera escribir?*" being known in every household in Spain.

AMAR AL VUELO

A la niña Asunción de Zaragoza y del Pino.

I

Así, niña encantadora,
porque tus gracias no roben
las huellas que el tiempo deja,
juega como niña ahora,
como niña cuando joven,
como joven cuando vieja.
Por mis muchos desengaños
te ruego, Asunción querida,
que ames mientras tengas vida
como amas a los seis años...
justamente, de ese modo,
amando desamorada,
así, no queriendo nada,
esto es, queriéndolo todo;
anhelante y sin anhelo,
ya resuelta, ya indecisa,
pasa de la risa al duelo,
pasa del duelo a la risa,
así, de prisa, de prisa,
todo *al vuelo*, todo *vuelo*.

II

Sé amorosa y nunca amante,
lleva a la vejez tu infancia,
sé constante en la inconstancia
o en la constancia inconstante;
que en amor creen los más duchos,

contra los que son más locos,
que en vez de los pocos muchos,
valen más los muchos pocos;
y cuando tu labio bese,
que formule un beso insápido,
inerte, estentóreo y rápido...
pues, así, lo mismo que ése.
Nunca beses como loca,
besa como una loquilla,
jamás...jamás en la boca,
siempre, siempre en la mejilla;
ten presente que la abeja
queriendo entrañar la herida,
la desventurada deja
entre la muerte la vida.

III

¡Sí! si lo mismo que hoy eres
la hermosa entre las hermosas,
ser, mientras vivas, quisieres
dichosa entre las dichosas,
tal ha de ser tu divisa:
amar muy poco y de prisa,
como hacen las mariposas,
aunque no importa realmente
que ames infinitamente,
si amas infinitas cosas.

IV

Son tan cuerdos mis consejos
que me atreveré a jurarte,
por mis ojos que, aunque viejos,
aun, Asunción, al mirarte,
aspiran a ser espejos,
que, aplicando estos consejos
a mi vejez, todavía
pienso curar, hija mía,
de mi corazón las llagas,
llagas ¡ay! que no tendría,

si yo hubiera hecho algún día
lo que te aconsejo que hagas.

V

Para ver si es verdadero
lo que un apóstol revela,
"que lo fijo es pasajero,
que sólo es real lo que *vuela*,"
tiende el rostro, hermosa niña,
como ese cielo sereno,
ya al cielo, ya a la campiña,
y verás de una mirada
que es lo más rico o más bueno
lo que vuela o lo que nada,
como la espuma en los mares,
en el cielo los fulgores,
el incienso en los altares,
en los árboles las flores,
los celajes en el viento,
en el viento los sonidos,
la vida en nuestros sentidos
y en la vida el pensamiento.

VI

Sigue el plan a que te exhorto,
amando *al vuelo*, hazte cargo
que el viaje es largo, ¡muy largo!...
y el tiempo corto, ¡muy corto!...
Sé ligera, no traidora,
sopla el fuego que no abrasa,
quiere como el que no quiere;
sea siempre, como ahora,
tu llanto nube que pasa,
tu risa luz que no muere;
ama mucho, mas de modo
que estés siempre enamorada
de un cierto todo que es nada,
de un cierto nada que es todo.

Si ríes, olvida el duelo,
si lloras, pasa a la risa,
así...de prisa, de prisa,
todo *al vuelo*, todo *al vuelo*.

LAS DOS LINTERNAS

A Don Gumersindo Laverde Ruiz.

I

De Diógenes compré un día
la linterna a un mercader.
Distan la suya y la mía
cuanto hay de ser a no ser.

Blanca la mía parece,
la suya parece negra;
la de él todo lo entristece,
la mía todo lo alegra.

Y es que en el mundo traidor
nada hay verdad ni mentira:
todo es según el color
del cristal con que se mira.

II

"Con mi linterna" él decía
"no hallo un hombre entre los seres."
¡Y yo que hallo con la mía
hombres hasta en las mujeres!

Él llamó, siempre implacable,
fe y virtud teniendo en poco,
a Alejandro, un miserable,
y al gran Sócrates, un loco.

Y yo ¡crédulo! entretanto,
cuando mi linterna empleo,
miro aquí y encuentro un santo,
miro allá y un mártir veo.

¡Sí! mientras la multitud
sacrifica con paciencia
la dicha por la virtud
y por la fe la existencia,

para él virtud fué simpleza,
el más puro amor escoria,
vana ilusión la grandeza,
y una necedad la gloria.

¡Diógenes! mientras tu celo
sólo encuentra sin fortuna
en Esparta algún chicuelo
y hombres en parte ninguna,

yo te juro por mi nombre
que, con sufrir el nacer,
es un héroe cualquier hombre
y un ángel toda mujer.

III

Como al revés contemplamos
yo y él las obras de Dios,
Diógenes o yo engañamos.
¿Cuál mentirá de los dos?

¿Quién es, en pintar, más fiel,
las obras que Dios crió?
El cinismo dirá que él,
la virtud dirá que yo.

Y es que en el mundo traidor
nada hay verdad ni mentira:
todo es según el color
del cristal con que se mira.

EL CANDIL DE CARLOS V

En Yuste, en la pobre cama
de una pobre habitación
alumbrada por la llama
de un candil, medio velón,

soñando está Carlos Quinto
que en un duelo personal,
ve a sus pies, en sangre tinto,
al rey francés, su rival.
Se incorporó de ira loco,
mas pasó un viento sutil
que movió la luz un poco
del velón, medio candil,
y, tosiendo, con cuidado
se arropó el Emperador,
por si aquel aire colado
puede más que su valor;
y—¿Por qué el cielo consiente—
dice el héroe ya febril—
que mate a todo un valiente
lo que no apaga un candil?

NO HAY DICHA EN LA TIERRA

De niño, en el vano aliño
de la juventud soñando,
pasé la niñez llorando
con todo el pesar de un niño.
Si empieza el hombre penando
cuando ni un mal le desvela,
¡ah!
la dicha que el hombre anhela,
¿dónde está?

Ya joven, falto de calma,
busco el placer de la vida
y cada ilusión perdida
me arranca, al partir, el alma.
Si en la estación más florida
no hay mal que al alma no duela,
¡ah!
la dicha que el hombre anhela,
¿dónde está?

La paz con ansia importuna
busco en la vejez inerte
y buscaré en mal tan fuerte
junto al sepulcro la cuna.
Temo a la muerte y la muerte
todos los males consuela.
¡ah!
la dicha que el hombre anhela,
¿dónde está?

LA COPA DEL REY DE THULÉ

" ¿Me quieres?" le preguntó
un galán a una doncella.
Él era muy pobre, y ella
le contestó airada: "¡No!"
Quedó él lleno de pesar
sobre una roca sentado,
y, al verse tan despreciado,
se echó de cabeza al mar.

Llegó al fondo y, al morir,
tentando un cáliz, lo asió.
pensó en Dios...nadó...subió
y dijo: "¡Quiero vivir!"
Cuando hizo a la orilla pie,
vió el cáliz de oro, en que había
un letrero que decía:
Copa del rey de Thulé.

Sobre la roca después
se hablaron él y ella así:
"Soy rico, ¿me quieres?" "Sí."
"Dame un beso..." "Y dos y tres..."
Mas cuando le fué a besar,
viendo él la codicia de ella,
rechazando a la doncella,
la echó de cabeza al mar.

LAS ESTRELLAS ERRANTES

I

En mi niñez, viendo una estrella errante,
creí sencillamente
que era algún ángel que venía amante
a darme abrazos y a besar mi frente.

II

Ya joven, vi otra estrella que corría,
y dije, en mi locura:
"Es mi estrella del Norte, que me guía
al placer, al amor y a la ventura."

III

Vi ayer volar un astro mortecino,
que descendió hasta el suelo;
era la estrella de mi buen destino,
que, ya de vieja, se cayó del cielo.

EL PODER DEL LLANTO

A Doña Emilia Pardo Bazán.

I

Dió el Cielo a la mujer miles de encantos,
y a pesar de ser tantos,
son éstos de un poder irresistible:
además de lo buena y lo sensible,
une al pudor, en cuya fuente pura
todos beben su copa de locura,
el dejo celestial de sus acentos
y unos ojos que ven los pensamientos.

II

Leyendo esto, al gran Lope recordaba
nuestra insigne escritora y replicaba:
"¿Y a qué olvidar nuestro mayor encanto?
Para ablandar lo duro del destino,
ha dado Dios a la mujer el llanto,
que es lo que hay en lo humano de divino."

EL PÁJARO MENSAJERO

Un pájaro solté que, alzando el vuelo,
en busca de mi amor entró en el Cielo.
En la carta que el pájaro llevaba,
recordando mis íntimas ternuras,
a mi amor le encargaba
que me hablase del Cielo y sus venturas.
Él pájaro volvió con la respuesta,
pero llegó borrada,
porque entre el hombre y Dios se halla interpuesta
la noche sin estrellas de la nada.

HUMORADAS

Ser fiel, siempre que quieres, es tu lema;
pero tú ¿quieres siempre? He aquí el problema.

Sé firme en esperar, que de este modo
algo le llega al que lo espera todo.

Las almas muy sinceras,
confundiendo mentiras y verdades,
después que hacen de sueños realidades,
elevan realidades a quimeras.

Me suelo preguntar de dudas lleno:
¿son mejores los buenos o los justos?
Y la elección va en gustos;
yo doy todos los justos por un bueno.

La que ama un ideal y sube...y sube...
suele morir ahorcada de una nube.

Nunca tendrán utilidad alguna,
sin el amor, la ciencia y la fortuna.

Sólo la edad me explica con certeza
por qué un alma constante, cual la mía,
escuchando una idéntica armonía,
de lo mismo que hoy saca la tristeza
sacaba en otro tiempo la alegría.

Te abanicas con gracia y te suplico
que tengas muy en cuenta
que puede levantar un abanico,
con el aire más dulce, una tormenta.

Nada en el mundo alcanza
a apagar el ardor de los sentidos.
Mil deseos cumplidos
no igualan al placer de una esperanza.

Al mover tu abanico con gracejo
quitas el polvo al corazón más viejo.

Como el viento continuo, no es sentida
la eterna pesadez de nuestra vida.

Después de bien pensado,
fué mi tiempo perdido el más ganado.

Inscripción sepulcral para cualquiera:
"Fué lo que fué, sin ser lo que debiera."

No obligaré al destino
a repetir placeres que he olvidado;
el que hace muchos viajes al pasado
lo suele pasar mal en el camino.

Una anciana muy pobre me decía
"da más que el oro Dios, si da alegría."

Yo conocí un labrador
que, celebrando mi gloria,
al borrico de su noria
le llamaba Campoamor.

JUAN VALERA

1824—1905

THE most accomplished man of letters in the Spain of his time, Juan Valera, early won a reputation by the sound judgement and catholic taste of his criticism, and, later, by the measure of his essays in fiction. As a youth he would fain have succeeded as a poet, and with this object he issued his *Ensayos poéticos* (1844). In a characteristic vein of self-mockery, Valera has recorded his disillusionment on discovering that not half a dozen copies of the *Ensayos poéticos* were sold; the public showed scarcely more enthusiasm for the chill perfection of a later issue entitled *Poesías* (1858). Though he declined to admit the justice of the popular verdict, Valera had neither the means nor the inclination to fight an uphill battle, and he betook himself to criticism in the hours that he could spare from diplomacy. When in Spain he was always ready to lecture at the Ateneo, or to act as spokesman at academic receptions: for such offices, Valera's critical acumen and acquaintance with literature other than Spanish combined to fit him, and he continued to practise as a critic to the end of his life. Towards the close of his career, he seemed to be more timorous of giving offence, though he still had flashes of intuition as when in *Cartas americanas* (1888) he noted the rare promise of the then almost unknown Rubén Darío.

It was, however, as a novelist that Valera won a lasting fame. This success could not have been foretold. His first effort at fiction—*Margarita y Antonio*—dating from 1865, met with no more success than his poems, and remained unfinished. Valera's triumph came much later with *Pepita Jiménez* (1874) in which Coventry Patmore recognized "that complete synthesis of gravity of matter and gaiety of manner which is the glittering crown of art." Appearing almost simultaneously with Alarcón's *El Sombrero de tres picos*, *Pepita Jiménez* is a landmark in the history of Spanish fiction. It was followed by other novels from the same pen: these, though lacking in the element of surprise which constituted part of the charm of *Pepita Jiménez*, abound in shrewd observation and brilliant descriptive passages. Compelled by failing health to resign his post as ambassador at Vienna, not rich in anything but reputation, Valera redoubled his literary activity in the twilight of advanced age.

HOMENAJE A MENÉNDEZ Y PELAYO

Mayores y más extraordinarios que los servicios que el Sr. Menéndez ha prestado hasta hoy a la filosofía y a la ciencia españolas, son los que presta de continuo a nuestra literatura con fecundidad inagotable y con facilidad pasmosa para el trabajo.

Prolijo sería recordar aquí lo mucho y bueno que el Sr. Menéndez ha dicho en la cátedra y ha expresado sobre la materia en sus preciosos escritos, tan agradables de leer por la tersura y elegancia de su claro y fácil estilo, y tan dignos de admiración por el saber que denotan, y más aún por el sereno y recto juicio con que lo aprecia todo y por la elevada comprensión intelectual con que lo ve y lo coordina.

No daré cuenta aquí, ni encomiaré como lo merecen, su *Horacio en España*, sus estudios sobre Arnaldo de Vilanova, *Calderón y su teatro*, escritores montañeses y traductores de la *Eneida* y la *Ilíada*. Ni tampoco hablaré de sus elegantes y eruditos discursos académicos, entre los que descuellan el de recepción en la Academia Española acerca del misticismo en nuestra poesía, y los elogios de Francisco Sánchez el escéptico y de Don Benito Pérez Galdós el novelista. Me limitaré, pues, a decir algo acerca de dos obras extensas y capitales que el Sr. Menéndez está escribiendo y publicando ahora.

Es una de ellas la edición monumental de las obras completas de Fray Lope Félix de Vega Carpio, que por encargo de la Academia Española el Sr. Menéndez dirige e ilustra. Ocho gruesos volúmenes van ya publicados de esta magnífica obra, y todos ellos contienen sendas introducciones y notas que aclaran el texto, y donde el Sr. Menéndez luce pertinentemente su rara erudición, su elevado criterio y la amenidad de su estilo. Sobre cada drama hace una disertación tan curiosa y discreta como entretenida. Si el drama es mitológico, nos refiere el origen y las transformaciones de la fábula que le da asunto, buscándola en la India, en Egipto, en Fenicia, en el Asia Menor o en el centro del Asia; explicando cómo se modificó y hermoseó entre los griegos, y citando para ello los antiguos historiadores y poetas. Asimismo menciona y juzga los poemas y los dramas que sobre el mismo asunto se han escrito en otros países antes y después de Lope. Y si el drama es histórico legendario, sube el Sr. Menéndez hasta el manantial de la leyenda, y siguiendo su curso por medio de las viejas crónicas, de la tradición oral y de la poesía popular épica, nos conduce al momento en que Lope se apodera de la leyenda para componer su drama, cuyo mérito aprecia y tasa el Sr. Menéndez, en mi sentir, sin ponderación extremada.

Muy de alabar es igualmente en esta edición de Lope el orden atinado en que hasta ahora van apareciendo las numerosas producciones de aquel autor fecundísimo.

Por encargo asimismo de la Real Academia Española, y con ocasión del cuarto Centenario del descubrimiento de América, el Sr. Menéndez compuso y dió a la estampa, pocos años ha, otro trabajo, cuya importancia no consiente que sobre él se guarde silencio. Me refiero a la *Antología de poetas hispano-americanos*. Consta dicha colección de cuatro tomos bastante voluminosos, aunque no se insertan en ella sino poesías de autores que ya murieron. A mi ver, más puede censurarse esta *Antología* por lo que en ella sobra que por lo que en ella falta, si bien críticos hispano-americanos echan allí de menos un sinnúmero de composiciones y de poetas. Justo es presumir, sin embargo, que el peculiar y exagerado patriotismo de cada uno de los críticos ha influído mucho más que la razón en esta censura. Como quiera que sea, no ha de negarse que los varios discursos preliminares o introducciones con que el Sr. Menéndez ilustra la colección, forman en su conjunto una excelente historia de la literatura hispano-americana, donde, sin menoscabo del recto juicio, se notan la benevolencia y el amor con que el Sr. Menéndez examina, critica y alaba a los poetas de aquellas Repúblicas, las cuales, por más que estén políticamente separadas de España, tienen por ciudadanos a hombres de nuestra sangre y de nuestra lengua, cuyo valer y cuyos progresos nos lisonjean, y cuya decadencia y esterilidad no podrían menos de desconsolarnos y, en cierto modo, de infundirnos alguna duda sobre la vitalidad y el vigor de nuestra raza y de nuestra cultura castiza.

Más interesante y útil trabajo todavía es el que está haciendo y publicando el Sr. Menéndez bajo el título de *Antología de poetas líricos castellanos*. Seis tomos de esta *Antología* han salido ya en la *Biblioteca clásica*, de D. Luis Navarro. Las composiciones insertas en ellos no pasan aún del reinado de los Reyes Católicos. Tal vez aquí también podría algún lector descontentadizo tildar al Sr. Menéndez de pródigo en la inserción de versos. Una antología, ora sea hispano-americana, ora hispano-peninsular, es como ramillete de flores y debe contener poca hojarasca y menos espinas. Valga, no obstante, para disculpa de esta acusación, el valer histórico de muchos versos, que no se ponen por el deleite estético que produce su lectura, sino como documentos preciosos de nuestras costumbres, de nuestro idioma y de nuestro pensar y sentir en los pasados siglos. Pero lo que es digno de mayor aplauso para el Sr. Menéndez, son los sendos prólogos que los seis tomos contienen; prólogos tan extensos, que en algunos tomos pasan de 400 páginas, sin que haya en seguida o apenas haya versos que sean prologuizados. Raro es esto; ¿pero cómo ha de ser censurable cuando, sin que lo esperemos y como por sorpresa y con modesto disimulo, el Sr. Menéndez va tejiendo en dichos prólogos una admirable historia de la poesía española? Llámela prólogos o como se le antoje, bien puede afirmarse que la historia de la poesía española, escrita por estilo magistral, con profundo saber y elevada crítica, quedará terminada y completa hasta el día de hoy, cuando

el último tomo de la *Antología de poetas líricos castellanos* pase de
la imprenta a los escaparates de los libreros.

EL COMENDADOR MENDOZA

D. Fadrique López de Mendoza, llamado comúnmente el
Comendador, fué hermano de Don José, el mayorazgo, abuelo de
nuestro D. Faustino, a quien supongo que conocen mis lectores.
Nació D. Fadrique en 1744.
Desde niño dicen que manifestó una inclinación perversa a reírse
de todo y a no tomar nada por lo serio. Esta cualidad es la que
menos fácilmente se perdona, cuando se entrevé que no proviene de
ligereza, sino de tener un hombre el espíritu tan serio, que apenas
halla cosa terrena y humana que merezca que él la considere con
seriedad; por donde, en fuerza de la seriedad misma, nacen el
desdén y la risa burlona.

D. Fadrique, según la general tradición, era un hombre de este
género: un hombre jocoso de puro serio.

Claro está que hay dos clases de hombres jocosos de puro serios.
A una clase, que es muy numerosa, pertenecen los que andan
siempre tan serios, que hacen reír a los demás, y sin quererlo son
jocosos. A otra clase, que siempre cuenta pocos individuos, es
a la que pertenecía D. Fadrique. D. Fadrique se burlaba de la
seriedad vulgar e inmotivada, en virtud de una seriedad exquisita
y superlativa; por lo cual era jocoso.

Conviene advertir, no obstante, que la jocosidad de D. Fadrique
rara vez tocaba en la insolencia o en la crueldad, ni se ensañaba
en daño del prójimo. Sus burlas eran benévolas y urbanas, y
tenían a menudo cierto barniz de dulce melancolía.

El rasgo predominante en el carácter de Don Fadrique no se
puede negar que implicaba una mala condición: la falta de respeto.
Como veía lo ridículo y lo cómico en todo, resultaba que nada o
casi nada respetaba, sin poderlo remediar. Sus maestros y
superiores se lamentaron mucho de esto.

D. Fadrique era ágil y fuerte, nada ni nadie le inspiró jamás
temor, más que su padre, a quien quiso entrañablemente. No
por eso dejaba de conocer y aun de decir en confianza, cuando
recordaba a su padre, después de muerto, que, si bien había
sido un cumplido caballero, honrado, pundonoroso, buen marido

y lleno de caridad para con los pobres, había sido también un *vándalo*.

En comprobación de este aserto contaba D. Fadrique varias anécdotas, entre las cuales ninguna le gustaba tanto como la del bolero.

D. Fadrique bailaba muy bien este baile cuando era niño, y D. Diego, que así se llamaba su padre, se complacía en que su hijo luciese su habilidad cuando le llevaba de visitas o las recibía con él en su casa.

Un día llevó D. Diego a su hijo D. Fadrique a la pequeña ciudad, que dista dos leguas de Villabermeja, cuyo nombre no he querido nunca decir, y donde he puesto la escena de mi *Pepita Jiménez*. Para la mejor inteligencia de todo, y a fin de evitar perífrasis, pido al lector que siempre que en adelante hable yo de la ciudad entienda que hablo de la pequeña ciudad ya mencionada.

D. Diego, como queda dicho, llevó a D. Fadrique a la ciudad. Tenía D. Fadrique trece años, pero estaba muy espigado. Como iba de visitas de ceremonia, lucía casaca y chupa de damasco encarnado con botones de acero bruñido, zapatos de hebilla y medias de seda blanca, de suerte que parecía un sol.

La ropa de viaje de D. Fadrique, que estaba muy traída y con algunas manchas y desgarrones, se quedó en la posada, donde dejaron los caballos. D. Diego quiso que su hijo le acompañase en todo su esplendor. El muchacho iba contentísimo de verse tan guapo y con traje tan señoril y lujoso. Pero la misma idea de la elegancia aristocrática del traje le infundió un sentimiento algo exagerado del decoro y compostura que debía tener quien le llevaba puesto.

Por desgracia, en la primera visita que hizo Don Diego a una hidalga viuda, que tenía dos hijas doncellas, se habló del niño Fadrique y de lo crecido que estaba, y del talento que tenía para bailar el bolero.

— Ahora — dijo D. Diego, — baila el chico peor que el año pasado, porque está en la *edad del pavo*: edad insufrible, entre la palmeta y el barbero. Ya Vds. sabrán que en esa edad se ponen los chicos muy empalogosos, porque empiezan a presumir de hombres y no lo son. Sin embargo, ya que Vds. se empeñan, el chico lucirá su habilidad.

Las señoras, que habían mostrado deseos de ver a D. Fadrique bailar, repitieron sus instancias, y una de las doncellas tomó una guitarra y se puso a tocar para que D. Fadrique bailase.

— Baila, Fadrique, — dijo D. Diego, no bien empezó la música. Repugnancia invencible al baile, en aquella ocasión, se apoderó de su alma. Veía una contrariedad monstruosa, algo de lo que llaman ahora una *antinomia*, entre el bolero y la casaca. Es de advertir que en aquel día D. Fadrique llevaba casaca por primera vez: estrenaba la prenda, si puede calificarse de estreno el aprovechamiento del arreglo o refundición de un vestido, usado primero por el padre y después por el mayorazgo, a quien se le había quedado estrecho y corto.

— Baila, Fadrique, — repitió D. Diego, bastante amostazado.

D. Diego, cuyo traje de campo y camino, al uso de la tierra, estaba en muy buen estado, no se había puesto casaca como su hijo. D. Diego iba todo de estezado, con botas y espuelas, y en la mano llevaba el látigo con que castigaba al caballo y a los podencos de una jauría numerosa que tenía para cazar.

— Baila, Fadrique, — exclamó D. Diego por tercera vez, notándose ya en su voz cierta alteración, causada por la cólera y la sorpresa.

Era tan elevado el concepto que tenía D. Diego de la autoridad paterna, que se maravillaba de aquella rebeldía.

— Déjele V., señor de Mendoza — dijo la hidalga viuda. — El niño está cansado del camino y no quiere bailar.

— Ha de bailar ahora.

— Déjele V.; otra vez le veremos, — dijo la que tocaba la guitarra.

— Ha de bailar ahora — repitió D. Diego. — Baila, Fadrique.

— Yo no bailo con casaca, — respondió éste al cabo. Aquí fué Troya. D. Diego prescindió de las señoras y de todo.

— ¡Rebelde! ¡mal hijo! — gritó: te enviaré a los Toribios: baila o te desuello; y empezó a latigazos con D. Fadrique.

La señorita de la guitarra paró un instante la música; pero D. Diego la miró de modo tan terrible, que ella tuvo miedo de que la hiciese tocar como quería hacer bailar a su hijo, y siguió tocando el bolero.

D. Fadrique, después de recibir ocho o diez latigazos, bailó lo mejor que supo.

Al pronto se le saltaron las lágrimas; pero después, considerando

que había sido su padre quien le había pegado, y ofreciéndose a
su fantasía de un modo cómico toda la escena, y viéndose él mismo
bailar a latigazos y con casaca, se rió, a pesar del dolor físico, y
bailó con inspiración y entusiasmo.

Las señoras aplaudieron a rabiar.

— Bien, bien — dijo D. Diego. — ¡Por vida del diablo! ¿Te he
hecho mal, hijo mío?

— No, padre — dijo D. Fadrique. — Está visto: yo necesitaba
hoy de doble acompañamiento para bailar.

— Hombre, disimula. ¿Por qué eres tonto? ¿Qué repugnancia
podías tener, si la casaca te va que ni pintada, y el bolero clásico
y de buena escuela es un baile muy señor? Estas damas me per-
donarán. ¿No es verdad? Yo soy algo vivo de genio.

Así terminó el lance del bolero.

Aquel día bailó otras cuatro veces D. Fadrique en otras tantas
visitas, a la más leve insinuación de su padre.

GREGORIO GUTIÉRREZ GONZÁLEZ

1826—1872

Gutiérrez González was born in la Ceja del Tambo in Colombia; by profession a lawyer, he was made deputy and then senator. His earliest efforts
(1844) betray a Romantic influence, but later his true bent revealed itself
in all its natural freshness and simplicity. Gutiérrez González's claim to
fame rests on his *Memoria sobre el cultivo del Maíz en Antioquia* (1866), a
masterpiece of vigorous and picturesque realism in the pastoral kind.

AL SALTO DEL TEQUENDAMA

Los valles va a buscar del Magdalena
con salto audaz el Bogotá espumoso.

Bello.

Mudo a tu vista de terror y espanto
el oprimido corazón palpita,
como el arcángel ante Dios agita
sus blancas alas, su celeste canto.

Te he visto ya. Tu imagen imponente
la imagen es del Hacedor airado,
cuando a su voz tremenda fué lanzado
desde el rudo peñasco tu torrente.

Es tu aspecto sublime como el nombre
del que rige los mundos; tan terrible
como lo fué la maldición horrible
de Dios lanzada en el Edén al hombre.

Yo he mirado de lo alto desprendidas
tus ondas turbias entre herviente espuma,
rodar envueltas, en la blanca bruma
y en el abismo rebramar perdidas.

Con lento paso recorriendo el monte
las he visto asomar en la ancha boca,
y veloces lanzarse de la roca
como lampo fugaz del horizonte.

Las he visto en confuso remolino
una tras otras descender hinchadas,
y en su rápido curso arrebatadas
en vaporoso y leve torbellino.

En agrupados borbotones corren,
y en su curso parecen suspendidas
un momento, y se avanzan desprendidas
antes que el rastro de sus huellas borren.

Y tu raudal en niebla se desata
y en argentados remolinos sube,
como de incienso la olorosa nube,
que en vagos giros su extensión dilata.

Del sol naciente el rayo matutino
tornasola tu niebla transparente,
y aureola fantástica en la frente
blanda te ciñe el iris purpurino.

Un fantasma pareces circuido
de manto aéreo y ondulante velo,
y que un rayo ilumina desde el cielo
su flotante y magnífico vestido.

La niebla aljofarada que despides
cubre las hojas del silvestre helecho,
y las gotas que forma las recibes
y las sepultas en tu inmenso lecho.

De rama en rama se deslizan, huyen
las leves gotas de sutil rocío,
y se desprenden al rumor bravío
de tus raudales, que incansables bullen.

¡Imagen del despecho...! Yo he vertido
una lágrima al verte, pura, ardiente,
que fué a juntarse a tu veloz corriente,
cual pensamiento en la extensión perdido.

Sí: lágrimas me arranca tu aspecto majestuoso
y mudo a tu presencia palpita el corazón,
pues hay en el humano un pliegue misterioso
que le une con las obras sublimes del Criador.

Mezquino el pensamiento concéntrase en sí mismo...
contemplo absorto, extático tus aguas descender;
estúpidos mis ojos recorren el abismo...
y un escondido impulso me está empujando a él....

Quisiera con tus aguas lanzarme confundido,
rodar envuelto en ellas, unirme más a ti;
quisiera mis lamentos unir a tu estampido;
quisiera mi existencia a tu existencia unir....

Paréceme que miro vagar por el torrente
de niebla rodeado tu genio bienhechor,
espíritu infundiendo a tu veloz corriente
y a tus hirvientes aguas prestando animación.

¡Imagen atrevida por el Criador formada!
¡Salud, yo te venero, oh parto colosal!
¡Pues eres de la América el alma despechada
que llora de sus hijos la antigua libertad!

MEMORIA SOBRE EL CULTIVO DEL MAÍZ EN ANTIOQUIA

Ved otra vez a los robustos peones
que el mismo bosque secular circundan;
divididos están en dos partidas,
y un capitán dirige cada una.

Su alegre charla, sus sonoras risas,
no se oyen ya, ni su canción se escucha;
de una grave atención cuidado serio
se halla pintado en sus facciones rudas.

En lugar del ligero calabozo
la hacha afilada con su mano empuñan;
miran atentos el cañón del árbol,
su comba ven, su inclinación calculan.

Y a dos manos el hacha levantando,
con golpe igual y precisión segura,
y redoblando golpes sobre golpes,
cansan los ecos de la selva augusta.

Anchas astillas y cortezas leves
rápidamente por el aire cruzan;
a cada golpe el árbol se estremece,
tiemblan sus hojas, y vacila...y duda....

Tembloroso un momento cabecea,
cruje en su corte, y en graciosa curva
empieza a descender, y rechinando
sus ramas enlazadas se apañuscan;

y silbando al caer, cortando el viento,
despedazado por los aires zumba...
sobre el tronco el peón apoya el hacha
y el trueno, al lejos, repetir escucha.

PEDRO ANTONIO DE ALARCÓN
1833—1891

ALARCÓN's most popular novel and the one on which his fame rests, *El Sombrero de Tres Picos*, first appeared in the *Revista Europea* in 1874. It is a witty and piquant sketch of Andalusian customs and has been popularized on the stage in England as *The Three-cornered Hat*. None of Alarcón's other works are on quite so high a level as *El Sombrero de Tres Picos*, the nearest to approach it are *El Niño de la Bola* (1880), *Novelas Cortas* (1881–1882) and *El Capitán Veneno*. At his best Alarcón is irresistible, and the quality of his style is eminently simple, direct and appropriate.

EL SOMBRERO DE TRES PICOS

En aquel tiempo, pues, había cerca de la ciudad de...un famoso molino harinero (que ya no existe), situado como a un cuarto de legua de la población, entre el pie de suave colina poblada de guindos y cerezos y una fertilísima huerta que servía de margen (y algunas veces de lecho) al titular intermitente y traicionero río.

Por varias y diversas razones, hacía ya algún tiempo que aquel molino era el predilecto punto de llegada y descanso de los paseantes más caracterizados de la mencionada Ciudad....—Primeramente, conducía a él un camino carretero, menos intransitable que los restantes de aquellos contornos.—En segundo lugar, delante del molino había una plazoletilla empedrada, cubierta por un parral enorme, debajo del cual se tomaba muy bien el fresco en el verano y el sol en el invierno, merced a la alternada ida y venida de los pámpanos....—En tercer lugar, el Molinero era un hombre muy respetuoso, muy discreto, muy fino, que tenía lo que se llama don de gentes, y que obsequiaba a los señorones que solían honrarlo con su tertulia vespertina, ofreciéndoles...lo que daba el tiempo, ora habas verdes, ora cerezas y guindas, ora lechugas en rama y sin sazonar (que están muy buenas cuando se las acompaña de macarros de pan y aceite; macarros que se encargaban de enviar por delante sus señorías), ora melones, ora uvas de aquella misma parra que les servía de dosel, ora *rosetas* de maíz, si era invierno, y castañas asadas, y almendras, y nueces, y de vez en cuando, en las tardes muy frías, un trago de vino de pulso (dentro ya de la casa y al amor de la lumbre), a lo que por Pascuas se solía añadir algún pestiño, algún mantecado, algún rosce o alguna lonja de jamón alpujarreño.

— ¿Tan rico era el Molinero, o tan imprudentes sus tertulianos? — exclamaréis, interrumpiéndome.

Ni lo uno ni lo otro. El Molinero sólo tenía un pasar, y aquellos caballeros eran la delicadeza y el orgullo personificados. Pero en unos tiempos en que se pagaban cincuenta y tantas contribuciones diferentes a la Iglesia y al Estado, poco arriesgaba un rústico de tan claras luces como aquél entenerse ganada la voluntad de Regidores, Canónigos, Frailes Escribanos y demás personas de campanillas. Así es que no faltaba quien dijese que el tío Lucas

(tal era el nombre del Molinero) se ahorraba un dineral al año
a fuerza de agasajar a todo el mundo.

—"Vuestra Merced me va a dar una puertecilla vieja de la casa
que ha derribado" decíale a uno.—"Vuestra Señoría (decíale a
otro) va a mandar que me rebajen el subsidio, o la alcabala, o la
contribución de frutos-civiles."—"Vuestra Reverencia me va a
dejar coger en la huerta del Convento una poca hoja para mis
gusanos de seda."—"Vuestra Ilustrísima me va a dar permiso para
traer una poca leña del monte X."—"Vuestra Paternidad me va
a poner dos letras para que me permitan cortar una poca madera
en el pinar H."—"Es menester que me haga Usarcé una escri-
turilla que no me cueste nada."—"Este año no puedo pagar el
censo."—"Espero que el pleito se falle a mi favor."—"Hoy le he
dado de bofetadas a uno, y creo que debe ir a la cárcel por haberme
provocado."—"¿Tendría su Merced tal cosa de sobra?"—"¿Le
sirve a Usted de algo tal otra?"—"¿Me puede prestar la mula?"
—"¿Tiene ocupado mañana el carro?"—"¿Le parece que envíe
por el burro?..."

Y estas canciones se repetían a todas horas, obteniendo siempre
por contestación un generoso y desinteresado..."Como se pide."

Conque ya veis que el tío Lucas no estaba en camino de
arruinarse....

El tío Lucas era más feo que Picio. Lo había sido toda su vida,
y ya tenía cerca de cuarenta años. Sin embargo, pocos hombres
tan simpáticos y agradables habrá echado Dios al mundo. Prendado de su viveza, de su ingenio y de su gracia, el difunto Obispo
se lo pidió a sus padres, que eran pastores, no de almas, sino de
verdaderas ovejas. Muerto Su Ilustrísima, y dejado que hubo el
mozo el Seminario por el Cuartel, distinguiólo entre todo su
Ejército el General Caro, y lo hizo su Ordenanza más íntimo, su
verdadero criado de campaña. Cumplido, en fin, el empeño militar,
fuéle tan fácil al tío Lucas rendir el corazón de la señá Frasquita,
como fácil le había sido captarse el aprecio del General y del
Prelado. La navarra, que tenía a la sazón veinte abriles, y era el
ojo derecho de todos los mozos de Estella, algunos de ellos bastante
ricos, no pudo resistir a los continuos donaires, a las chistosas
ocurrencias, a los ojillos de enamorado mono y a la bufona y
constante sonrisa, llena de malicia, pero también de dulzura, de
aquel murciano tan atrevido, tan locuaz, tan avisado, tan dis-

puesto, tan valiente y tan gracioso, que acabó por trastornar el juicio, no sólo a la codiciada beldad, sino también a su padre y a su madre.

Lucas era en aquel entonces, y seguía siendo en la fecha a que nos referimos, de pequeña estatura (a lo menos con relación a su mujer), un poco cargado de espaldas, muy moreno, barbilampiño, narigón, orejudo y picado de viruelas.—En cambio, su boca era regular y su dentadura inmejorable. Dijérase que sólo la corteza de aquel hombre era tosca y fea; que tan pronto como empezaba a penetrarse dentro de él aparecían sus perfecciones, y que estas perfecciones principiaban en los dientes. Luego venía la voz, vibrante, elástica, atractiva; varonil y grave algunas veces, dulce y melosa cuando pedía algo, y siempre difícil de resistir. Llegaba después lo que aquella voz decía: todo oportuno, discreto, ingenioso, persuasivo....Y, por último, en el alma del tío Lucas había valor lealtad, honradez, sentido común, deseo de saber y conocimientos instintivos o empíricos de muchas cosas, profundo desdén a los necios, cualquiera que fuese su categoría social, y cierto espíritu de ironía, de burla y de sarcasmo, que le hacían pasar, a los ojos del Académico, por un D. Francisco de Quevedo en bruto.

Tal era por dentro y por fuera el tío Lucas.

JOSÉ MARÍA DE PEREDA
1833—1906

PEREDA, the painter of the mountain regions near the Cantabrian sea, is unequalled in his descriptions of highland village life and scenery. A *hidalgo*, living until his death in his village of Polanco (Santander), he rendered with extraordinary vividness and a deep-seated knowledge the manners and characteristics of the country people. In one of his best novels, *Sotileza* (1884), he abandons his usual scene and deals with sea-port life, but in *El Sabor de la tierruca* (1882), *Peñas arriba* (1895), *De tal palo, tal astilla* (1879) we have all the savour of his native mountains. The interest of his novels is well-sustained throughout, their characters are true to life and Pereda's style with its slightly archaic flavour accords perfectly with the scenes which he describes.

SOTILEZA

Sentada en el primer peldaño de la escalera del padre Apolinar, halló a Silda, muy entretenida en atarse al extremo de su trenza de pelo rubio, un galón de seda de color de rosa. Tan corta era la trenza todavía, que después de pasada por encima del hombro izquierdo, apenas le sobraba lo necesario para que los ojos alcanzaran a presidir las operaciones de las manos; así es que éstas, y la trenza y el galón y la barbilla, contraída para no estorbar la visual de los ojos entornados, formaban un revoltijo tan confuso, que Andrés no supo, de pronto, de qué se trataba allí.

— ¿Qué haces? — preguntó a Silda en cuanto reparó en ella.

— Ponerme esta cinta en el pelo, — respondió la niña, mostrándosela extendida.

— ¿Quién te la dió?

— La compremos con el cuarto que le echastes a Muergo. Él quería pitos, y Sula caramelos; pero yo quise esta cinta que había en una tienduca de pasiegas, y la compré. Después me vine a esperarte aquí, para saber *eso*.

— ¿Está en casa pae Polinar?

— No me he cansado en preguntarlo, — respondió Silda con la mayor frescura.

— ¡Vaya, contra! — dijo Andrés, puesto en jarras delante de la niña, dando una patadita en el suelo y meneando el cuerpo a uno y otro lado. — Pues ¿a quién le importa saberlo más que a ti?

— ¿No quedemos en que subirías tú, y yo te esperaría en el portal? Pus ya te estoy esperando; conque sube cuanto antes.

Andrés comenzó a subir de dos en dos los escalones. Cuando ya iba cerca del primer descanso, le llamó Silda y le dijo:

— Si pae Polinar quiere que vuelva a casa de la Sargüeta, dile que primero me tiro a la mar.

— ¡Recontra! — gritó desde arriba Andrés. — ¿Por qué no se lo dijistes a él cuando estuvimos en su casa antes?

— Porque no me acordé, — respondió Silda de mala gana, entretenida de nuevo en la tarea de poner el lazo de color de rosa en su trenza de pelo rubio.

No habría transcurrido medio cuarto de hora, cuando ya estaba Andrés de vuelta en el portal. — Estuvo en casa de tío Mocejón — dijo a Silda, jadeando todavía, — y de por poco no le matan las mujeres.

— ¡Lo ves! — exclamó Silda, mirándole con firmeza.

— ¡Si son muy malas!...¡pero muy malas!

— Te van a llevar a una buena casa, — continuó Andrés en tono muy ponderativo.

— ¿Á cuál? — preguntó Silda.

— A la de unos tíos de Muergo.

— ¿Cómo se llaman?

— Tió Mechelín y tía Sidora.

— ¿Los de la bodega?

— Creo que sí.

— Y ¿esos son tíos de Muergo?

— Por lo visto.

— Buenas personas son....Pero ¡están tan cerca de *los otros*!

— Dice pae Polinar que no hay cuidado por eso.

— Y ¿cuándo voy?

— Ahora mismo bajará él para llevarte. Yo me marcho a casa a esperar a mi padre que desembarcará luego, si no ha desembarcado ya....¡Contra, qué bien entraba la *Montañesa*!...¡Lo que te perdistes!...¡Más de mil personas había mirándola desde San Martín!...Adiós, Silda: ya te veré.

— Adiós, — respondió secamente la niña, mientras Andrés salía del portal y tomaba la calle a todo correr.

Bajó pronto fray Apolinar; pero antes de que Silda le viera, ya le había oído murmujear, entre golpe y golpe de sus anchos pies sobre los escalones.

— ¡Cuerno del hinojo con la chiquilla! — decía al bajar el último tramo de la escalera. — ¡Muy tumbada a la bartola, como si no la importara un pito lo que a mí me está haciendo sudar sangre!...Corra usté medio pueblo en busca de ella para que se averigüe que no ha ido a San Martín, sino que la han visto en la Puntida con dos raqueros...vuélvase usté a casa, y fáltele el apetito para comer la triste puchera de cada día, y díganle a lo mejor que lo que busca y no halla, y por no hallarlo se apura, lo tiene en el portal, rato hace, sin penas ni cuidados....¡Cuerno con el moco éste!...¿Por qué no has subido, chafandina?

— Porque esperaba a Andrés, que era quien había de subir.

— ¡Había de subir!...Y ¿quién es la que está a la intemperie de Dios y necesitada de un mendrugo de pan y de una familia honrada que se le dé con un poco de amor? ¿No eres tú?...Y siéndolo, ¿a quién le importa más que a ti subir a mi casa y preguntarme: pae Polinar, qué hay de eso?...¡Moco, más que moco!... Vamos, deja ese moño de cuerno y vente conmigo.

Mientras caminaban los dos hacia la calle Alta, pae Polinar iba poniendo en los casos a la chiquilla. Entre otras cosas la dijo:
— Y ahora que has encontrado lo que no mereces, poca bribia y mucha humildad....Se acabó la Maruca, y se acabó el Muelle-Anaos...porque si das motivo para que te echen de esa casa, pae Polinar no ha de cansarse en buscarte otra. ¿Lo entiendes? Tu padre, bueno era; tu madre no era peor: conmigo se confesaban. Pues tan buenas o mejores que ellos son las personas que te van a recoger....De modo que si sales mala, será porque tú quieres serlo, o lo tengas en el cuajo....Pero conmigo no cuentes para enderezar lo que se tuerza por tus maldades...¡cuerno! que harto crucificado me veo por ser tan a menudo redentor....Porque, ¡mira que lo de esta mañana!...Y escucha a propósito de eso: iremos por Rua-Menor a la cuesta del Hospital. En cuanto lleguemos al alto de ella, te asomas tú a la esquina con mucho cuidado, y miras, sin que te vean, a la casa de la Sargüeta. Si hay alguno asomado al balcón, te echas atrás y me lo dices; si no hay nadie, pasas de una carreruca a la otra acera; yo te sigo, y pegados los dos a las casas, y a buen andar, nos metemos en la de Mechelín, que nos estará esperando....¿Entiendes bien?... Pues pica ahora.

No sospechaba Silda que se quisieran tomar tantas precauciones por lo que al mismo fray Apolinar interesaban, pues no tenía otra noticia que la muy lacónica que le había dado Andrés de lo que le había ocurrido en casa de Mocejón; pero como a ella le importaba mucho pasar sin ser vista, cuando llegó el momento oportuno cumplió el encargo del fraile con una escrupulosidad sólo comparable al terror que la infundían las mujeres del quinto piso; y no hallándose éstas en el balcón ni en todo lo que alcanzaba a verse de la calle, atravesáronla como dos exhalaciones el exclaustrado y la niña, y se colaron en la bodega de tío Mechelín, cuya mujer *barciaba* la olla en aquel instante para comer, creyendo, pues era ya muy corrida la una de la tarde, que Silda no parecería tan pronto como había creído el padre Apolinar.

No podía llegar la huéspeda más a tiempo. Recorrió serenamente con la vista cuanto en la casa había al alcance de ella, y se sentó impávida en el escabel que le ofreció con cariño tía Sidora, delante del otro sobre el cual humeaba el potaje dentro de una fuente honda, muy arranciada de color, y algo cuarteada y deslucida de barniz, por obra de los años y del uso no interrumpido un solo día. Tío Mechelín, por su parte, y mientras le bailaban los ojos de alegría, ofreció a Silda un buen zoquete de pan y una cuchara de estaño, porque en aquella casa cada cual comía con su cuchara; la oferta fué aceptada como la cosa más natural y corriente, y se dió comienzo a la comida, sin que se notara en la muchacha la menor señal de extrañeza ni de cortedad; aprovechaba rigorosamente el turno que le correspondía para meter en la fuente su cuchara, y oía, sin responder más que con una fría mirada, las palabras cariñosas de aliento que tía Sidora o su marido la dirigían.

ESCENAS MONTAÑESAS

Por regla general, a los niños, apenas dejan los juguetes, les acomete el afán, sobre todas sus otras aspiraciones, de hombrear, de tener mucha fuerza y de levantar medio palmo sobre la talla. Pero cuando los niños son de estas montañas, por un privilegio especial de su naturaleza, su único anhelo es la independencia con un *Don* y mucho dinero. Y, según ellos, no hay más camino para conseguirlo que irse "a las Indias...." Los abismos del mar, los estragos de un clima ardiente, los azares de una fortuna ilusoria, el abandono, la soledad en medio de un país tan remoto...nada les intimida; al contrario, todos estos obstáculos parece que les excitan más y más el deseo de atropellarlos. ¿No es cierto que en América es de plata la moneda más pequeña de cuantas usualmente circulan? Pues un montañés no necesita saber más que esto para lanzarse a esa tierra feliz: la vida que en la empresa arriesga le parece poco, y otras ciento jugara impávido, si otras ciento tuviera.

¿Hay quien lo duda? Ofrezca un pasaje gratis desde Santander a la Isla de Cuba, o una garantía de pago al plazo de un año, y verá los aspirantes que a él acuden. Y no se apure porque el pasaje no sea en primer cámara: un montañés de pura raza atraviesa en el tope el Océano, si necesario fuese.

Díganle, "a las Indias vamos," y con tan admirable fe se embarca en una cáscara de limón, como en un navío de tres puentes. Este heroísmo suele ir más allá aún. Un indiano de semejante barro ve transcurrir los mejores años de su juventud de desengaño en desengaño, y no desmaya. No hay trabajo que le arredre, ni contrariedad que apague su fe: la fortuna está sonriéndole detrás de sus desdichas, y la ve tan clara y tan palpable entonces, como la vió de niño, cuando, soñando sus ricos dones, se columpiaba en las altas ramas del nogal que asombraba su paterna choza.

De lo cual se deduce que la honradez, la constancia y laborio-
sidad de un montañés, son tan grandes como su ambición.

Nadie, en buena justicia, podrá quitar a esta noble raza un
timbre que tanto la honra.

Nuestro Andresillo, pues, vástago legítimo de ella, no bien supo
hablar, ya dijo a su madre que él sería indiano. Creció en edad,
y la idea de irse a América fué el tema de todas sus ilusiones;
y tanto y tanto insistió en su proyecto, que su familia comenzó a
deliberar sobre él muy seriamente.

Un día fueron tío Nardo y su mujer a consultarlo con don Damián,
indiano muy rico de aquellas inmediaciones, y de quien ya hemos
oído hablar. Don Damián había hecho, es cierto, un gran caudal:
esto es lo que veía toda la población de la comarca y lo que excitaba
más y más en los jóvenes el deseo de emigrar; pero en lo que se
fijaban muy pocos, si es que alguno pensó en ello, era en que don
Damián se hizo rico a costa de veinte años de un trabajo constante;
que en todo ese tiempo no dejó un solo día, una sola hora, de ser
hombre de bien, ni de cumplir, por consiguiente, con todos los
deberes que se le imponían en las dificilísimas circunstancias por
que atravesó. Además, don Damián había ido a América muy bien
recomendado y con una educación bastante más esmerada que
la que llevan ordinariamente a aquellas envidiadas regiones los
pobres montañeses. Todas estas circunstancias que obraron como
base principal de la riqueza de don Damián, le obligaban a ex-
ponérselas a cuantos iban a pedirle cartas de recomendación para
la Habana, y a consultarle sobre la conveniencia de salir a probar
fortuna. Cuando semejantes consideraciones no bastaban a
desencantar a los ilusos, daba la carta que se le pedía, y a las veces
su firma garantizando el pago del pasaje desde Santander a la
Habana.

Los padres de Andrés oyeron del generoso indiano las reflexiones
más prudentes y los más sanos consejos, cuando a pedírselos
fueron en vista de las reiteradas insinuaciones de aquél. En
obsequio a la verdad, la mujer del tío Nardo no necesitaba de tantas
ni tan buenas razones para oponerse a los proyectos de su hijo: era
su madre, y con los ojos de su amor veía a través de los mares nubes
y tempestades que obscurecían las risueñas ilusiones del ofuscado
niño; pero el tío Nardo, menos aprensivo que ella y más confiado
en sus buenos deseos, apoyaba ciegamente a Andrés; y entre el

padre y el hijo, si no convencían, dominaban a la pobre mujer, que, por otra parte, respetaba mucho las *corazonadas*, y jamás se oponía a lo que pudiera ser *permisión del Señor*. El párroco del lugar le había dicho en muchas ocasiones que Dios hablaba, a veces, por boca de los niños; y por si a Andrés le había inspirado el cielo su proyecto, se decidió a respetarle en cuanto le pareciese deber hacerlo así.

Sobreponiéndose, pues, a las reflexiones del indiano la fuerza de voluntad de Andresillo y la buena fe de su padre, el primero prometió su protección al segundo; y desde aquel día no se pensó más en la casita que conocemos que en arreglar el viaje lo más pronto posible.

Los preparativos al efecto eran bien sencillos: sacar el pasaporte y hacer el equipaje.

Éste se componía:

De tres camisas de estopilla;

Un vestido completo de mahón, de día de fiesta;

Otro ídem id. id., para diario;

Una colchoneta y una manta, y

Un arca de pino, pintada de almagre, para guardar, durante el viaje, la ropa que Andrés no llevase puesta.

Del pago del pasaje se encargó don Damián hasta que Andrés supiera ganarlo.

El producto de la única vaca que tenía el tío Nardo, vendida de prisa y al desbarate, dió justamente para los gastos de equipo del futuro indiano y para el pequeño fondo de reserva que debía llevar consigo, fondo que se aumentó con medio duro que el señor cura le regaló el mismo día que le confesó; con seis reales del maestro que le dió últimamente lecciones especiales de escritura y cuentas, y con la media onza de que tiene noticia el lector. Y no se arruinó completamente la pobre familia para "echar de casa" a Andrés, gracias al generoso anticipo del indiano: de otro modo hubiera vendido gustosa hasta la cama y el hogar. Los ejemplos de esta especie abundan, desgraciadamente, en la Montaña.

El día en que presentamos la escena a nuestros lectores era el último que Andrés debía pasar bajo el techo paterno: le había destinado a despedidas, y ya tuvimos el gusto de ver el resultado que le dió la de don Damián; día que, dicho sea *inter nos*, había costado muchas lágrimas a la pobre madre, a escondidas de su familia, pues no podía resignarse con calma a ver aquel pedazo de sus entrañas arrojado tan joven a merced de la suerte, y tan lejos de su protección.

Pero las horas volaban, y era preciso decidirse. Cuando Andrés acabó de leer la carta, su único amparo al dejar su patria, y a vueltas de algunos halagüeños comentarios que se hicieron sobre aquélla, la pobre mujer, a quien ahogaba el llanto, mandó entrar en casa a su hijo para que su hermana le limpiase la ropa que llevaba puesta y se la guardase, mientras ella daba las últimas puntadas a una camisa.

Andrés, entonando un aire del país, obedeció, saltando de un brinco sobre el umbral de la puerta; pero su madre, al ver aquella expansiva jovialidad en momentos tan supremos, fijos en él sus turbios ojos mientras atravesaba el angosto pasadizo, abandonó insensiblemente la aguja, y dos arroyos de lágrimas corrieron por sus tostadas mejillas.

— ¡Pobre hijo del alma! — murmuró con voz trémula y apagada.

Tío Nardo, más optimista, por no decir menos cariñoso que su mujer, no comprendiendo aquel trance tan angustioso, hacía los mayores esfuerzos por atraerla a su terreno.

— Yo no sé, Nisca — le dijo cuando estuvieron solos, — qué demonches de mosca te ha picao de un tiempo acá, que no haces más que gimotear. Pues al muchacho no soy yo quien le echa de casa, que allá nos anduvimos al efeuto de embarcarle...y por Dios que no lo afeaste nunca bastante, ni te opusiste de veras.

— Y ¿qué había de hacer yo? Tampoco hoy me opongo, aunque cuanto más se acerca la hora de despedirme de él.... ¡Pobre hijo mío!...Dícenme que puede hacerse rico...¡y nosotros somos tan pobres! ¡Ofrecen tan poco para un hombre estos cuatro terrones que el Señor nos ha dado!...¡Ay, si Él quisiera favorecerle!...

— Pues ¿qué ha de hacer, tocha? ¡No, que no!...ahí tienes a don Damián....

— ¡Siempre habéis de salirme con don Damián!

— Y con muchísima razón. ¿Qué mejor ejemplo? Un señor que vino al pueblo cargado de talegas; que a todos sus parientes ha puesto hechos unos señores; que no bien sabe que hay un vecino necesitao, ya está él socorriéndole; que alza él solo casi todas las cargas del lugar; que corta todos los pleitos para que no se coma la Justicia la razón del que la tiene y el haber de la otra parte, y que no quiere por tanto beneficio más que la bendición de los hombres de bien. ¿Qué más satisfacción para nosotros que ver a nuestro hijo en el día de mañana bendecido como don Damián?

— ¡Ay, Nardo! en primer lugar, don Damián fué siempre muy honrado....

— No viene Andrés de casta de pícaros.

— Después, Dios le ayudó para que hiciera suerte.

— Y ¿por qué no ha de ayudar a Andrés?

— Don Damián fué un señor desde sus principios, y cuando salió de aquí llevaba muchos estudios y sabía tratar con personas decentes...y había heredado la levita, que esto vale mucho para bandearse fuera de los bardales del lugar.

— ¡Bah, bah!...ríete de cuentos, Nisca, que todos los hombres nacimos de la tierra y tenemos cinco dedos en cada mano.

— Valiera más, Nardo, que en lugar de fijarnos en ejemplos como el de ese buen señor para echar de casa a nuestros hijos, volviéramos los ojos a otros más desgraciados. ¡Cuántas lágrimas se ahorrarían así!...Sin ir más lejos, ahí está nuestra vecina que no halla consuelo hace un mes, llorando al hijo de su alma que se le murió en un hospital al poco tiempo de llegar a la Habana.

— Sí, pero ese muchacho....

— Era tan sano y tan robusto como Andrés, y como él era joven y llevaba buenas recomendaciones. También las llevó el del tío Pedro, y murió pobre y desamparado en lo más lejos de aquellas tierras....Bien colocado estaba el sobrino del señor alcalde, y malas compañías le llevaron a perecer en una cárcel; y Dios parece que lo dispuso así, porque cuentan que si sale de ella hubiera sido para ir a peor paraje. Veinte años bregó con la fortuna su primo Antón, y, por no morirse de hambre, anda hoy de triste marinero ganando un pedazo de pan por esos mares de Dios. Bien cerca de tu casa tienes al pobre hijo de Pedro Gómez esperando a que se le acabe la poca salud que trajo de las Indias al cabo de quince años de buscarse en ellas la fortuna, para que Dios le lleve a descansar a su lado; pues ya, pobre y enfermo, ni vale para apoyo de su familia, ni para el pueblo, ni para sí mismo, que es lo peor...y bien reniega de la hora en que salió de su casa....

— ¡Anda, anda!...¡echa por esa boca desventuras y lástimas!

¿Por qué no te acuerdas del hijo del Manco y del del alguacil, que dicen que gastan coche en la Habana y que están tan ricos que no saben lo que tienen?

— ¡Mal año para ellos, que dejan morir de miseria a sus familias que se arruinaron por embarcarlos, y ni siquiera se acuerdan de la tierra en que vieron el sol!...Mucho quiero a ese pobre hijo que se va a ir por ese mundo; pero antes que verle mañana sin religión, olvidado de su familia y de su tierra (Dios me perdone si en ello le ofendo), quisiera la noticia de que se había muerto.

— Vaya, Nisca, que hoy te da el naipe para sermones de ánimas....Todavía me has de hacer ver el asunto por el lado triste.

— ¡Dichoso de ti, Nardo, que no le has visto ya!

— No seas tonta, que yo no puedo ver esas cosas como tú las ves....Porque este lugar haya sido poco afortunado para los indianos....

— Calcula tú cómo andarán los demás...cuando en este rincón solo hay tanta lástima. ¡Ay, Nardo! aunque yo no lo tocara con mis manos ni lo viera con mis ojos, los consejos de don Damián, con la experiencia que tiene, serían de sobra para que yo llorara al echar, sola por el mundo, a esa pobre criatura.

La salida de Andrés interrumpió este diálogo. Traía puesto su traje de camino, nuevo también, pero de corte más humilde que el que se había quitado para que su hermana se le guardase.

Tía Nisca se enjugó apresuradamente los ojos al ver a su hijo, y plegó con esmero sobre sus rodillas la camisa que había concluido.

Toda aquella tarde se invirtió en arreglar el equipaje de Andrés, y al anochecer se rezó el rosario con más devoción que nunca, pidiendo todos a la Virgen, con esa fe profunda y consoladora de un corazón cristiano, amparo para el que se iba, y, para los que se quedaban, resignación y vida hasta volver a verle.

RUFINO JOSÉ CUERVO

1844—1911

CUERVO was a native of Colombia but the value of his critical contributions to the Spanish language cannot be easily over-estimated. In a note to the *Diccionario de construcción y régimen de la lengua castellana* (1886-1893), he gives proof of his great erudition and critical sense as regards the *Centon Epistolario*. His chief other work, *Apuntaciones críticas sobre el lenguaje bogotano*, is in continual use by living writers who wish to consult an authority on etymological difficulties. In connexion with his brother, Cuervo has also written a life of his father, entitled *Vida de Rufino Cuervo y noticias de su época* which assumes an intimate knowledge of the intricacies of Colombian life. His edition of Bello's *Gramática* contains many valuable additions and emendations. Perhaps Cuervo's most distinguished work is to be found in the *Disquisiciones sobre Filología Castellana*, a masterpiece of ripe scholarship. But the *Apuntaciones* remain his most popular work and best convey an exact idea of his beautiful personality.

APUNTACIONES CRÍTICAS SOBRE EL LENGUAJE BOGOTANO

X ofrece en venta *pañuelos seda, sombreros paja*. Antes se había oído como característico de un hombre cutre y ahorrativo lo de aguar el agua y otras proezas del mismo jaez; pero estaba reservado a los mercaderes bogotanos escatimar una palabrita tan menuda como *de*, llevando la tontería hasta ofrecer *gruesas plumas* en lugar de *gruesas de plumas*. ¿Si procederá este odio a la preposición *de* de figurarse que pertenece a *dar* y de tener por llema aquello de

> Solamente un dar me agrada,
> Que es el dar en no dar nada?

Esta tirria al *de* ha hecho que los mismos, de algún tiempo a esta parte, lo hayan despojado de su significación de destino o empleo que aparece en *casa de huéspedes, molino de trigo, máquina de coser, vapor de río* etc.; y nadie los haría decir *calzado de hombre, sombrero de niño*, porque en su sentir sería tanto como afirmar que tales objetos eran de carne y hueso. A eso se reduce toda la gramática de esta buena gente.

Los que leen en inglés *Florida water* y traducen *agua florida*, están al canto de decir *agua colonia* en vez de *agua de Colonia*; como que *Florida* y *Colonia* son ambos nombres de lugar. El mercurio precipitado rojo, descubierto por Juan de Vigo, se llama comúnmente en castellano *polvos de Juanes* y no *polvos Juanes*; así como no se debe decir *ungüento Holloway* sino *ungüento de Holloway*,

> Señor, tú has de sufrir *polvos de Juanes*
> Que toda el alma tienes ya podrida.

> (Moreto, *El desdén con el desdén*, Acto II, esc. VI.)

Ya que se ofrece hablar de esto, es bueno hacer notar a muchos que no lo saben, que al *agua de lavanda* no le viene el nombre de ningún lugar como a las anteriores; *lavande* en francés es el nombre del espliego, que también se llamó antiguamente en castellano *lavándula* (éste es el nombre botánico), y los perfumistas, las mujeres y los amujerados debieron figurarse que de eso no había ni noticia en castellano, y hé aquí una voz flamante que nadie entiende y que aun con mayúscula escriben.

A pesar del cacareado republicanismo de nuestros paisanos, hay muchos que incurren en la puerilidad de querer dar a sus apellidos cierto aire de nobleza que los separe del vulgo; los medios más comunes que para esto hemos visto se adoptan, son la añadidura de un *de* al apellido, y el cambio, en la escritura, de unas letras por otras, tenidas, a lo que parece, por de más elevado linaje. "El *de*, precediendo a los apellidos," dice don Pedro Felipe Monlau en su Diccionario etimológico de la lengua castellana, "se ha querido mirar como partícula nobiliaria o que denota nobleza de alcurnia; pero nada más inexacto, porque el *de* únicamente precede a los apellidos cuando éstos se tomaron de nombres de pueblo, lugar o territorio, sobre el cual se ejercía señorío o jurisdicción. Fuera de estos casos nada significa el *de*, y es muy ridículo anteponerlo al apellido creyendo que de por sí atestigua nobleza. Las familias de *Iñigo Arista, Jorge Manrique, Pedro Girón, Hernán Cortés*, etc., sin *de*, eran y son mucho más ilustres que las de *Juan* de *las Viñas, Perico* de *los Palotes* o *Marcos* de *Obregón....*

Advertiremos que hay apellidos que por su naturaleza rechazan el *de*, cuales son, entre otros, los llamados patronímicos, o sea, derivados de un nombre de pila y denotativos, en su origen, de los hijos de quien llevaba dicho nombre, como *Álvarez* (hijo de *Álvaro*), *Martínez, Sánchez, Márquez, Ibáñez* (hijo de *Iban* o *Juan*), *Suárez* (hijo de *Suero* o *Esvero*), etc. Sería un disparate descomunal llamarse *Juan de Sánchez, Pedro de Márquez*, etc. Esto mismo se observa con los apellidos que de suyo son adjetivos como *Blanco, Prieto, Cortés,* etc.

En una palabra, el que haya heredado de sus padres un *de* con las condiciones indicadas por el señor Monlau, hace muy bien en usarle; de otro modo, es una ridiculez insoportable echarle encima al nombre semejante aditamento.

VICENTE BLASCO IBÁÑEZ

b. 1867

SEÑOR DON VICENTE BLASCO IBÁÑEZ is the novelist of Valencia as Pereda is of the Montaña and la Condesa de Pardo Bazán of Galicia. In the whole array of novels from *Arroz y Tartana* (1894) to *Cañas y Barro* (1902) we have all the savour and vivid colouring of that province, but Blasco Ibáñez does not confine himself to local portraiture. Beginning as a disciple of Zola with *Arroz y Tartana* and *Flor de Mayo* (1895), he gradually evolved his own methods and produced in 1898 the tragedy of peasant life recounted in *La Barraca.* A fearless exponent of personal views, Blasco Ibáñez treats social and religious questions in *La Catedral* (1903), *El Intruso* (1904), *La Bodega* (1905) and *La Horda* (1905). He possesses in a high degree the gift of evoking an atmosphere and as in *Los Muertos mandan,* where the scene is laid in Majorca, transports his readers where he wills. His later works, written during the war, *Los Cuatro Jinetes del Apocalipsis* (1916), *Mare Nostrum* and particularly the last, *Los Enemigos de la Mujer* (1919), are vaguely reminiscent of French novels, both in scene and treatment, and here again the author does not conceal his opinions. A prolific writer of extraordinary vitality, of a forcible but fluent style, Blasco Ibáñez is not profoundly interested in psychological studies but uses his plot and personages as a means to express his thoughts on the questions of the day.

CAÑAS Y BARRO

El muchacho vivía como un salvaje en la soledad, y los barqueros que pescaban en el lago le oían gritar desde muy lejos en las mañanas de calma:

— ¡ Sancha ! ¡ Sancha !...

Sancha era una serpiente pequeña, la única amiga que le acompañaba. El mal bicho acudía a los gritos, y el pastor, ordeñando sus mejores cabras, la ofrecía un cuenco de leche. Después, en las horas de sol, el muchacho se fabrica un caramillo cortando cañas en los carrizales y soplaba dulcemente, teniendo a sus pies al reptil que enderezaba parte de su cuerpo y lo contraía como si quisiera danzar al compás de los suaves silbidos. Otras veces el pastor se entretenía deshaciendo los anillos de Sancha, extendiéndola en línea recta sobre la arena, regocijándose al ver con qué nervioso impulso volvía a enroscarse. Cuando cansado de estos juegos, llevaba su rebaño al otro extremo de la gran llanura, seguíale la serpiente como un gozquecillo, o enroscándose a sus piernas le llegaba hasta el cuello, permaneciendo allí caída y como muerta, con sus ojos de diamante fijos en los del pastor, erizándole el vello de la cara con el silbido de su boca triangular.

Las gentes de la Albufera le tenían por brujo, y más de una mujer de las que robaban leña en la Dehesa, al verle llegar con la Sancha en el cuello hacía la señal de la cruz como si se presentase el demonio. Así comprendían todos cómo el pastor podía dormir en la selva sin miedo a los grandes reptiles que pululaban en la maleza. Sancha, que debía ser el diablo, le guardaba de todo peligro.

La serpiente crecía y el pastor era ya un hombre cuando los habitantes de la Albufera no le vieron más. Se supo que era soldado y andaba peleando en las guerras de Italia. Ningún otro rebaño volvió a pastar en la salvaje llanura. Los pescadores, al bajar a tierra, no gustaban de aventurarse entre los altos juncales que cubrían las pestíferas lagunas. Sancha, falta de la leche con que la regalaba el pastor, debía perseguir los innumerables conejos de la Dehesa.

Transcurrieron ocho o diez años, y un día los habitantes del Saler vieron llegar por el camino de Valencia, apoyado en un palo y con la mochila a la espalda, un soldado, un granadero enjuto y cetrino con las negras polainas hasta encima de las rodillas, casaca blanca con bombas de paño rojo y una gorra en forma de mitra sobre el peinado en trenza. Sus grandes bigotes no le impidieron ser reconocido. Era el pastor que volvía deseoso de ver la tierra de su infancia. Emprendió el camino de la selva costeando el lago, y llegó a la llanura pantanosa donde en otros tiempos guardaba sus reses. Nadie. Las libélulas movían sus alas sobre los altos juncos con suave zumbido, y en las charcas ocultas bajo los matorrales chapoteaban los sapos asustados por la proximidad del granadero.

— ¡Sancha! ¡Sancha! — llamó suavemente el antiguo pastor.

Silencio absoluto. Hasta él llegaba la soñolienta canción de un barquero invisible que pescaba en el centro del lago.

— ¡Sancha! ¡Sancha! — volvió a gritar con toda la fuerza de sus pulmones.

Y cuando hubo repetido su llamamiento muchas veces, vió que las altas hierbas se agitaban y oyó un estrépito de cañas tronchadas, como si se arrastrase un cuerpo pesado. Entre los juncos brillaron dos ojos a la altura de los suyos y avanzó una cabeza achatada, moviendo la lengua de horquilla, con un bufido tétrico que pareció helarle la sangre, paralizar su vida. Era Sancha, pero enorme, soberbia, levantándose a la altura de un hombre, arrastrando su cola entre la maleza hasta perderse de vista, con la piel multicolor y el cuerpo grueso como el tronco de un pino.

— ¡Sancha! — gritó el soldado retrocediendo a impulsos del miedo. — ¡Cómo has crecido!...¡Qué grande eres!

E intentó huir. Pero la antigua amiga, pasado el primer asombro, pareció reconocerle y se enroscó en torno de sus hombros, estrechándolo con un anillo de su piel rugosa sacudida por nerviosos estremecimientos. El soldado forcejeó.

— ¡Suelta, Sancha, suelta! No me abraces. Eres demasiado grande para estos juegos.

Otro anillo oprimió sus brazos agarrotándolos. La boca del reptil le acariciaba como en otros tiempos; su aliento le agitaba el bigote, causándole un escalofrío angustioso, y mientras tanto los anillos se contraían, se estrechaban, hasta que el soldado, asfixiado, crujiéndole los huesos, cayó al suelo envuelto en el rollo de pintados anillos.

A los pocos días unos pescadores encontraron su cadáver; una masa informe, con los huesos quebrantados y la carne amoratada por el irresistible apretón de Sancha. Así murió el pastor, víctima de un abrazo de su antigua amiga.

LOS MUERTOS MANDAN

De pronto Febrer, que permanecía inmóvil, escuchándose a sí mismo, con una quietud semejante a la de los niños medrosos que temen removerse en la cama por no aumentar el misterio que les rodea, se estremeció en su asiento. Algo extraordinario cortó el aire, dominando con su estridencia los confusos ruidos de la noche. Era un grito, un aullido, un relincho....

Jaime sintió un impulso de levantarse, de correr a la puerta, pero luego permaneció inmóvil. El tradicional *auquido* había sonado a alguna distancia. Debían ser mozos del *cuartón* que escogían las inmediaciones de la torre del Pirata para encontrarse arma en mano. Aquello no iba con él: a la mañana siguiente se enteraría de lo ocurrido.

Abrió otra vez el libro, intentando distraerse con la lectura, pero a las pocas líneas se levantó de un salto, arrojando sobra la mesa el volumen y la pipa.

¡*Auuuú*! El relincho de reto, el aullido hostil y burlón había resonado casi al pie de la escalera de la torre, prolongándose con el fuerte soplo de unos pulmones como fuelles. Casi al mismo tiempo sonó en la obscuridad un rumor estridente de abanicos abiertos: las aves marinas, sorprendidas en su sueño, salían disparadas de entre las rocas para cambiar de guarida.

¡Era para él! ¡Venían a retarlo a la puerta de su vivienda!... Miró fijamente su escopeta; se llevó la diestra a la faja, palpando el metal del revólver, tibio por el contacto del cuerpo; dió dos pasos hacia la puerta, pero se detuvo y alzó los hombros con una sonrisa de resignación. Él no era de la isla; él no entendía este lenguaje de chillidos, y se creía a cubierto de tales provocaciones.

Volvió a su silla y cogió el libro, sonriendo con una alegría forzada.

— ¡Grita, buen hombre: chilla, *aúca*! Lo siento por ti, que puedes constiparte al fresco, mientras yo estoy tranquilo en mi casa.

Pero esta conformidad burlona sólo era aparente. Volvió a sonar el aullido, ya no al pie de la escalera, sino algo más lejos, tal vez entre los tamariscos que cercaban la torre. El retador parecía haber tomado posición esperando que saliese Febrer.

¿Quién sería?...Tal vez el miserable *vèrro* al que había buscado por la tarde: tal vez el *Cantò*, que juraba públicamente matarlo cuanto antes. La noche y la astucia, que igualan las fuerzas de los enemigos, habrían dado ánimos a este enfermo para marchar contra él. También era posible que fuesen dos o más los que le aguardasen.

Sonó otro aullido, pero Jaime volvió a encogerse de hombros. Podía gritar lo que quisiera su desconocido retador....Pero ¡ay! ¡imposible leer! ¡inútil esforzarse por fingir tranquilidad!...

Los aullidos repetíanse ahora rabiosamente, como los cacareos de un gallo furioso. Jaime creyó ver el cuello de aquel hombre, hinchado, enrojecido, con los tendones vibrantes por la cólera. El grito gutural parecía adquirir poco a poco al repetirse los contornos y la significación de un lenguaje. Era irónico, burlón, insultante; echaba en cara su prudencia al forastero; parecía llamarle cobarde.

En vano intentó no escuchar. Nublábase su vista; le pareció que la vela ya no daba luz: en los intervalos de silencio la sangre zumbaba en sus oídos. Pensó que *Can Mallorquí* estaba muy cerca, y tal vez Margalida, trémula y pegada a un ventanuco, escuchaba estos aullidos frente a la torre, donde estaba un hombre medroso oyéndolos también, pero encerrado como si fuese sordo.

No; no más. Arrojó esta vez definitivamente el libro sobre la mesa, y luego, por instinto, sin saber ciertamente lo que hacía, sopló la llama de la vela. Al quedar en la obscuridad anduvo algunos pasos con las manos avanzadas, olvidado completamente de los planes de ataque que había concebido momentos antes con rápido pensamiento. La cólera trastornaba sus ideas. En esta ceguedad repentina de su espíritu sólo tuvo una idea, como último destello de una luz que se alejaba. Tocaba ya la escopeta con sus manos palpantes, cuando desistió de cogerla. Necesitaba un arma menos embarazosa; tal vez tendría que descender y caminar entre los matorrales.

Tiró del interior de la faja, y el revólver deslizóse fuera de su madriguera, con la suavidad de una bestia sedosa y tibia. Anduvo a tientas hasta la puerta y la abrió con lentitud, sólo un pequeño espacio, el necesario para asomar la cabeza, chirriando levemente sus groseros goznes.

Febrer, pasando de golpe de la obscuridad de su habitación a la difusa claridad de la luz sideral, vió la mancha de las malezas en torno de la torre, más allá la confusa blancura de la alquería y enfrente la giba negra de los montes cortando el cielo, en el que palpitaban las estrèllas. Esta visión sólo duró un instante: no pudo ver más. Dos pequeños relámpagos, dos culebreos de fuego marcáronse uno tras otro en las tinieblas de los matorrales, seguidos de dos estampidos que casi se confundieron.

Jaime experimentó en su olfato una sensación acre de pólvora quemada, que tal vez no era más que un fenómeno imaginativo. Al mismo tiempo percibió sobre la cúspide de su cráneo un silencioso y violento choque, algo anormal que pareció tocarle sin llegar a tocarle, la sensación del roce de una piedra. Algo cayó sobre su rostro como ligera lluvia impalpable. ¿Sangre?...¿tierra?...

La sorpresa duró en él sólo un instante. Le habían hecho fuego desde el matorral, en las inmediaciones de la escalera. El enemigo estaba allí...¡allí! Veía en la obscuridad el punto de donde habían surgido los fogonazos, y avanzando la diestra fuera de la puerta, disparó su revólver; una...dos...cinco veces: todas las cápsulas que contenía el cilindro.

Tiró casi a ciegas, desorientado por la obscuridad y el desconcierto de la cólera. Un leve ruido de ramas tronchadas, una ondulación casi imperceptible del matorral, le llenaron de salvaje alegría. Había alcanzado al enemigo indudablemente, y en su satisfacción, se llevó una mano a la cabeza para convencerse de que no estaba herido.

Al pasarla después por su cara, cayó de sus mejillas y sus cejas algo menudo y granujiento. No era sangre: era tierra, polvo de argamasa. Sus dedos, deslizándose sobre el cuero cabelludo, estremecido aún por el roce mortal, tropezaron con dos agujeros de la pared, semejantes a pequeños embudos, que guardaban una sensación de calor. Las dos balas le habían rozado, yendo a clavarse en el muro, a una distancia casi imperceptible de su cabeza.

Febrer sintióse alegre de su buena suerte. Él, sano, incólume, ¡y su enemigo!...¿Dónde estaría en aquel momento? ¿Debía bajar para buscarlo entre los tamariscos y reconocerle en su agonía?...De pronto se repitió el grito, el aullido salvaje, lejos, muy lejos, casi en las cercanías de la alquería: un *auquido* triunfante, burlón, que Jaime interpretó como un anuncio de próxima vuelta.

El perro de *Can Mallorque*, excitado por los disparos, ladraba lúgubremente. A lo lejos, otros perros le contestaban. El aullido del hombre se alejó, con incesantes repeticiones, cada vez más remoto, más débil, hundiéndose en el misterio azul de la noche.

JACINTO BENAVENTE

b. 1866

Señor Don Jacinto Benavente, the recognized chief of living Spanish dramatists, is especially skilled in character-drawing. His plays, which contain comparatively little incident, are the medium for revealing the personalities of his creations, selected chiefly from the well-to-do middle-class. Such plays as *El Marido de la Téllez*, *La Comida de las Fieras*, *Los Intereses Creados* are strikingly illustrative of his peculiar talent. A very different note is touched in *La Princesa sin Corazón*, which is faintly reminiscent of Maeterlinck's manner. Benavente is sometimes thought to err side of exoticism.

LA PRINCESA SIN CORAZÓN

ESCENA PRIMERA

Cortesanos y servidores.

Unos. No entréis ahora en la cámara regia. Es la hora solemne. Llegaron las hadas, las hadas benéficas. En torno a la cuna bendicen propicias.

Otros. Ni faltó ni una sola al bautizo de nuestra Princesa. ¡Princesa dichosa entre todas!

Unos. ¡Será la más bella! dijeron las unas.

Otros. De todos amada, dijeron las otras.

Unos. Le ofrecen tesoros. La torre de plata que el Rey construyera, la torre, hundida tan hondo como alta se eleva hasta el cielo, no basta a guardar los tesoros que ofrecen las hadas a nuestra Princesa.

Otros. ¡Oh Princesa, dichosa entre todas! Las hadas rodean su cuna, las hadas benéficas.

Unos. ¡Dichosos nosotros, porque ella será nuestra reina!

Otros. ¡Dichoso su reino entre todos!

Unos. ¡La abundancia, la paz, serán siempre en su reino!

Otros. ¡Callad! ¡Callad! Son las hadas que vuelven.

              [Pasan las hadas.

Unos. Su hermosura es luz, es la luz del cielo. Luz rosa de aurora, aurora de un día de felicidad.

Otros. La luz azul de una noche de amor.

Unos. Todas son hermosas. Su hermosura es una armonía que acaricia el alma.

Otros. Mal habrá quien se atreva a decir cuál es más hermosa.

Unos. Mal habría de cierto. Bendecid, bendecidnos, señoras hadas.

Hadas. Para todos paz y amor, paz y amor.

Todos. Seremos dichosos, nos bendicen las hadas.

Hadas. ¡Paz y amor! ¡Paz y amor!

Todos. Nos bendicen las hadas [*Salen las hadas. Entra el Rey.*

Rey. Amigos, servidores, amigos todos, más de llorar que de reír es mi alegría, tan grande y tan dulce alegría; no parece del mundo este día. El corazón a brincos baila en mi pecho, salta, salta, y se asoma a los ojos en llanto, en risa a los labios, y lloro y río de tan grande y tan dulce alegría; no parece del mundo este día, este día de la vida mía. Hubo grandes dolores en la vida mía; en mi reino hubo guerras y pestes y grandes carestías, y el gemir de mi pueblo fué por mucho tiempo para mis oídos como oleaje del mar, noche y día, gemir infinito. Hoy es la esperanza, hoy es la paz y es la abundancia y la promesa de todos los bienes. Las hadas bendijeron la cuna de mi hija, de vuestra Princesa. Sobre el reloj de arena que contará las horas de sus días, desgranaron como collar de perlas el collar de sus dones. Hermosura, poder y riqueza, y todos los encantos y todos los agrados. A sus ojos, un mirar que alegra como luz del sol, un mirar que consuela como luz de luna; a sus cabellos, llamarada de oro en sus rizos, suavidad de seda en sus hilos; a su boca, voz melodiosa, liras y ruiseñores y vibraciones de cristal y plata, de palomas que arrullan y de arroyo que salta entre guijas. Majestad y gracia a toda su persona. Tal majestad, que pudiera vestirse de harapos y correr los caminos por extrañas tierras, y todos dirían al verla: "¡Es una reina, es una reina!" Gracia y agrado tales, que la espada de la Justicia, como el puñal de la venganza, serán en sus manos gentiles adornos, como ramo de flores o abanico de plumas, y los castigados y los condenados por su justicia o a su venganza, sonreirán agradecidos a la muerte como enamorados a un favor de su dama, y dirán al morir: "¡Dulce es la muerte que de ti viene; aunque no fuera justa, dulce y bella es la muerte que de ti viene, señora nuestra, bella señora!"

Cortesanos y servidores. Generosas como nunca fueron las hadas. Pero, decidnos, señor y rey, dos veces las vimos: cuando llegaron colmadas de ofrendas y cuando partieron después de ofrecidas.

Entre todas, una, la reina de todas, sólo un cáliz de oro llevaba en sus manos; sin duda era henchido de piedras preciosas, o de un raro encanto que hermosura y salud asegura.

Rey. Nada trajo en el cáliz de oro. Ni piedras preciosas ni encantos sutiles. Ella sola entre todas las hadas, la reina de todas, ofrenda no rinde. Su encanto es misterio que nadie comprende. "Sin mí nada valen los dones de todas, yo sola su dicha aseguro"... ¿Y sabéis lo que guarda en el cáliz de oro? ¡El corazón de la Princesa!

Todos. ¡Su corazón, su corazón! ¿Y vive?

Rey. Vive, vive, y alegre sonríe, y nunca habrá pena. Ya lo dijo: "Yo sola su dicha aseguro. Si dentro del pecho un corazón siente, no hay dicha posible."

Todos. Ni pena ni dicha. Sin corazón, ¿cómo puede vivirse?

Rey. Bastan los sentidos para gozar sin pena los goces todos de la vida; bastan los sentidos para la alegría; del corazón viene la pena toda. La reina de las hadas bien lo sabe, sabe más que nosotros, sabe más que todos. Ella sola su dicha asegura. ¡Qué dichosa será la hija mía! Todo alegre en su vida, que todo es alegre cuando sin corazón se vive.

Todos. Misterioso encanto será el de las hadas. Sin corazón, ¿cómo puede vivirse?

ESCENA II

La Princesa y la Nodriza.

Nodriza. *In nómine Patre...* Amén.

Princesa. ¿Por quién rezas?

Nodriza. Rezo por los que hoy morirán en la guerra. Gran mortandad será en esos campos, que para segarse fueron bien sembrados. ¡Quién dijera entonces a los sembradores que la muerte fuera allí segadora! ¡Segadora terrible es la muerte! ¡Bien labró, bien labró su cosecha! ¡Oh qué gran mortandad será en esos campos! Siete príncipes combaten en ellos con toda la prez de sus caballeros y la más florida juventud de sus reinos. ¡Siete príncipes combaten por el amor vuestro!

Princesa. ¡Por mi amor, por mi amor! ¡Oh qué hermosa fiesta, si los siete príncipes, con sus siete reinos, por mí perecieran! ¡Por el amor mío, por el amor mío! No vale menos mi belleza.

Nodriza. ¡Gran crueldad mostráis, señora! Pensad que allí quedan las madres y las esposas. ¡Más que en los que mueren, pienso en los que lloran! Si yo fuera vos, bien pusiera paz. Son siete príncipes, con sus siete reinos, los que combaten por el amor vuestro.

Princesa. ¡Así en el campo hubiera una torre, y en la torre un balcón, para ver la contienda!

Nodriza. ¿Pensáis que es la guerra como liza de justa o torneo? No son allí cortesías ni galas. En la guerra, la muerte es el premio, la muerte es la dama.

Princesa. Y el amor y la gloria al más esforzado.

Nodriza. No es el más valiente el más afortunado; tened piedad, tened piedad, señora, que cierto no os crió ni loba ni leona. Pechos de mujer piadosa os criaron, y por vos, de niña, tengo bien llorado, y alguna vez en mi pecho mis lágrimas bebieron tus labios. ¡Mal sienta en mujeres sin leche los pechos, los ojos sin llanto!

Princesa. ¿Por qué llorar, si la vida es hermosa y todo es alegre? ¿No es la vida una fiesta gloriosa? Son los ojos, hambrientos, sedientos, que nunca se sacian. Antes que los ojos de ver hermosura, de amar la hermosura se cansará el alma...¡La vida es todo hermosura y es todo armonía! Pero es una música de mil instrumentos, que mal puede oírse si a un solo instrumento, entre tantos, la atención asiste. Si agua de los mares en pomo encerraras, de las olas del mar, ¿qué sabrías? Que son muy amargas. De la vida no puede beberse el mar gota a gota, ni de su armonía escucharse una sola nota. Para amar la vida, ha de entrar en el alma a oleadas el mar infinito de sus armonías. [*Entra el Rey.*

Rey. ¡Gran dolor, gran dolor! La guerra es en mi reino. Contra mí llega el Príncipe, vencedor de seis príncipes y de seis reinos. Y la victoria no será conmigo, porque falté a la fe jurada. Le prometí tu mano, y tú burlaste sus esperanzas.

Princesa. ¡La victoria será contigo, y el Príncipe morirá, y su reino será destruído! No hayas temor en la guerra, ni piedad después en la victoria; es hermosa la guerra, la venganza es hermosa. ¡Ni una vida quede en su reino para recordar que allí seres humanos vivieron; no quede en él piedra sobre piedra para recordar que allí fueron viviendas; quede todo arrasado como árido desierto, que no pueda decirse siquiera: aquí fué nunca un reino!...¡Ni la memoria de su nombre quede, ni una boca para pronunciarlo, ni un pensamiento que lo recuerde!

Rey. ¡Hija mía, hija mía, es injusta esta guerra, y la victoria no puede ser nuestra!

Princesa. ¡La victoria será contigo y la justicia también, si eres fuerte! Combatiré a tu lado; quiero ver cara a cara la muerte.

Nodriza. ¡Quién vió querer mal a quien bien nos quiere; quién vió odiar así a quien amor ofrece! No es al mundo príncipe más enamorado, y cuando nació, como a ti las hadas, de todos su dones bien le han adornado; pero en su pecho un corazón dejaron, y siente y llora, que de su amor has burlado. Y porque seis príncipes tu amor codiciaron, los seis príncipes con sus seis reinos ha destruido con rabia de celos. Y ahora el tuyo será destruido, y todos nosotros seremos allí sus cautivos. Los que no mueran aquí, allí serán sus esclavos; los más nobles aquí, allí serán los más bajos. Y las esposas y las hijas castas, manantial limpio, fuente sellada, serán como charco de agua revuelta donde sacie su sed de lujuria brutal soldadesca....¡Quién vió querer mal a quien bien nos quiere; quién vió odiar así a quien amor ofrece! ¡Oh mi señora, que tanto eres bella, si un corazón de mujer en ti hubiera!

Princesa. Llora, llora, nodriza, que no me da pena; a la vejez esas lágrimas sientan.

Nodriza. Para ti no hay dolor en la tierra ni caso lastimoso.

Princesa. Para mí nada hay triste, porque todo es hermoso.

Rey. Bien dijo la reina de todas las hadas: "Feliz será siempre tu hija; sin corazón todo es hermosura, todo es alegría." Y si ella es feliz, ¿qué me importa la suerte de todo mi reino, qué importa la muerte?

Nodriza. ¡Oh qué gran crueldad es en ti, señora, y para nosotros, oh qué gran desdicha, donde hay dolor sólo, hallar alegría! ¡Oh mi señora, que tanto eres bella, si un corazón de mujer en ti hubiera!

ESCENA III

El Príncipe y Soldados.

Príncipe. Si hoy, como siempre, al frente de mis tropas, el airón de mi casco y la hoja de mi espada son la enseña distinta que a combatir os lleva, es que hoy quisiera caer sin combatir, y yo el primero y yo solo, y evitar con mi muerte la guerra injusta. Hoy tan sólo deseo ser vencido y morir. Aquella hermosura terrible tendrá acaso una palabra de piedad para mí. ¡Oh hermosura de

ídolo sanguinario, no hay sacrificio que te mueva a piedad! ¡Oh
mis soldados leales, yo os lo pido, no defendáis mi vida en esta
guerra; hoy quiero ser vencido!

Soldados. ¡No, no! ¡Venganza, muerte a quien burló tu amor!
Tu esclavo será ese Rey, tu esclava esa Princesa sin corazón. Y
si tú mueres, nuestra venganza será terrible; tus amores y tus
odios son nuestros.

Príncipe. ¡Mi amor, sólo mi amor! Yo no sé odiar. Por ella
sólo fuí cruel en la guerra. Ella no tiembla ante la muerte. Nada
en el mundo la moverá a piedad. Ni un sentimiento humano hay
en su corazón. Dicen que nunca la vió nadie llorar. Vió morir a
su madre, y no lloró. La guerra amenaza hoy su reino, una guerra
injusta y sin razón, y se engalana como para una fiesta. En su
hermosura todo es serenidad. Es como un cielo todo azul, ese
cielo que parece una burla cruel cuando ilumina un día triste de
nuestra vida, y los hombres quisiéramos que el cielo se nublara
al nublarse el alma nuestra, que acompañaran rugidos de tormenta
a los rugidos de nuestro corazón, fulgor de rayos al fulgurar
tremendo de nuestras iras; pero el cielo está sobre las almas, porque
existe para ser contemplado, no para contemplar, y lo mismo esa
implacable deidad, esa hermosura, toda serenidad, que no ha
nacido para ser conmovida, porque un hombre llore y muera de
amor. [*Entra la nodriza.*

Nodriza. Príncipe noble, Príncipe vencedor, que hoy llegas a
esta tierra como dios de la guerra, cuando debiste llegar como dios
del amor para fiestas de paz....

Príncipe. ¿Quién eres tú, pobre mujer, que sabes llorar? ¿Eres
de este reino, donde su princesa no lloró jamás? ¿Hay en él
mujeres que como tú lloran, hay mujeres que aman, hay madres
y esposas, hay brazos que abrazan, hay labios que imploran y
besan y rezan...cuando en su princesa nadie vió jamás ni llanto
en sus ojos, ni en sus labios quejas, ni en su frente sombras, ni en
su pecho amor?

Nodriza. No culpes, señor, a mi noble señora, que no hay culpa
en ella. Las hadas la hicieron poderosa y bella; pero la reina de
todas las hadas, porque fuera dichosa como es hermosa, en un
cáliz de oro llevóse el corazón de mi señora. Y en el reino de las
hadas, las hadas guardan como un tesoro su corazón en el cáliz
de oro. Por eso mi señora Princesa no siente pena ni siente amor;

sonríe siempre, sonríe a la vida, sonríe a la muerte...¡Mi señora Princesa no tiene corazón! No es culpa suya, Príncipe bello; que si mi señora corazón tuviera, su corazón ya sería vuestro. Si yo fuera vos, al reino de las hadas encaminaría, y a las buenas hadas el corazón de mi señora les demandaría.

Príncipe. ¿Y crees tú que me volverían su corazón?

Nodriza. Las buenas hadas son compasivas con los bellos príncipes que mueren de amor. Id, mi señor.

Príncipe. Iré. Nadie armas moviere mientras yo volviere. ¡Si las buenas hadas fueran compasivas y me devolvieran ese corazón...!

Nodriza. Id, mi señor. Las buenas hadas son compasivas con los bellos príncipes que mueren de amor.

ESCENA IV

Las Hadas.

La reina nos encomendó que guardáramos este corazón. Es un corazón de princesa, hermosa sobre toda ponderación; por ella mueren y matan los príncipes más poderosos que codician su reino y su amor, y ella burla y ríe de todos, y no amará nunca, porque amar es tristeza y dolor.

Un hada. La reina nos dijo que de nuestro tesoro, las joyas más ricas prendiéramos en este corazón, para que fuera el tesoro más rico que al mundo hubiera.

Otra hada. Yo le puse un cerco de oro como una corona de reina.

Otra. Yo otro cerco de oro como una cadena.

Otra. Yo una sarta de perlas, las perlas más bellas, color de nube, nube de nácar que el sol ilumina con suave caricia de rosa y oro.

Otra. Yo una sarta de corales que labré como guirnalda de rosas, rosas del jardín de los mares.

Otra. Yo prendí en él como del velo de la noche las estrellas, las luces temblorosas de mis diamantes.

Otra. Yo fingí un mar con esmeraldas que espeja un cielo de zafiros, y en medio al cielo de zafiros puse un topacio que resplandece como el sol mismo.

Otra. Yo prendí un rubí solo, que palpita como gota de sangre; es un rubí de la corona de un rey que por reinar mató al rey su padre.

Otra. Yo puse un ópalo tornasolado de todas las luces y todos los colores, como las almas de los poetas, esos hombres pálidos que nada poseen y con todo sueñan.

Hadas. No habrá corazón como este corazón que de nuestro tesoro así enriquecimos.

Otra. Cada piedra puso en él todas sus virtudes. Son en él todas las virtudes del cielo.

Otra. Por eso no puede vivir en la tierra. Este corazón no es para los hombres. No hay hombre mortal que este corazón merezca.

[*Entra el Príncipe.*

*   *   *   *   *   *   *

MANUEL LINARES RIVAS Y ARTIGAS

b. 1867

Señor Don Manuel Linares Rivas, the son of a Cabinet Minister, was born at Santiago in Galicia in February 1867. He began by cultivating what is conveniently called the *género chico* and gradually worked his way up from the compounding of unpretentious farces to the confection of high comedy, such as *El Abolengo* and *María Victoria*. In both these plays he approves himself a shrewd observer of manners which he satirizes in a kindly spirit with distinct effect. He is at present a Senator in the Spanish Cortes.

EL ABOLENGO

Acto Primero

Un gabinete bien puesto, moderno. Anochecido. Trajes de calle. Aparato de luz eléctrica encendido.

ESCENA PRIMERA

Sale Andrés por la derecha y Francisco por el foro; se encuentran.

Francisco. ¿Vuelves ahora?

Andrés. Salgo.

Francisco. ¿Tan tarde? (*Pasea y aparta las sillas.*)

Andrés. Aproveché el día para acabar el capítulo xiv, y voy a respirar un poco.

Francisco. (*Va dejando el gabán en un lado, la bufanda en otro y en otro el bastón y el sombrero.*) A respirar miasmas y humedad. ¿Por qué no sales a la hora del sol?

Andrés. El trabajo me absorbió más de lo que pensaba.

Francisco. ¿Cómo va esa historia?

Andrés. Despacio. La arquitectura moderna es sobradamente conocida en las ciudades, pero las maravillas perdidas en los pueblos son casi descubrimientos: no hay datos.

Francisco. ¿Y Pilar?

Andrés. Se queda. No quiso salir.

Francisco. Yo me recojo temprano siempre, pero hoy vengo con entusiasmo. A las nueve y tres segundos la hermosa conjunción de Marte y la Luna: durará un minuto y siete décimas. ¡Qué espectáculo tan soberano! Lástima no poseer buenos aparatos, pero, en fin, con los que tengo....

Andrés. Un observatorio.

Francisco. No te burles. Un cuarto de aficionado y un telescopio de los más medianos. ¿Subiréis?

Andrés. Si Pilar quiere....

Francisco. ¿No ha de querer? ¡Cuando os digo que será un fenómeno portentoso!...

Andrés. A mi mujer no le gustan fenómenos. En todo caso subiré yo.

Francisco. Los dos, los dos. Y especialmente ella. Me agradaría que tomase afición a los estudios astronómicos.

Andrés. ¿Un Ayudante?

Francisco. Es un gran entretenimiento para una mujer.

Andrés. ¿Quién lo duda?...¿Pero quién la convence?

Francisco. No es labor de un día.

Andrés. Inténtalo. Es muy dócil....

Francisco. ¿Estás contento del matrimonio?

Andrés. Sí....

Francisco. Que dure....

Andrés. Gracias.

Francisco. Vaya, vaya, lárgate. Y yo a preparar mis aparatos.

Andrés. Adiós, papá.

Francisco. Adiós, hijo mío.

> [*Mutis, Francisco por la izquierda y Andrés por el foro.*

*Pilar por la derecha. Luego Criado por el foro. Sale tranquila y
se excita en seguida. Toca el timbre rabiosa.*

Ya estuvo aquí mi suegro. ¿No podrá dejar las cosas en su sitio?
Es una condenación con la gente descuidada....(*Entra el Criado
1º por el foro.*) ¿No le he encargado a usted que cuando vuelva el
señor de la calle vaya usted detrás de él recogiéndolo todo? Lléve-
selo usted a su cuarto ahora mismo. [*Vase el Criado con las prendas
por la primera izquierda, saliendo al poco rato, yéndose por el foro.
Pilar arregla las sillas.*

Pilar y Antonia que sale por el foro.

Antonia. ¡Hola, cuñada!
Pilar. ¡Hola, Antonia!
Antonia. Vengo a buscarte. Daremos una vuelta hasta la hora
de comer.
Pilar. Hice propósito de no salir y además no estoy vestida.
Antonia. Te echas un abrigo por encima y andando.
Pilar. No puede ser. A la calle no voy a ir de cualquier modo.
Antonia. ¿Qué más da?
Pilar. Otro día.
Antonia. Otro día. Yo voy de tiendas. Me han dicho que en
la plaza del Angel venden un aceite riquísimo y muy barato.
Pilar. Es posible.
Antonia. ¿Tú, dónde lo compras?
Pilar. No lo sé. Eso es cosa de los criados.
Antonia. Así será más caro.
Pilar. Y más cómodo.
Antonia. A mí me entretiene.
Pilar. Comprar aceite debe ser muy entretenido.

*　*　*　*　*　*　*

Dichas, un Criado y Félix, por el foro derecho.

Criado. El señor Gutiérrez Mora.
Pilar. Que pase. (*A Antonia.*) El novio de Laura.
　　　　　　　　　　　　　　[*Mutis el Criado por el foro.*

Antonia. ¿Es otro ya?

Pilar. El mismo. Hace más de un mes....

Antonia. Lo que dura....   [*Entra Félix.*

Pilar (levantándose). Amigo Félix....

Félix. Señora....   [*Se inclina después ante Antonia.*

Pilar. Mi hermana...política. El señor Gutiérrez Mora, sobrino de nuestro embajador en Rusia, primo carnal del Conde de Mirandilla del Pisuerga.

Antonia. Celebro mucho....Usted es hijo de Gutiérrez, el que vive en la calle de Leganitos.

Pilar. No, hija.

Félix. No, señora; Gutiérrez, Príncipe...58, principal.

Pilar. Es de la casa de los Mirandilla. De los castellanos leales que acompañaron a Jaime I. Dos barras, campo de gules, ¿no es eso, Félix?

Félix. Tenemos también cascos, con cimera y una espada rota.

Antonia. No les servirá a ustedes....

Félix. Es un recuerdo de una hazaña. Cuando don Jaime I reunió las huestes aragonesas....

Antonia (aparte a Pilar). ¿Quieres venir mañana al teatro?

Pilar. Mañana no puedo.

Antonia. Pepe pensaba convidarte.

Pilar. Muchas gracias. Otro día, ¿eh? (*A Félix.*) ¿Decía usted, Félix?...

Félix. Que cuando don Jaime I reunió las huestes aragonesas y castellanas para combatir....

Antonia. Yo no puedo detenerme; para mí es muy tarde....

Pilar. ¿Te vas?

Antonia. Beso a usted la mano...Adiós....

Pilar. Adiós. Dispensa que no te acompañe.

[*Desde la puerta se vuelve. Mutis, Antonia por el foro derecho.*

ESCENA V

Pilar y Félix.

Félix. Su hermana de usted....

Pilar. Política.

Félix. Su hermana política de usted no es muy aficionada a heráldica....

Pilar. Discúlpela usted....Tenía prisa.

Félix. Por mí....

Pilar. Por ella. Hay gustos para los que se necesita antes haber nacido.

Félix. Eso para todos.

Pilar. Me refiero a delicadezas de espíritu, incompatibles sin cierta educación previa.

Félix. La cuestión de alianzas es tan grave por eso. La gente olvida el detalle más esencial, el de la afinidad de educación. Yo, enamorado, prescindiría de todo.

Pilar. Haría usted mal, porque es una situación en que no sobra nada.

Félix. Lo único en que soy intransigente es en la elección de familia.

Pilar. Esa es la base de la felicidad.

Félix. Exactamente. Así, al verme correspondido por la encantadora Laura, mi gozo se divide en partes iguales entre ella y la satisfacción de honrarme con la familia de ustedes.

Pilar. Es usted muy amable, Félix.

Félix. Contar como futuros parientes unos señores tan respetables y dignos como sus papás, una mujer tan distinguida y envidiada en sociedad como usted, Pilar...donde se la ve tan poco.

Pilar. Félix, no sea usted exagerado....

Félix. Ser sobrino de la marquesa de Fuenteseca, una dama tan virtuosa y tan pródiga en sus caridades....

Pilar. Concedo algo de lo que usted dice; pero su abolengo de usted bien puede ir a la par del nuestro. No todos tienen un tío embajador, ni son primos carnales del Conde de Mirandilla del Pisuerga, ni.descienden de un compañero de armas de Don Jaime I.

Félix. Precisamente iba hace poco a referirles a ustedes la curiosa aventura del fundador de la casa de los Gutiérrez. Al reunirse las huestes aragonesas y castellanas para combatir....

Pilar. Perdone usted, Félix. ¿Y su hermana de usted, no se casa? He oído que se había deshecho la boda.

Félix. Completamente. Su futuro debía cruzarse Calatravo; pero le fué difícil probar la pureza de sangre, y en esas condiciones admitirá usted que no podíamos dignamente tolerar el entronque con la sangre de los Gutiérrez Mora. Parece ser que la abuela contrajo segundas nupcias dudosas....

Pilar. Hicieron ustedes perfectamente. Yo no lo hice, fuí menos escrupulosa y así me salió.

Félix. Andrés es un caballero.

Pilar. Moderno.

Félix. Ese matrimonio fué un acto de amor y de bondad por parte de usted...que merece un trono.

Pilar. Siempre exagerado.

Félix. Pensando de esta manera, comprenderá usted mi alegría al ser correspondido por Laura. Debo hacerla muy feliz.

Pilar. Laura es merecedora de todas las atenciones de un hombre galante.

Félix. Por tal me tengo, y además, la posición social de ustedes exige el lujo. He decidido que desde el primer día de casados no eche de menos — aparte el cariño — ninguna de las comodidades que disfruta actualmente.

Pilar. Eso es muy correcto y le honra a usted mucho.

Félix. Mi fortuna no es excesiva — la rama primogénita, el mayorazgo, perteneció al Conde —; pero lo mío, unido a lo de Laura, se completará.

Pilar. Eso debe ser....

Félix. No pienso ni hablar de la dote.

Pilar. Procederá usted muy cuerdamente. Las cuestiones de dinero entre personas bien nacidas....

Félix. Conformes en absoluto. Lo que entregue su padre al hacer las capitulaciones...ocho o diez mil duros de renta...lo que sea, estará a disposición de Laura.

Pilar. No creo que llegue....

Félix. Pongamos seis mil duros...cinco....

Pilar. No sé...no estoy enterada. Papá se entendió con Andrés directamente y yo no quise intervenir.

Félix. Una delicadeza más. Si su hermana lo prefiere, yo también me entenderé con don Jorge....

Pilar. Allá ustedes.

Félix. Pues contando con lo de ella....

Pilar. Y lo de usted....

Félix. Naturalmente. Ella cuenta con lo mío y yo cuento con lo de ella: recíproco...podemos vivir decorosamente.

Pilar. Indudable.

Félix. Y yo tengo esperanzas. El Conde, mi primo, es soltero, no piensa en casarse...ni se lo consentiríamos. A sus años sería matarse.

Pilar. Evidente.

Félix. Y Laura también tiene las suyas. La Marquesa de Fuenteseca es millonaria, viuda, sin hijos. Lo que se llama una mujer discreta, desde el punto de vista del parentesco, y es natural que esa fortuna sea para ustedes.

Pilar. Parece natural.

Félix. Pero en fin, no es ésta conversación que valga la pena, por más que los enamorados, cuando queremos ir rectamente, tratamos todas estas minucias para asegurar la felicidad del ser idolatrado.

Pilar. Así he entendido sus preguntas.

Félix. Y yo sus contestaciones. Se va el tiempo charlando... debo estar temprano en el Real. Hoy toca el turno de sus papás de usted....

Pilar. Adiós, Félix....   [*Se levanta y toca el timbre.*

Félix. A los pies de usted, Pilar. *Aparte.* No responde muy claro.

Pilar. Adiós... *Aparte.* Pregunta demasiado claro.

AZORÍN

b. 1876

Señor Don José Martínez Ruíz, best known by the pseudonym of *Azorín*, in three books—*Antonio Azorín* (1903), *Las Confesiones de un pequeño filósofo* (1904), and *La Voluntad*—exposes with analytical skill a commonplace mentality. Azorín, his hero, reads, sinks in long meditative silences and philosophizes drily, even a trifle pessimistically like Chateaubriand's René, but without romanticism. In *Los Pueblos*, *La Ruta de Don Quijote* and *Castilla*, Martínez Ruíz recreates the surroundings of the sleepy villages which he describes. His style, with its dreamy repetition of simple phrases, although artificial, is distinctly individual and lends itself to his excellent drawing of scene and character. In *Al Margen de los clásicos* (1915) Azorín shows that as a critic he possesses independent thought and a clear notion of relative values.

ESPAÑA: HOMBRES Y PAISAJES

El Anacalo.

En la pequeña y vieja ciudad hay dos, tres o cuatro hornos; la hornera tiene un marido o un hermano; este marido o este hermano es el anacalo. Se levanta el anacalo por la mañana, se desayuna, y entre él y su mujer comienzan a llenar el horno de leña y de hierbajos secos; luego lo encienden; un humillo azul surte por la chimenea y asciende ligeramente por el aire. El aire se llena de un grato olor de romero y de sabina quemados; es la hora matinal en que las palomas de un palomar cruzan, se ciernen sobre la ciudad, y en que unas campanitas lanzan sus campanadas. Entonces, cuando el horno está ya encendido, sale el anacalo de casa; este es el momento crítico en que comienza su oficio transcendental. El anacalo recorre todas las casas del barrio; se asoma a la de don Pedro, y grita: "¿Amasan?" En la casa de D. Pedro no amasan hoy; una voz grita desde dentro: "¡No!" y el anacalo se marcha a otra parte. Aquí está ahora el viejo caserón de D. Juan; entreabre la puerta nuestro amigo y torna a dar una gran voz: "¿Amasan?" Se hace una pausa; la casa de don Juan es muy grande; es posible que Isabel, la antigua criada, o Leonorcica, la linda moza nueva que D. Juan acaba de tomar a su servicio (no sabemos para qué, puesto que en realidad no hace falta para las escasas faenas de la casa); es posible, repetimos, que Isabel o Leonorcica estén trasteando por alguna estancia lejana; el anacalo repite su pregunta: "¿Amasan?" Al cabo de un momento una voz responde: "¡Mañana!" y el anacalo se va a otra parte....

Nuestro amigo se halla ante la casa de doña Asunción, la viuda de D. Anselmo, el que fué gobernador de Teruel el año 1877 (todos le conocimos); la casa tiene una gran portalada con su puerta de roble; pero esta puerta siempre está cerrada y a la casa se penetra por una estrecha puertecilla que existe en otra de las fachadas. El anacalo abre esta puertecilla y da su grito: "¿Amasan?" Una voz replica: "¡Sí!" y nuestro amigo penetra en la casa. Recorre el anacalo varias dependencias, y al fin se encuentra en el amasador; ésta es una estancia un poco sombría; se ven unas lejas llenas de perolitos, cazuelas, vasos; unos cedazos están colgados en la pared; en un ángulo, en una rinconera, reposa una orcita destinada a guardar la levadura; la artesa, grande y de pino, se halla colocada sobre dos travesaños empotrados en la pared, y encima de la artesa está el tablero lleno de panes blancos, recién amasados; un mandil rojo, verde, amarillo y azul los cubre, los abriga.

— Tenga usted cuidado de que no se quemen como el otro día — dice Juana dirigiéndose al anacalo.

— Sí, sí; usted descuide; el otro día es que estaba muy cargado el horno — replica el anacalo.

Y a seguida se pone una almohadillita redonda en la cabeza, coge el tablero, se lo coloca sobre el cráneo y se marcha.

Éste es el oficio transcendental, supremo del anacalo: llevar el pan que va a ser cocido desde las casas al horno.

En el horno, cuando llega el anacalo, hay ya una pintoresca algarabía de comadres y vecinas; allí están Pepa, Remedios, Vicentita, Petra, Tomasa. Todas hablan a la vez y cuentan mil cosas; los haces de romero, amontonados en un rincón, mezclan su aroma al olor del pan recién cocido. El anacalo deja el tablero sobre un poyo de piedra y comienza a bromear con las comadres; todas ríen; Pepa, enardecida por una cuchufleta, se lanza sobre el anacalo y hace como que le va a pegar un coscorrón; se vuelve el anacalo, finge también que va a propinarle a Pepa un sopapo, y Pepa corre desalada chillando, y deja ver, entre el revuelo de las faldas, el comienzo de una fina y maravillosa pierna, cubierta de una media roja, azul y amarilla.

Una ciudad levantina.

La pequeña ciudad es clara y alegre; para ir a ella desde Madrid se toma el tren por la noche; a la mañana siguiente, a las siete, comienzan a verse extensos viñedos, huertas frondosas, macizos de árboles, almendros, algún barranco en cuyo fondo crecen las cañas y los carrizos. El aire es fino y transparente; se ven en toda la pureza de sus líneas los más distantes objetos. No tienen vegetación las montañas; aparecen grisáceas, terrosas, azules las más lejanas. Los hombres van y vienen rápidos y ágiles.

Una hora después, a las ocho, el tren se detiene en la estación de la diminuta ciudad. Desde la estación al pueblo hay dos kilómetros. La carretera es estrecha y polvorienta; en primavera y en verano destaca blanca entre las manchas verdes de los viñedos. El pueblo está situado en una alta meseta; para llegar hasta él es preciso ascender una empinada y larga cuesta. Se llega a las puertas de la ciudad y el carruaje se detiene; un portazguero o consumero se acerca a él y hace su pregunta acostumbrada. Las primeras casas del pueblo son pequeñas, de dos pisos; el piso superior está a teja vana. Son casas de jornaleros o de artesanos; en algunos porches o zaguanes de estas casas se ve colgado del techo el bres; el bres es un capacho o serón en forma de cuna; está fabricado de esparto; se cuelga del techo, se pone el niño en él y la madre lo va meciendo suavemente, al mismo tiempo que acaso canta una dulce canción popular. El mecer al niño en el bres se llama bresar o brezar.

Unas calles del pueblo son estrechitas, otras son más anchas; se ve también algún callejón sin salida. En una de las plazas se levanta el Ayuntamiento; hay otra plaza también ancha; en su centro se yergue una fuente de mármol bermejo, que arroja el agua por cuatro gruesos caños.

Hay en la ciudad una iglesia grande, construída en el siglo XVIII, de gusto clásico; a estas iglesias construídas en los pueblos recientemente suele faltarles una torre; hicieron una de las dos que habían de flanquear la fachada, y la otra, un poco cansados, la dejaron sin hacer. Aparte de la iglesia Mayor, en el pueblo existe otra de un convento de franciscanos; ya no viven los franciscanos en el convento; el convento ha sido convertido en escuelas y cárcel; pero queda en la iglesia, ancha, silenciosa y clara, algo como un hálito, como un dejo, como un rastro de la paz y de la sencillez de estos humildes monjes.

Parte del pueblo está edificado en la ladera de un montecillo y parte en el llano; en lo alto del montecillo hay una ermita dedicada a Santa Bárbara; la ermita tiene una campanita que toca todos los días, con su voz de cristal, a las doce del día y al anochecer; cuando esta campanita toca, todos los herreros, los carpinteros, los albañiles, los peltreros, los talabarteros de la ciudad dejan de trabajar.

Los señores de la ciudad se reúnen en un casino rodeado de un diminuto y ameno jardín; los trabajadores de la tierra disponen de algunos cafetines, botillerías o alojerías.

Esta pequeña ciudad es tranquila, pacífica; moran en ella artesanos, jornaleros y propietarios de tierras. Los propietarios, unos gozan de mucha hacienda; otros lo son en pequeño.

Los jornaleros suelen poseer también un pedazo de tierra que ellos han roto en las veredas o en las faldas de los montes y que benefician los días de fiesta, cuando están libres del trabajo. Del pedazo de tierra que poseen reciben el nombre de *pedaceros*.

No pasa nada en la ciudad; llueve poco en ella; el ambiente es seco, diáfano; el cielo está siempre azul; las calles aparecen limpias;

se ve desde algunas esquinas como destacan a lo lejos, sobre el cielo radiante, suaves altozanos y crestas azules de montañas; por la mañana, en la hora clara y profunda del trabajo, se oye el tintineo de las herrerías, los golpazos de los carpinteros, el canto largo y metálico de un gallo. En las tierras adegañas al pueblo se extienden tablares de alfalfa, herreñales, cuadros y encañizadas de hortalizas. Sobre las tapias de algún repajo o cortinal asoman una palmera, unos cipreses o los milgranos con sus flores bermejas.

Juan el de Juan Pedro.

Juan el de Juan Pedro nació en los Prietos, un caserío de La Roda. Fueron sus padres Juan Pedro y Antonia María. Juan Pedro era el manejero de los Prietos. Los Prietos pertenecían a un señor muy rico que vivía en Madrid. Donde nació Juan, la llanura se extiende inmensa y monótona; la tierra tiene un color de ocre. Al lado de la casa se ven unos olmos viejos; no pían en ellos los pájaros. No hay pájaros en toda la llanura. Unas palomas grises revuelan lentamente, muy lentamente, sobre el cielo azul, siempre limpio; a ratos se abaten sobre los sembrados; al anochecer tornan al palomar.

Cuando Juanico tenía cuatro o seis meses, un día que lo habían acostado en un poyo y que su madre estaba fuera, entró un cerdo en la casa, se llegó al niño y comenzó a mordiscarle y roerle un brazo. A los gritos acudió la madre. Juan quedó para toda la vida con una gran descarnadura en el brazo. Dos años más tarde murió Antonia María. Juan Pedro se volvió a casar con una viuda que tenía dos hijos.

La madrastra quería poco a Juanito. Apenas le alimentaba; le daba grandes golpes; le encerraba largas horas en las falsas de la casa. Entonces fué cuando Juan Pedro comenzó a beber. Todas las faenas de la casa andaban descuidadas. El amo, que vivía en Madrid, se arruinó; los Prietos pasaron a otro dueño. El nuevo propietario despidió a Juan Pedro. Juan Pedro se fué a vivir al pueblo; trabajaba muy poco; un año después murió y Juanico quedó con la madrastra en compañía de sus dos hermanastros. A los ocho años Juanico no daba señal ninguna de inteligencia; no lo llevaban a la escuela; no aprendía a leer ni escribir. "Es muy bruto este chico," decían: "¡Jesús, qué zagal más porro!" exclamaban. Juanico recibía más golpes que antes y apenas comía nada. Era alto, escuálido, moreno, feucho, pero tenía unos ojos anchos, unos ojos melancólicos, unos ojos luminosos. A los doce años Juanico entró a servir en una casa de labranza; era el guadapero que llevaba la comida a los jornaleros que estaban labrando lejos; hacía las faenas más rudas; soportaba las bromas más brutales y feroces de los mozos de la casa. Una noche de San Juan, por divertirse, los labriegos comenzaron a mantearlo; una de las veces que lo lanzaron por el aire cayó al suelo y se rompió una pierna. Estuvo dos meses en una cuadra, acostado sobre un montón de paja, curándose la fractura. Cuando estuvo un poco bien, cuando ya podía andar y moverse de un lado para otro, ocupándose en las faenas de la casa, se cometió un robo en la labor: del cajón del mayoral o encargado quitaron unas monedas. Juanico no sabía nada del robo; pero lo llevaron al pueblo y lo tuvieron tres meses en la cárcel.

La mujer del carcelero se compadeció de Juanico; el preso no daba nada que hacer, no decía nada, no se quejaba nunca. Dos hijos del carcelero cayeron enfermos de viruela. Como Juanico inspiraba confianza a todos, andaba por la casa del alcaide de la prisión y hacía todos los menesteres de ella; durante la enfermedad de los dos chicos él no se separó jamás de su cama. Los atendía, les daba las medicinas; velaba todas las noches, sin dormir una hora, junto a ellos.

Al ponerle en libertad, Juanico no sabía lo que hacer. Buscó trabajo, entró a servir en una casa de Villarrobledo y allí estuvo ocupado en labrar seis años la tierra.

Como las cosechas iban mal, el propietario de la finca hizo reducción en el personal; Juanico no tenía mujer ni hijos; él fué el que se quedó sin trabajo. Anduvo durante algunos meses por los caminos, durmiendo en las afueras de los pueblos, comiendo los mendrugos que le daban de limosna. Un día encontró en una carretera a un grupo de labriegos que se marchaba a un puerto de mar. Le dijeron que se fuera con ellos y él comenzó a caminar en su compañía. Doce años estuvo fuera de España, en América.

Cuando volvió a la Mancha todo estaba lo mismo. Juanico era también el mismo de antes. No tenía a nadie en el mundo, ni tenía nada. Pidió trabajo en algunas labores y labró las tierras. Un matrimonio de jornaleros le daba albergue en su casa; Juanico les retribuía con lo que ganaba. En 1885 se extendió el cólera por

España. Juanico estaba entonces en Criptana; las familias pudientes del pueblo se ausentaron. Se suspendieron o redujeron a lo indispensable los trabajos del campo. Juanico se quedó desocupado. En Criptana él entraba en las casas de los coléricos; ayudaba a los médicos; se acostaba en la misma cama de los enfermos para hacerlos reaccionar. Uno de los médicos se compadeció de él y le dió trabajo en una finca suya.

Tenía Juan el de Juan Pedro entonces cerca de cuarenta años; era tan delgado y estaba tan pálido como cuando adolescente. Se levantaba a las cuatro de la mañana; sacaba de la cuadra la yunta; aparejaba las mulas y se marchaba con ellas a las tierras que tenía que labrar. Todo el día, de la mañana a la noche, lo pasaba en la inmensa llanura abriendo surcos simétricos, larguísimos, paralelos. Unas picazas revolaban en el cielo azul; otras yuntas caminaban lentas, muy lentas, allá a lo lejos. Al anochecer, cuando el sol hacía rato que se había puesto, Juanico volvía a la labor. Cenaba entonces con los demás jornaleros y se acostaba.

Al cabo de estar siete años en la hacienda del médico, cuando murió el propietario y la finca fué dividida entre los herederos, Juanico volvió a quedar sin trabajo. Ya entonces estaba más pálido y más delgado que nunca. Apenas tenía fuerzas; le daban de cuando en cuando unos profundos desmayos. Se encontró sin trabajo y no supo qué hacer ni dónde ir. Comenzó a andar por los caminos; eran sus compañeros las avecicas del cielo y los canes perdidos. Llevaba un zurrón a la espalda y en él metía los mendrugos que le daban. Un perro vagabundo y extenuado, con unos ojos brillantes, se incorporó a él y no le dejaba en sus caminatas.

Juanico le cobró cariño y juntos comían el pan que recogían de puerta en puerta. Como hacía mucho tiempo — desde niño — que no había estado en los Prietos, y como no tenía que hacer nada, un día se le ocurrió ir allá a ver si la casa estaba lo mismo que antes. Era en invierno; llegó a los Prietos al anochecer de un día crudísimo, en que había estado nevando. Juanico conversó un rato con el encargado de la casa y le pidió albergue. Le indicaron un cobertizo lleno de estiércol. Juanico se acostó en el muladar. A la mañana siguiente lo encontraron muerto; junto a él, sentado en dos patas, con la cabeza levantada al cielo, estaba aullando el perrito.

LA VOLUNTAD

Las llamas temblotean en la ancha cocina de mármol negro. Ante el hogar, sobre la recia estera, se extiende una banda de zinc brillante. El quinqué destaca sobre la cornisa de la chimenea su redondo caparazón de verde intenso. Y en la pared, sobre el quinqué, esfumada en la penumbra suave, luce una grande tesis encuadrada en marco de noguera pulida. *D. O. M. Has juris civilis theses, quos pro ejusdem...*rezan a la cabecera gruesos tipos, y abajo, en tres dilatadas columnas, las xlix conclusiones hormiguean en diminutos caracteres sobre la brilladora seda rosa. Junto a la tesis, aquí y allá, en las blancas paredes, grandes fotografías pálidas de viejas catedrales españolas: la de Toledo, la de Santiago, la de Sigüenza, la de Burgos, que asoma sobre espesa alameda sus germinados ventanales y espadañas floridas; la de León, que enarca los finos arbotantes de su ábside sobre una oleada de vetustas casuchas con ventanas inquietadoras....

Las llamas tiemblan. Sobre el enorme armario fronterizo al hogar, espejean los reflejos. El armario es de roble. Tiene dos puertas superiores, dos cajones, dos puertas inferiores. Está encuadrado en primorosa greca tallada en hojas y botones. En los ángulos sobresalen las caras de gordos angelillos; arriba, en el centro del friso, una sirena sonriente abre sus piernas de retorcidas volutas que se alejan simétricas entre el follaje. Y por una de las portezuelas superiores, abierta, se muestran los innumerables cajoncillos con el frontis labrado.

Algo de la elegante sobriedad castellana se respira en la estancia. A uno y otro lado del noble armario se yerguen los sillones adustos; sus brazos avanzan lucidores; en el respaldo, sobre el cuero negroso, resaltan los clavos de cabeza alongada. Y sobre los anchos barrotes destacan áureos en la penumbra como enormes trastes de guitarras.

Las horas pasan. A lo lejos una voz canta las cuatro. Al lado de la chimenea hay una mesilla de salomónicas columnas. La luz del quinqué hace brillar sobre el negro tablero, entre papeles y volúmenes, una tabaquera de plata, un reloj achatado, una interminable cadena de oro que serpentea entre los libros y cruza rutilante sobre el título grueso de un periódico.

El maestro Yuste reposa enfermo en la ancha cama. La voz canta más lejos. En la acera resuenan pasos precipitados....

Yuste se incorpora. Azorín se acerca. Yuste dice:

— Azorín, hijo mío, mi vida finaliza.

Azorín balbuce algunas palabras de protesta. Yuste prosigue:

— No, no; ni me engaño ni temo....Estoy tranquilo. Acaso en mi juventud me sentí indeciso....Entonces vivía yo en los demás y no en mí mismo....Después he vivido solo y he sido fuerte....

El maestro calla. Luego añade:

— Azorín, hijo mío, en estos momentos supremos, yo declaro que no puedo afirmar nada sobre la realidad del universo....La inmanencia o trascendencia de la causa primera, el movimiento, la forma de los seres, el origen de la vida...arcanos impenetrables... eternos....De pronto canta en la calle la vieja cofradía del Rosario. El coro rompe en una larga melopea monótona y llorosa. Las campanillas repican persistentes; las voces cantan plañideras, ruegan, suplican, imploran fervorosas.

> Míranos con compasión;
> no nos dejes, Madre mía....

El coro calla. Yuste prosigue....

— Yo he buscado un consuelo en el arte....El arte es triste. El arte sintetiza el desencanto del esfuerzo baldío...o el más terrible desencanto del esfuerzo realizado...del deseo satisfecho.

La cofradía canta más lejos; sus deprecaciones llegan a través de la distancia opacas, temblorosas, suaves.

El maestro exclama:

— ¡Ah, la inteligencia es el mal!...Comprender es entristecerse; observar es sentirse vivir....Y sentirse vivir es sentir la muerte, es sentir la inexorable marcha de todo nuestro ser y de las cosas que nos rodean hacia el océano misterioso de la Nada....

Ya en la lejanía, apenas se percibe, a retazos, la súplica fervorosa de los labriegos, de los hombres sencillos, de los hombres felices.... Una campana toca cerca; en las maderas del balcón clarean dos grandes ángulos de luz tenue.

EPÍLOGO

Sr. D. Pío Baroja:

En Madrid.

Querido Baroja: Tenía que ir a Murcia, y me he acordado de que en Yecla vive nuestro antiguo compañero Antonio Azorín. He hecho en su obsequio y en el mío un pequeño alto en mi itinerario.

Y vea usted el resultado.

Llego a las cinco de la madrugada, después de tres horas de trajín en una infame tartana. Me acuesto; a las nueve me levanto. Y pregunto por don Antonio Azorín a un mozo de la posada. Este mozo me mira en silencio, se quita la gorra, se rasca y me devuelve la pregunta:

— ¿Don Antonio Azorín? ¿Dice usted don Antonio Azorín?

— Sí, sí — contesto yo — don Antonio Azorín.

Entonces el mozo torna a rascarse la cabeza, se acerca a la escalera y grita:

— ¡Bernardina! ¡Bernardina!

Transcurre un momento; se oyen recios pasos en la escalera y baja una mujer gorda. Y el mozo le dice:

— Aquí pregunta este señor por don Antonio Azorín....¿Sabe usted quién es?...¿No es el que vive en la placeta del Colegio?

La mujer gorda se limpia los labios con el reverso de la mano, luego me mira en silencio, luego contesta:

— Don Antonio Azorín...don Antonio Azorín...¿Dice usted que se llama don Antonio Azorín?

— Sí, sí, don Antonio Azorín...un señor joven...que vive aquí....

— ¿Dice usted que es joven? — torna a preguntar la enorme posadera.

— Sí, joven, debe de ser aún joven — afirmo yo.

— ¿Don Patricio no será? — dice la mujer.

— No, no — replico yo, — si se llama Antonio.

— Antonio...Antonio — murmura la mujer. — Don Antonio Azorín...Don Antonio Azorín. — Y de pronto:

— ¡Ah, vamos! ¡Antoñico! Antoñico, el que está casado con doña Iluminada....¡Como decía usted don Antonio!

Yo me quedo estupefacto. ¡Antonio Azorín casado! ¡Casado en Yecla el sempiterno bohemio! — ¡Anda, y con dos chicos! — me dice la mujer.

Y vuelvo a quedarme doblemente estupefacto. Después, repuesto convenientemente, para no inquietar a los vecinos, salgo a la calle y me dirijo a la casa de Azorín.

La puerta está entornada. Veo en ella un gran llamador dorado, que supongo que será para llamar. Y llamo. Luego me parece lógico empujar la puerta, y entro en la casa. No hay nadie en el zaguán. Las paredes son blancas, deslustradas; el menaje, sillas de paja, un canapé, una camilla y las dos indispensables mecedoras de lona....Como no parece nadie, grito: *¿No hay nadie aquí?* pregunta que se me antoja un poco axiomática. No sale nadie a pesar de lo evidente de la frase, y la repito en voz más alta. Desde dentro me gritan:

— ¿Quién es?

— ¡Servidor! — contesto yo.

Y veo salir a una criada vestida de negro, con un pañuelo también negro en la cabeza.

— ¿Don Antonio Azorín vive aquí? — pregunto.

— Sí, señor, aquí vive.... ¿Qué quería usted?

— Deseaba verle.

— ¿Verle? ¿Dice usted, verle?

— Sí, sí, eso es: verle.

Entonces, la criada, ante mi estupenda energía, ha gritado:

— ¡María Jesusa! ¡María Jesusa!

Transcurre un momento; María Jesusa no parece; la criada torna a gritar. Y un perro sale ladrando desaforadamente de la puerta del fondo, y se oye lloriquear a un niño. Y como la criada continúa gritando, veo aparecer por la escalera a una señora gruesa que baja exclamando:

— ¡Señor! ¡Señor! Pero ¿que es esto? ¿Qué sucede? ¿Qué escándalo es éste?

El perro prosigue ladrando; aparece, por fin, María Jesusa; acaba también de bajar la señora gruesa.

— Este señor — dice la criada — que pregunta por don Antonio.

— ¿Antoñico?... ¿Quiere usted ver a Antoñico? — me dice la señora.

— Sí, sí, desearía hablarle, si pudiera ser — contesto yo.

— Anda, María Jesusa — le dice la señora, — anda y dile a don Mariano si está Antoñico en casa.

María Jesusa desaparece; silencio general. La señora me examina de pies a cabeza. Y en lo alto de la escalera aparece un señor de larga barba blanca.

— Mariano, — le dice la señora, — aquí quieren ver a Antoñico.

— ¿A Antoñico?

— Sí, este señor.

— Sí — afirmo yo, — quisiera hablarle.

— Pues debe estar en el despacho; voy a ver. —Otra pausa. La señora anciana, al fin, determina conducirme al despacho y me hace subir la escalera. Luego nos paramos ante una puerta.

— Aquí es — dice; — entre usted.

Entro. Es una pieza pequeña; hay en ella una mesa ministro y una máquina de coser. Junto a la máquina veo a una mujer joven, pero ya de formas abultadas, con el cabello en desorden, vestida desaliñadamente. A un lado hay una nodriza que está envolviendo a un chico. El chico llora, y otro chico que la madre tiene en brazos, también llora. En las sillas, en el suelo, en un gran cesto, sobre la máquina, en todas partes se descubren pañales.

Sentado ante la mesa, está un hombre joven; tiene el bigote lacio; la barba sin afeitar de una semana; el traje, sucio. ¡Es Azorín!

Yo no sé al llegar aquí, querido Baroja, cómo expresar la emoción que he sentido, la honda tristeza que he experimentado al hallarme frente a frente de este hombre a quien tanto y tan de corazón todos hemos estimado. Él ha debido también sentir una fuerte impresión. Nos hemos abrazado en silencio. Al pronto yo no sabía lo que decirle. Él me ha presentado a su mujer. Hemos hablado del tiempo. La señora ha llamado gritando a María Jesusa y le ha entregado un chiquillo; después se ha puesto a coser. Azorín vive en compañía de la madre de su mujer, de un hermano de la madre y de una cuñada. La mujer tiene algunos bienes; creo que veinte o veinticinco mil duros en tierras, que apenas producen — con la crisis agrícola actual — para comer y vestir con relativo desahogo. Él no hace nada; no escribe ni una línea; no lee apenas; en su casa solo he visto un periódico de la capital de la provincia, que les manda un pariente que borrajea en él algunos versos. De cuando en cuando Azorín va al campo y se está allá seis u ocho días; pero no puede disponer nada tocante a las labores agrícolas, ni puede dar órdenes a los arrendatarios, porque esto es de la exclusiva competencia de la mujer. La mujer es la que lo dispone todo, y da cuentas, toma cuentas, hace, en fin, lo que le viene en mientes. Azorín deja hacer, y vive, vive como una cosa....

Durante nuestra primera entrevista se me ha ocurrido decirle, como era natural:

— ¿Iremos a dar un paseo esta tarde? ¿Me enseñarás el pueblo?

— Sí, iremos esta tarde — ha contestado él.

Y entonces la mujer ha dejado de coser, ha mirado a Azorín y ha dicho:

— ¿Esta tarde? Pero, Antonio, ¡si has de arreglar el estandarte del Santísimo!...

— Es verdad, — ha contestado Azorín; — he de arreglar el estandarte del Santísimo.

Este estandarte trascendental es un estandarte vinculado en la familia desde hace mucho años; lo compró el abuelo de Iluminada, y todos los años lo saca un individuo de la familia en no sé qué procesión. Ahora bien; esta procesión se celebra dentro de unos días, y hay que limpiar y armar en su asta el dicho estandarte.

— ¡Ah! Pero, ¿usted no ha visto nunca el estandarte? — me ha preguntado la señora.

Yo, lo confieso, no he visto nunca *el estandarte*. Y como parece ser que es digno de verse, Iluminada ha indicado a Azorín que me lo enseñase. Hemos salido; hemos recorrido un laberinto de habitaciones, con pisos desiguales, con techos altos y bajos, con muebles viejos, con puertas inverosímiles, uno de esos enredijos tan pintorescos de las casas de pueblo. Por fin hemos llegado a un cuarto de techo inclinado; las paredes están rebozadas de cal; penden en ellas litografías del Corazón de Jesús, del Corazón de María, de San Miguel Arcángel, de la Virgen del Carmen...todas en furibundos rojos, en estallantes verdes, en agresivos azules. En un ángulo vese una gran arca de pino; encima hay una gran caja achatada. Azorín se ha parado delante de la caja; yo le he mirado tristemente; él se ha encogido de hombros y ha dicho con voz apagada:

— ¡Qué le vamos a hacer!

Luego ha abierto la caja y ha sacado el estandarte, envuelto en mil papeles, preservado de la polilla con alcanfor y granos de pimienta. No voy a hacer la descripción del estandarte; éste y el de las Navas me parecen dos estandartes igualmente apreciables ... despreciables. Azorín me lo ha enseñado con mucho cuidado.

Y yo pensaba mientras tanto, no en el estandarte—aunque es un estandarte del Santísimo Sacramento, — sino en Azorín, en este antiguo amigo nuestro, de tan bella inteligencia, de tan independiente juicio, hoy sumido en un pueblo manchego, con el traje usado, con la barba sin afeitar, con pañales encima de su mesa,

con una mujer desgreñada que cree que es preferible arreglar un
estandarte a dar un paseo con un compañero querido.

J. MARTÍNEZ RUÍZ.

En Yecla, a tantos.

ENRIQUE DÍEZ-CANEDO

b. 1879

SEÑOR DON ENRIQUE DÍEZ-CANEDO is a modern poet of exquisite sensibility.
He has told us that he would retire to some peaceful spot with one of three
poets to read: San Juan de la Cruz, Chénier and Garcilasso. His love of
books and the country is evident in his poems, whilst his turn for romancing
can be seen in the *Cuento de invierno*. By means of simple and expressive
language he produces singularly effective word-pictures. His verses have
been collected in various volumes, of which some are *La Visita del Sol*,
Versos de las Horas and *Del Cercado Ajeno*.

DE VUELTA DEL PINAR...

De vuelta del pinar, en la infinita
languidez de un crepúsculo serrano,
sentíamos el júbilo cercano
de las claras campanas de la ermita.

Un aroma de incienso y un gemido
vacilante de armonium, al encuentro
se nos venían, moribundos. Dentro
ya el rezo vesperal era finido.

¡Qué calma en todo el monte! Refulgía
la estrella del pastor; el fin del día
se alargaba, en el cielo solitario....

¡Y aquellas viejecillas que tornaban,
una tras otra, al pueblo, que pasaban,
negras, como las cuentas de un rosario!...

VIEJO SEMANARIO

Este tomo de un viejo semanario, que tiene
los años que tendría mi abuelo, si viviera,
de tan amable guisa mis horas entretiene
como cuando sus folios volví por vez primera.

Y encuentro en él tan suave, tan íntima fragancia,
me llena el corazón de tal melancolía,
que pienso si se habrá quedado en él mi infancia
como esta flor, hoy seca, que no sé quién pondría.

Es un amigo viejo que sabe muchas cosas;
cien historias ingenuas refiere con cariño,
y a veces, cuando escucho sus frases candorosas,
pienso: "Este pobre anciano tiene cosas de niño."

Grabados en madera, toscos, que reproducen
efigies de caudillos, exóticos paisajes;
versos que hablan de tumbas, de aceros que relucen
en torvas callejuelas; relatos de viajes

a regiones de Oriente, magníficas, lejanas;
novelas en que al héroe da el triunfo un amuleto;
y, traducidas, tétricas baladas alemanas
en que se ve a caballo pasar un esqueleto;

todo, desde la infancia, lo tengo tan presente,
con relieve tan puro, firme y extraordinario,
que hoy florecen mis versos de la vieja simiente
que tú dejaste en mí, vetusto semanario;

vetusto semanario que hoy, cuando a mis congojas
juveniles huyendo, torno a tu amor, abiertas
dejas al paso mío, con sólo abrir tus hojas,
del encantado alcázar de mi niñez las puertas.

CAMINOS DE MI TIERRA

Caminos, los de mi tierra
que os perdéis entre lozanas
mieses, o por las llanuras
muertas de sed, hoscas, pardas,
fingís viejas cicatrices
de gigantes cuchilladas;
o trepáis por las vertientes
de la sierra y en las jaras
abandonáis a girones
vuestras vestiduras blancas;

y, a lo largo de los ríos,
oh! susurrantes, oh! plácidas
alamedas; oh! carriles
que hacéis deslizarse, rápida
la tempestad de los trenes;
y argentinas, entre cañas
musicales, por saucedas
llorosas y despeinadas,
junto a seculares rocas,
lamiendo viejas murallas,
bajo puentes que se hunden,
o por humeantes fábricas
que alimentáis y ennegrecen
vuestro corazón ¡oh aguas,
aguas que vais a tres mares!...
¡Oh caminos de mi patria!
¡Pobres caminos, que hollaron
huestes guerreras, mesnadas
de aventureros, mendigos
trágicos y astrosos, largas
hileras de peregrinos,
cascos de legiones bárbaras,
indignados patriotas
y gentes aletargadas
en sueño que dura siglos!
¡Caminos los de mi patria
que merecéis recibir
la buena nueva que tarda;
la nueva que acogeréis
jubilosos, en la gracia
de un mar de sol, extasiados
en un florecer de ramas!

CUENTO DE INVIERNO

Llenos de nieve — monte y llanura están.
(Oye cómo crepita la leña en el hogar.)
Dicen que un lobo — ronda por la ciudad.
(Estos cuentos, que tienen un aroma invernal.)

Cuando las puertas — entreabría el guardián,
como una flecha — penetró en la ciudad.
En esta noche — de hielo y huracán
muchos oyeron — su aullido pertinaz.
    (Oye cómo crepita la leña en el hogar.)

Por las heladas — calles de la ciudad,
buscando cebo, — se le ha visto vagar.
Tiembla de frío. — Junto al horno del pan
acurrucado, — miedo y lástima da.
    (Estos cuentos, que tienen un aroma invernal.)

Por la ventana — vieron al animal;
con agua hirviente — lo han querido escaldar;
sobre la nieve — cae sin hacerle mal:
huye como alma — que lleva Satanás.
    (Oye cómo crepita la leña en el hogar.)

Hombres de armas — a sus alcances van,
con una turba — de villanos detrás.
Temen y el mismo — miedo valor les da.
Y el lobo corre, — corre por la ciudad.
    (Estos cuentos, que tienen un aroma invernal.)

En cada ojo — tiene el lobo un volcán;
se ven, agudos, — sus colmillos brillar;
todo erizado, — tiene aspecto infernal.
Corre, siniestro, — por toda la ciudad.
    (Oye cómo crepita la leña en el hogar.)

Una pedrada — le hacía renquear.
Junta en un brinco — toda su agilidad
y esquiva un dardo — que arroja mano audaz
y que muy cerca — se va en tierra a clavar.
    (Estos cuentos, que tienen un aroma invernal.)

El lobo corre — corre por la ciudad,
con hombres de armas — y villanos detrás.
Llena de fieles — la Colegiata está.
¿Vistéis? Al templo — refugio fué a buscar.
    (Oye cómo crepita la leña en el hogar.)

Se para en medio — de la nave central.
Clava los ojos — de fuego en el altar.
Ya va mediada — la misa del abad:
tiene en las manos — al Cordero de paz.
    (Estos cuentos, que tienen un aroma invernal.)

Cuando se postra, — se ve al lobo temblar.
Cuando a Dios alza, — la bestia en tierra da.
Cuando se postra — de nuevo, más fugaz
no corre el viento — que el lobo al escapar.
    (Oye cómo crepita la leña en el hogar.)

Acorralado — lo tiene el pueblo ya.
Su lengua pende — y es penoso su andar.
Cae en la nieve — para no alzarse más.
Lo descuartiza — la turba sin piedad.

Se aquieta el pueblo. — Nieve, Silencio, Paz.
    (Oye cómo crepita la leña en el hogar.)
Blancos, llanura, — pueblo y montaña están.
    (Estos cuentos, que tienen un aroma invernal.)

PEDRO GARCÍA MORALES

b. 1880

Señor Don Pedro García Morales is a composer of music as well as a
writer of verse, and he contrives to convey to us in the rhythm of his poems
his intense feeling for harmony and sound. In *Gérmenes* he depicts with
singular skill the transitory moods of the mind. In him and Antonio Machado,
Villaespesa, Enrique de Mesa, and Díez-Canedo—"estos admirables poetas
que son hoy la medula literaria, la esencia de España, los más altos y genuinos
representantes de un monumento literario, de una literatura"—we see,
according to Azorín, the true representatives of the literary traditions of
Valle-Inclán, Pío Baroja and Benavente.

ATARDECE

Los olivares
dejan en bando
los estorninos;
vuelan a echarse en los valladares.

Por la vereda,
de los aperos bajan cantando
los campesinos.
El campo solo, solo se queda....

Se, ven extáticos los molinos.

En los caminos
chirrían los carros,
gruñen los guarros,
balan las cabras y los borregos,
se oyen las voces,
brillan las hoces
de los labriegos.

Mística lumbre
dora el follaje
de la arboleda,
de los cabezos dora la cumbre,
sobre el paisaje
dora el celaje;

dora a lo lejos la polvareda
que alzan las vacas,
lánguidas, flacas,
que van al pueblo con mansedumbre
por la alameda.

Trémulas, rojas,
se caen las hojas;
gimen los juncos, las espadañas;
cerdean los rizos
de los carrizos
y de las cañas.

En el ambiente
febril, se siente
la lejanía,
con sus fulgores
y sus vapores
y sus clamores
de melancólica monotonía.

Se muere el día.

En la laguna
cantan las ranas...

Son de cencerros....

Voces lejanas...

Sale la Luna...

Ladran los perros...

EPÍLOGO

Yo tengo en mi jardín mustio, sin flores,
una fuente con peces de colores.

Junto a mi fuente paso
la hora llorosa y mística del alba,
la hora sufriente, malva,
del ocaso.

Yo con mi fuente y por mi fuente vivo;
ella sola me enseña y me aconseja,
con la paciencia de una amiga vieja.
Lloro con ella y a su lado escribo.

Como un rapaz, tirándome en el suelo,
abrazando la piedra, me consuelo
cuando más duros, ¡ay! son mis dolores,
y en el agua, besándolas, arrojo
de mi jardín el último despojo....

Las hojas de mis flores.

JUAN RAMÓN JIMÉNEZ
b. 1881

JIMÉNEZ is universally recognized as one of the younger poets who have been directly influenced by the art of the Nicaraguan exile, Rubén Darío, who collected round him a group of disciples soon after his settlement at Madrid in 1892. Though doubtless indebted to Darío, Jiménez has an artistic individuality of his own: less responsive to external modes than Darío, he is perhaps more sincere in his utterances and actions. Probably owing to indifferent health, Jiménez's verse is inspired by a brooding melancholy, which tends to be morbid and monotonous. Nevertheless, this pervading, gentle sadness is compatible with a singular lyrical emotion as seen in the series of masterpieces which may be said to have begun with *Arias tristes*. It was a genuine surprise to the author's admirers when in 1914 he issued a volume of prose: *Platero y yo*. In this work, Jiménez, who has some points in common with R. L. Stevenson, displays many of the qualities which characterize his verse: a tone of deliberate distinction, a measure all too rare in Spanish, a ductile prose, rhythmical sense, and a sympathetic vision free from any suspicion of sentimentality. Since the verse of Jiménez is comparatively well-known, it has seemed advisable to give here an example of his skilful manipulation of the prose instrument with which readers are necessarily less familiar.

PLATERO Y YO

Platero.

Platero es pequeño, peludo, suave; tan blando por fuera, que se diría todo de algodón, que no lleva huesos. Sólo los espejos de azabache de sus ojos son duros cual dos escarabajos de cristal negro.

Lo dejo suelto, y se va al prado, y acaricia tibiamente con su hocico, rozándolas apenas, las florecillas rosas, celestes y gualdas.... Lo llamo dulcemente: "¿Platero?" y viene a mí con un trotecillo alegre que parece que se ríe, en no sé qué cascabeleo ideal....

Come cuanto le doy. Le gustan las naranjas mandarinas, las uvas moscateles, todas de ámbar, los higos morados, con su cristalina gotita de miel....

Es tierno y mimoso igual que un niño, que una niña...; pero fuerte y seco como de piedra. Cuando paso sobre él, los domingos, por las últimas callejas del pueblo, los hombres del campo, vestidos de limpio y despaciosos, se quedan mirándolo:

— Tiene acero....

Tiene acero. Acero y plata de luna, al mismo tiempo.

La Luna.

Platero acababa de beberse dos cubos de agua con estrellas en el pozo del corral, y volvía a la cuadra, lento y distraído entre los altos girasoles. Yo le aguardaba en la puerta, echado en el quicio de cal y envuelto en la tibia fragancia de los heliotropos.

Sobre el tejadillo, húmedo de las blanduras de septiembre, dormía el campo lejano, que mandaba un fuerte aliento de pinos. Una gran nube negra, como una gigantesca gallina que hubiese puesto un huevo de oro, puso la luna sobre una colina.

Yo le dije a la luna:

... *Ma sola*
ha questa luna in ciel, che da nessuno
cader fu vista mai se non in sogno.

Platero la miraba fijamente y sacudía, con un duro ruido blando, una oreja. Me miraba absorto, y sacudía la otra....

La Niña Chica.

La niña chica era la gloria de Platero. En cuanto la veía venir hacia él, entre las lilas, con su vestidillo blanco y su sombrero de arroz, llamándolo, mimosa:—Platero, Platerillo!—, el asnucho quería partir la cuerda, y saltaba, igual que un niño, y rebuznaba loco.

Ella, en una confianza ciega, pasaba una vez y otra bajo él, y le pegaba pataditas, y le dejaba la mano, nardo cándido, en aquella bocaza rosa, almenada de grandes dientes amarillos; o, cogiéndole las orejas, que él ponía a su alcance, lo llamaba con todas las variaciones mimosas de su nombre: ¡Platero! ¡Platerón! ¡Platerillo! ¡Platerete!

En los largos días en que la niña navegó en su cuna alba, río abajo, hacia la muerte, nadie se acordaba de Platero. Ella, en su delirio, lo llamaba, triste: ¡Platerillo...! Desde la casa obscura y llena de suspiros, se oía, a veces, la lejana llamada lastimera del amigo. ¡Oh, estío melancólico!

¡Qué lujo puso Dios en ti, tarde del entierro! Septiembre, rosa y oro, declinaba. Desde el cementerio ¡cómo resonaba la campana de vuelta en el ocaso abierto, camino de la gloria!...Volví por las tapias, solo y mustio, entré en la casa por la puerta del corral, y, huyendo de los hombres, me fuí a la cuadra y me senté a llorar con Platero.

RAMÓN GÓMEZ DE LA SERNA

b. 1892

Señor Don Ramón Gómez de la Serna, a native of Madrid and author of various prose-works such as *El Rastro* (1915), *Pombo* (1917), *Muestrario* (1918), and *Greguerías Escogidas* (1918), writes his impressions of people, things and thoughts in a pleasant and rather memorable prose-style. His theory seems to be that the life of to-day is one of artificiality, of great upheavals, where destruction not construction must be the aim, where nothing can definitely be known, everything is inexplicable and where even truth is under suspicion. A fixed program in literature is therefore impossible. A book should be a reproduction of human life, incoherent at times, dreamy, disillusioned yet breathing hope, and representative of the period to which it belongs. This ideal he strives to attain in his works and hence, as he tells us in his prologue to *Muestrario*, "Éste, como lo serán cada vez más mis libros hasta mi disolución...es un libro deshecho. ¡Qué difícil es trabajar para no hacer, trabajar para que todo resulte muy deshecho, un poco bien deshecho!"

MUESTRARIO

La niña de las naranjas.

Solita era hija de una pobre lavandera viuda, que lavaba todo el día para mantener a su hija y a sus tres hijos pequeños, los tres tan iguales, como si hubiesen nacido el mismo día y no hiciese mucho de su nacimiento; los tres raquíticos y los tres vestidos con largos delantales negros, que les hacían más enclenques y más tristes.

Solita era la mayor, y eso la daba un carácter como de hermano mayor, y una solemne responsabilidad. También llevaba un negro delantal; pero como era rubia, eso exaltaba su carita de luz, salvándola del emborronamiento en que sumerge el luto.

Solita había esperado que surgiese su fortuna de alguna de las casas de las que su madre era lavandera. Iba con ella para dejarse ver de la señora. La señora la acariciaba, la llamaba "bonita" y "mona," pero sólo le daba dos perras gordas para dulces, unos dulces que ella no compraba, porque al llegar al portal, sin que su madre se lo exigiese, le entregaba las dos perras, bien pegada la una a la otra. Muchas veces se había dejado conducir por la hija de la señora enferma — siempre, entre la clientela de su madre, había dos o tres señoras enfermas — hasta el gabinete de aire enrarecido, en que la señora enferma, apoltronada en el sillón de

la muerte, dormitaba, con la cabeza muy caída sobre el pecho.
Allí era muy mimada; pero la señora enferma, que sabía que la
madre había lavado las ropas negras de enfermedad y había aliviado
más que ningún médico su sucia enfermedad, no la dejaba heredera
ni le daba más de las dos perras gordas. Una y otra vez iba con
su madre a entregar la ropa blanca como el copo de nieve; pero
aquellas señoras, enfermas y recelosas, siempre temían que las
faltase algo, y como echaran de menos un trapajo, la miraban como
a la hija de la lavandera ladrona, que se hace rica con un pingo de
tela pasada.

— He sido una soñadora — se dijo, en vista de tan copiosa
experiencia —, y de hoy en adelante he de ayudar más efectiva-
mente a mi madre.

Esperaría a hacer la primera comunión. El día que hiciese la
primera comunión, la madre la haría un retrato, que ella regalaría
a su madrina y a alguna de las señoras que más ropa vieja regalaban
a su madre; ese día también visitaría, vestida de primera comunión,
a las señoras que más acariciaban su cabeza, y todo eso la valdría
algún dinero, con el que ella compraría una canasta de naranjas,
que vendería en un buen sitio, pagando al polizonte — que mete
por los ojos al vendedor su talonario azul, — la licencia que hiciese
falta.

Así llegó el día de la primera comunión. Se vistió como una
novia. Pasó mucha hambre de desayuno, más hambre que nunca;
pero cuando las monjas le sirvieron un espléndido chocolate con
picatostes, sintió un gusto de comer espléndido y nuevo, y se puso
oronda como nunca. Después comenzó la peregrinación por las
casas de las señoras de que era predilecta, y comenzó a reunir en
su bolsa blanca monedas de plata. Entró con orgullo en las habitaciones principales, y hasta los señores serios que escribían en los
despachos sombríos, levantaron la cabeza, la atrajeron hacia sí,
y le dieron otra moneda de plata.

— ¡Ya no podré tener un día tan espléndido y tan rico! — se
decía Solita, y apretaba el paso para hacer el mayor número de
visitas. Sin embargo, ya rendida, a la noche no había visitado a
todas sus señoras.

Su madre la propuso entonces que se vistiera de nuevo el domingo siguiente, y acabarían las visitas. ¿Se podría vestir de nuevo
el traje único? ¿No la conocerían como la del domingo pasado?

Cuando su madre lo decía, es que podía. Eso la llenó de gozo, y al domingo siguiente se volvió a vestir, volvió a abrir las manos en estrella, obligada por la etiqueta de los guantes blancos, y acabó de reunir la fortuna que esperaba.

En seguida compró el saco y las naranjas, y se puso a venderlas camino de los jardines del Rey, que es por donde pasan más niños, los niños que juegan con las naranjas como con pelotas de goma, hasta que se abren al rodar, y entonces se las comen, sorbiéndolas el corazón. Vendió sólo dos, y se volvió a su casa cariacontecida, bajo el peso de su saco. (Había muchos vendedores de naranjas, y eso hacía que, en la competencia, nadie vendiese nada.)

Todos los días se iba cargada con su saco, y unos días más arriba y otros más abajo, pero siempre camino de los jardines del Rey, se ponía a vender sus naranjas. Las sacaba una a una del saco, y las ponía con paciencia unas sobre otras, formando esos castilletes que los granaderos forman con las municiones. Con su delantal las sacaba un poco de brillo, y se sentaba al lado de la preciosa pirámide. Eran las naranjas ornamento del paseo; todos los que pasaban iban mirando las naranjas, pero casi nadie la compraba una, aun siendo tan ricas y tan inverosímilmente baratas.

Al anochecer comenzaba a meter una a una las naranjas en el saco, y casi siempre contaba otra vez el número invariable. Repasaba así con resignación el rosario de su amargura, y se iba despacio a su casa.

— Es difícil crear parroquia — le decía a su madre; — pero tendré paciencia.

Su madre la besaba, porque veía que su chiquitina había cumplido un deber excesivo para ella, estándose toda la tarde quieta, con un deseo bondadoso en el corazón, sin comerse una naranja, aunque su madre se lo recomendaba. Le parecía un juego conmovedor, un juego para ganar el paraíso, aquel juego a que se dedicaba su hija. Así, cuando la veía al día siguiente volver a coger su saco y salir a la calle, aunque esperaba que no vendiera nada, le parecía como si saliese su hija a aplacar el destino, a tornarle favorable. Le parecía como un acto religioso aquel que realizaba su hija, y por eso no la disuadía.

Solita seguía sin vender. Había tenido ya que tirar alguna naranja que se había podrido.

Una tarde, al echarse el saco a la espalda, notó que pesaba demasiado. "Quizá ha entrado una piedra con las naranjas" pensó Solita, y siguió su camino, pensando también que quizá lo que hacía tan pesada su carga era que el desengaño de no vender había aumentado con todos los días pasados. Inclinada un poco más hacia adelante para soportar la carga, llegó a su casa, y lo primero que hizo al llegar, fué buscar la piedra que sospechaba, cuando, ¡oh maravilla! encontró seis esferas de oro, seis bolas relucientes que la deslumbraron, seis orbes macizos, seis naranjas de oro que hicieron la suerte de la familia pobre.

Así hizo un milagro la Providencia, y lo hizo por lo disimuladamente que lo pudo hacer, por lo fácil que la resultó, por como pudo substituir, sin faltar demasiado a las leyes de la naturaleza, la naranja de oro tierno, hija de las minas de oro líquido, por la naranja de oro solidificado, hija de las minas duras y profundas.

Un Ticiano.

Aquellas pobres viejas tenían un Ticiano y, para verlo, se levantaban todas las mañanas temprano. El consuelo que aquello era para sus vidas no es ponderable. Una de las hermanas que no salía nunca de casa y se pasaba el día en el gabinete del Ticiano, acompañada por el cuadro, vivía quizás sólo para él.

Todos las habían dicho que era Ticiano: el gran crítico de arte, el ilustre escritor, todos.

Yo fuí a verlo. Su casa olía a ambiente de cuadro, a patina más que a aire, a esa patina obscura y rebarnizada de los cuadros antiguos. Entré en el gabinete del Ticiano. ¿Del Ticiano? Aquel no era un Ticiano, aquello no era nada, aquello era lo más vago que puede imaginarse entre la más brillante obscuridad. Pero había que callar y admiré al "gran cuadro del Ticiano" entre las tres hermanas viejecitas, la una con lentes, la otra con unas ojeras negras y azuladas y la otra con sus dos trenzas de niña de pelo blanco.

INDEX

For EU product safety concerns, contact us at Calle de José Abascal, 56–1°, 28003 Madrid, Spain or eugpsr@cambridge.org.

www.ingramcontent.com/pod-product-compliance
Ingram Content Group UK Ltd.
Pitfield, Milton Keynes, MK11 3LW, UK
UKHW012329130625
459647UK00009B/162